本书是国家社会科学基金"十三五"规划2018年度教育学一般课题"新时代中国特色高等教育话语体系构建研究"（课题批准号BIA180200）的研究成果

应用型院校专业集群研究论纲

Research Outline of Professional Cluster
in Applied Colleges and Universities

顾永安 著

中国社会科学出版社

图书在版编目(CIP)数据

应用型院校专业集群研究论纲/顾永安著. —北京:中国社会科学出版社,2021.7(2023.1 重印)

ISBN 978-7-5203-8574-9

Ⅰ.①应… Ⅱ.①顾… Ⅲ.①高等教育—教学改革—研究—中国 Ⅳ.①G649.2

中国版本图书馆 CIP 数据核字(2021)第 126142 号

出 版 人	赵剑英
责任编辑	夏 侠 李 沫
责任校对	师敏革
责任印制	王 超

出　版	中国社会科学出版社
社　址	北京鼓楼西大街甲 158 号
邮　编	100720
网　址	http://www.csspw.cn
发行部	010-84083685
门市部	010-84029450
经　销	新华书店及其他书店
印　刷	北京明恒达印务有限公司
装　订	廊坊市广阳区广增装订厂
版　次	2021 年 7 月第 1 版
印　次	2023 年 1 月第 2 次印刷
开　本	710×1000　1/16
印　张	20.5
字　数	315 千字
定　价	108.00 元

凡购买中国社会科学出版社图书,如有质量问题请与本社营销中心联系调换

电话:010-84083683

版权所有　侵权必究

序

　　与顾永安教授交往多年，到他们学校去过，一起开过会，同期讲过学，多次饭后散步交流沟通，知道他很有学术思想，工作很扎实。近年来，他聚焦应用型高校研究，在业界影响力很大。所以，在他完成《应用型院校专业集群研究论纲》专著后，嘱我作序，我欣然从命，但也诚惶诚恐。

　　应用型高校转型发展是一个大命题，也可以说代表了高等教育多样化发展的一个重要方向。这点，我在参与《现代职业教育体系规划》的制定过程中已深深地感受到，从现在高等教育普及化时代的到来、中美贸易摩擦、新冠肺炎疫情暴发对高等教育功能的反思等也都能得到印证。高等教育创新的"高等"和"创新"绝不意味着虚无缥缈，而是要脚踏实地真正地解决面前的一个个现实问题，通过解决经济、产业和社会难题而不断地推动社会进步。从世界高等教育发展史来看，先是有了社会服务职能，然后有了多样化，之后才有了一流大学。即是说一流大学是高等教育发展多样化的产物，很大程度上根植于其社会服务职能的履行。所以，我们不能低看应用型高校转型发展工作，它是建设高质量教育体系的重要环节，"扎根中国大地办大学"一定是高等学校科学发展的必由之路。进一步来看，对接区域产业集群发展的专业集群建设就非常重要了，是应用型高校主动适应经济发展、提升服务能力的重要抓手，是高等教育高质量发展的重要内容，应成为应用型高校推进产教融合、厚植办学特色、构建人才培养模式、建设一流专业的基本内涵。如果将"创新"比喻为一个国家经济、社会发展的发动机，那么"应用"就是维持其良性运行的血液。

　　在应用型高校，究竟是围绕专业集群还是围绕学科集群为重点开展工作，其实也还存在着一定的争论。但无论如何，学科、专业都是知识分类的产物，也都是一种制度安排，并都受科学技术、社会需求和教育思想的影响，同时学科、专业可以一致也可以完全不一样。说到不同，学科的概念体现着一个研究领域，而专业则明显是一个育人的概念范畴，即学科指向科研而专业指向教学。从这一意义上说，应用型高校重视人才培养，重视专业、专业集群建设更有其道理，再加上与区域、产业的紧密结合就更没有什么问题了。

在我国，专业是人才培养的基本单元，是高等学校连接社会需求的基本纽带。专业建设水平的高低直接体现高等学校的办学水平，影响其生存与发展。专业集群是现代大学育人结构调整的重要形式，更是地方本科高校转型发展、高职院校"双高计划"的关键内容，已经成为应用型本科教育、高等职业教育理论研究和实践探索的热点问题。应用型高校、专业集群作为具有我国应用型高等教育特色的重要话语概念，得到了越来越多的专家学者的关注。顾永安教授长期致力于我国应用型院校建设与发展领域的研究，特别是近年来，持续关注应用型院校专业集群研究，其所著《应用型院校专业集群研究论纲》可谓适逢其时、恰逢所需，既顺应了应用型院校高度契合区域产业集群发展、深度推进转型发展和产教融合的迫切需要，也顺应了建设一流应用型专业和一流（或高水平）应用型大学的迫切需要，还顺应了应用型院校推进专业集群建设亟须系统的专业理论指导和优秀的实践案例借鉴，政府及教育主管部门正确决策与科学管理、行业企业事业单位协同高校转型发展、产教融合亟须专业集群理论指导的迫切需要。

《应用型院校专业集群研究论纲》具有以下三个显著特点。

一是该研究是应用型高等教育领域中具有创新性与开拓性的研究。从文献检索来看，国外鲜见关于专业集群的研究成果，国内的研究成果大多数集中于专业集群组建逻辑、专业集群建设的动力因素、专业集群建设的经验实践研究，主要是基于其中某个方面某个问题的研究论文，无论是国外还是国内，关于应用型院校专业集群的比较全面、系统性的理论研究专著都很少见。因此，除了专著中所述的诸多研究创新点之外，该研究本身就是一项具有创新性与开拓性的工作，《应用型院校专业集群研究论纲》作为我国第一本专门研究应用型院校专业集群建设的专著，一定程度上具有开疆拓土的价值与填补空白的意义。

二是该研究是扎根我国应用型高校的院校研究与应用研究。常熟理工学院是我国应用型本科院校的典型院校之一，顾永安教授曾任职于该校二级学院的多个领导岗位以及学校办公室、发展规划、高教研究、质量管理等多个管理部门，始终坚持"研究性工作"，坚持"工作、学习与研究相结合"，不少研究成果是来源于作者对所亲历的工作实践的反思、提炼与升华。十多年来，作者在应用型院校发展领域孜孜以求、深耕细作，其所调研、考察、评估、指导的足迹遍及全国20多个省区市的300多所应用型院校，该专著的大量鲜活丰富的案例及理论观点的创新都源于作者深入应用型院校实际场景及专业集群建设一线的第一手调研、考察、评估、指导活动。因此，该专著是以院校研究法为研究范式的、扎根于我国应用型院校的非常接地气的院校研究与应用研究。

三是该研究是理论与实践紧密结合的高等教育理论研究。作者秉持理论来源于实践，从实践上升到理论，再以理论指导实践。如，应用型院校专业集群的概念体系、逻辑机理、理论基础，专业集群与专业结构、产业集群的关系，以及专业集群建设的顶层设计、内涵建设、机制创新与评价体系等理论与实践问题的阐述与探析，就源于作者对全国100所应用型本科高校"十三五"产教融合发展工程规划项目建设申报材料中关于专业集群材料的研读与部分本科院校专业集群的专题调研；又如，作者对于专业集群的理论研究与思考，作者又通过教育部学校规划建设发展中心专家、教育部本科教学工作评估专家的身份指导了多个高校的改革和发展规划、专业集群布局、建设工作体现出来，穿插和渗透在相关章节的院校研究案例中的河北民族师范学院、北部湾大学、六盘水师范学院、许昌学院等高校专业集群建设初显成效就充分体现了作者运用专业集群理论指导实践的智慧与作用。

总体而言，我以为《应用型院校专业集群研究论纲》最大贡献是：比较全面系统深入地对我国应用型院校专业集群的理论与实践问题进行了研究，率先构建了我国应用型院校专业集群建设的理论体系，对进一步推进我国应用型院校专业集群建设具有很强的指导价值。

该专著基于高等教育大众化背景下地方高校转型发展的形势以及由此引发的专业结构调整、专业布局优化的现实课题，作者在对专业集群的研究状况与研究问题进行分析的基础上，明确提出专业集群的理论与实践问题；同时，基于专业集群"研究视角较窄，成果单一零散"的现状，明确提出需要对应用型院校专业集群进行比较全面、系统、深入的研究，需要加强专业集群理论与实践的体系化思维与顶层设计，进而构建具有应用型院校特色的专业集群理论体系。这一理论体系由专业集群的基本概念体系、逻辑机理体系、支撑理论体系、内外关联体系、建设内容体系（包括顶层设计体系、内涵建设体系、机制创新体系）、成效评价体系等方面的内容构成。专业集群建设的理论体系可以成为我国应用型本科教育和高职教育的重要内容，成为中国特色应用型高等教育话语体系的重要组成部分。

该专著在理论上有诸多创新，我认为值得充分肯定的主要创新之处有以下几点。

第一，提出了应用本科专业集群的基本特征。明确指出"本科高校在专业集群布局与建设时，不能忽视学科基础、学科属性与要求，要基于学科基础等相关因素但又不局限于学科思维、学科逻辑体系考虑专业集群布局"。关于专业集群的概念及相关观点充分体现了应用本科专业集群的学科性与亲产业性等鲜明的特征。

第二，提出了专业集群建设的理论基础。本研究尝试从教育学、经济学、管理学等不同的理论视野来观照应用型院校专业集群建设。立足于"专业集群"与"专业结构"和"产业集群"的密切关联关系，从教育的内外部规律角度来研究专业集群。首先从教育的内部规律角度，阐述专业结构与专业集群的关联，关注专业结构如何影响专业集群布局架构、建设发展。再从教育的外部规律角度，从产业集群与专业集群的关系入手，探究产业集群与专业集群之间的相互关联、耦合发展、融合发展；使专业集群具有内联专业结构、外接产业集群的特点。

第三，构建了专业集群建设的主要内容体系。从理论与实践相结合的视角，从顶层设计、内涵建设、机制创新三个维度整体架构了专业集群建设的理论体系，在此基础上，又从"顶层设计、内涵建设、机制创新、成果产出"四个维度构建了专业集群建设成效的评价指标体系框架。在结语部分，专著从"认识高度、思维广度、创新维度、特色培育力度、价值向度、质量保障度"的"六个度"，初步勾勒并构建了专业集群深度推进的实践方略体系。这样该专著也就形成了十分清晰的专业集群研究的"理论—评价—实践"的逻辑结构体系。

应用型院校、专业集群是新时代中国特色高等教育话语体系的两个重要概念。专业集群构建和建设是一项非常复杂的系统工程，也是一个非常复杂的过程，应用型院校专业集群建设还处于初始的探索阶段，同样应用型院校专业集群建设的研究还有很多未知的领域、未解的问题，因而相关的研究还具有很大的研究空间，需要更多的应用型院校去实践探索，需要更多的理论研究者去思考研究。衷心地期待顾永安教授及其应用型院校研究团队继续推进专业集群及应用型院校建设与发展领域的研究，争取出更多更好的研究成果。

马陆亭

教育部教育发展研究中心副主任、学术委员会主任、博士生导师

2021年1月18日于北京西单

目 录

绪 论 ……………………………………………………………（1）

第一章 专业集群的研究概述 ……………………………（19）
 第一节 专业集群的研究状况分析 ………………………（19）
 第二节 专业集群研究问题的提出 ………………………（39）
 第三节 专业集群的研究价值与理路 ……………………（42）

第二章 专业集群的逻辑机理 ……………………………（52）
 第一节 专业集群的基本概念 ……………………………（53）
 第二节 专业集群的生成逻辑 ……………………………（65）
 第三节 专业集群的基本特征 ……………………………（70）
 第四节 专业集群的建设模式 ……………………………（73）

第三章 专业集群的理论基础 ……………………………（76）
 第一节 教育学的理论基础及应用 ………………………（76）
 第二节 经济学的理论基础及应用 ………………………（83）
 第三节 管理学的理论基础及应用 ………………………（90）

第四章 专业集群与产业集群 ……………………………（99）
 第一节 行业、产业与专业的概念及关系 ………………（100）
 第二节 专业集群：专业结构调整的战略选择 …………（109）
 第三节 产业集群与专业集群的相互影响 ………………（118）

第四节　产业集群与专业集群的耦合发展……………………（123）

第五章　专业集群的顶层设计……………………………………（141）
　　第一节　专业集群的战略思维……………………………………（141）
　　第二节　专业集群的规划设计……………………………………（148）
　　第三节　专业集群的实施方案……………………………………（154）
　　第四节　专业集群顶层设计的院校实践…………………………（157）

第六章　专业集群的内涵建设……………………………………（163）
　　第一节　内涵建设与专业和专业集群建设………………………（163）
　　第二节　专业集群内涵建设的着力点……………………………（171）
　　第三节　基于专业集群的课程群建设……………………………（182）
　　第四节　专业集群内涵建设的院校经验…………………………（190）

第七章　专业集群的机制创新……………………………………（199）
　　第一节　专业集群呼唤机制创新…………………………………（200）
　　第二节　专业集群的生成机制创新………………………………（202）
　　第三节　专业集群的组织机制创新………………………………（206）
　　第四节　专业集群的管理机制创新………………………………（213）
　　第五节　专业集群的运行机制创新………………………………（219）
　　第六节　专业集群的保障机制创新………………………………（224）
　　第七节　专业集群机制创新的院校探索…………………………（227）

第八章　专业集群的成效评价……………………………………（233）
　　第一节　专业集群建设的目标与任务……………………………（233）
　　第二节　专业集群成效评价的基本导向…………………………（236）
　　第三节　专业集群成效评价研究与探索…………………………（239）
　　第四节　专业集群成效评价指标体系构建………………………（256）
　　第五节　河北民族师范学院专业集群建设成效案例……………（260）
　　第六节　黑龙江工程学院专业集群建设成效案例………………（276）

结　语 …………………………………………………（289）

参考文献 …………………………………………………（304）

后　记 …………………………………………………（315）

绪　　论

我国应用型院校的兴起与我国整个社会政治、经济、教育的改革与发展密切相关，是多种因素综合作用的结果，是我国高等教育发展到大众化阶段的必然产物。同时，也正是应用型院校的蓬勃发展加快推进了我国高等教育大众化的进程，并使其成为地方经济社会发展和我国高等教育体系的一支生力军[①]。

探究专业集群及其研究的背景，首先要考虑的且更为宏观重要的、影响更高更深的正是两个世纪之交开始的中国高等教育大众化。中国高等教育大众化催生并形成了中国高等教育新的生态系统，并由此提出了高校的重新定位、转型发展、专业重构等重要问题，在此背景下的部分高校于是就开始自觉不自觉地构建新的专业集群，试图在新的生态中通过有所为有所不为来形成自身的办学特色，获得新的发展空间。而且，高等教育大众化也要求部分高校更好地立足地方及区域，面向市场需求，契合产业需要，发展一批应用型专业。这样就提出了专业群、专业集群的思想。更进一步说，专业群、专业集群的建设主要在高等职业院校和应用型本科院校中展开，而这些高校本身就是中国高等教育大众化的必然产物，所以离开了中国高等教育大众化的背景，是无法解释提出专业群、专业集群问题的。应用型院校专业集群始终与中国高等教育大众化背景下高等职业院校和应用型本科院校群体发展密切关联。

其次，探究专业集群及其研究的背景，还需要考虑的是，经济社会发展和国家政策制度以及高等教育发展新形势新要求等方面的影响，产

---

① 顾永安等：《新建本科院校转型发展论》，中国社会科学出版社2012年版，第17页。

业集群发展、高校转型发展、产教融合发展、一流专业建设和政府政策引导等方面既是应用型院校专业集群研究的背景，也是应用型院校专业集群研究问题的缘起与提出。同时，这些方面也充分体现了专业集群研究的重要性、必要性。应用型院校专业集群建设是区域经济社会发展特别是现代产业发展的现实要求，也是实施产教融合发展战略的重要内容，也是实现新时代高等教育高质量发展的战略与路径选择。具体到应用型院校来说，专业集群是高职院校"双高"建设的重要抓手，也是地方高校向应用型转变的重要突破口和一流专业建设的重要载体。这些都说明专业集群与区域产业集群发展、高校转型发展和"双高"建设、产教融合发展、一流专业建设及政府政策引导等方面密切关联，开展应用型院校专业集群研究需要综合考察研究区域产业集群、高校转型发展、产教融合发展、一流专业建设与政府政策引导等多个方面因素的影响。

一　产业集群发展背景

产业集聚发展是现代社会经济发展的重要特征。随着产业的全球化分工日益深化和细化，产业集群竞争力已经成为一个国家或地区竞争优势的重要来源。因此，研究专业集群，首先要关注产业集群发展，并将专业集群研究置于区域或地方经济社会发展特别是产业集群发展的背景下来考量。

在国家层面上，要关注促进产业集群发展，并加强促进产业集群发展的指导。关于产业集群的文件如下。

2007年11月，《国家发展改革委关于印发促进产业集群发展的若干意见》（发改企业〔2007〕2897号），指出：改革开放以来特别是近年来，产业集群已成为我国区域经济发展的重要产业组织形式和载体。产业集群在强化专业化分工、发挥协作配套效应、降低创新成本、优化生产要素配置等方面作用显著，是工业化发展到一定阶段的必然趋势。引导和促进产业集群发展，有利于优化经济结构，转变经济发展方式；有利于集约使用土地等资源，集中进行环境治理；有利于带动中小企业发展，提升区域和产业竞争力；有利于统筹区域和城乡发展，加快工业化和城镇化进程，对于实现全面建设小康社会目标和社会主义和谐社会建设具有十分重要的意义。促进产业集群发展，必须牢固树立和落实科学发展观，切实把产业集群发展和转变经济发展方式、促进结构调整和产业升级、推进技术进步、实现节能减排有机结合起来，加强科学规划引导，优化产业集聚环境，突出优势和特色，提高专业化协作水平，增强自主创新能力，加强资源节约和环境保护，培育和发展一批特色明显、结构优化、体系完整、环境友好和市场竞争力强的产业集群，切实推动产业集群转入科学发展轨道。

2015年7月，《工业和信息化部关于进一步促进产业集群发展的指导意见》（工信部企业〔2015〕236号）明确提出：产业集群是中小企业发展的重要组织形式和载体，对推动企业专业化分工协作、有效配置生产要素、降低创新创业成本、节约社会资源、促进区域经济社会发展都具有重要意义。我国产业集群已逐步发展壮大，对区域经济的支撑作用日益明显。但目前产业集群发展总体水平还不高，部分产业集群集聚度较低，创新能力弱、信息化水平低、品牌建设不够、公共服务滞后、基础设施不配套，亟待转型升级，提升发展能力。需要通过"加强规划引导，促进产业集群科学发展；提升龙头骨干企业带动作用，强化专业化协作和配套能力；加强区域品牌建设，推动要素聚集和价值提升；提高产业集群信息化水平，建设智慧集群；提升创新能力，增强集群竞争优势；提升公共服务能力，支撑产业集群转型升级；加强指导和政策支持，优化产业集群发展环境"等措施来促进产业集群发展。

在省级层面上，各地政府根据国家引导与指导促进产业集群发展的意见，优化地方产业布局，出台相关政策，推进产业集聚，促进转型升级。

《江苏省国民经济和社会发展第十三个五年规划纲要》提出：坚持调高调轻调优调强调绿的导向，深入实施转型升级工程，推进产业高端化、高技术化和服务化发展，加快健全以高新技术产业为主导、服务经济为主体、先进制造业为支撑、现代农业为基础的现代产业体系，推动先进制造业和现代服务业成为主干部分。推动机械、石化、冶金、纺织、轻工、建材等传统产业向高端化品牌化发展，打造一批具有国际竞争力的特色产业集群和先进制造业基地。突出先导性和支柱性，深入实施战略性新兴产业培育发展规划和推进方案，更好发挥产业投资引导基金作用，优先选择培育一批拥有自主核心技术、发展成长性强、代表未来方向的战略性新兴产业集群。重点发展新一代信息技术、高端装备、海洋工程、航空航天、新材料、节能环保、生物医药和新型医疗器械、新能源和智能电网、新能源汽车、数字创意等产业，细分行业、细分领域，做精做特做优做实一批新兴产业。围绕全产业链的整合优化，重点发展现代金融、软件和信息服务、电子商务、现代物流、科技服务、服务外包、检验检测、国际航运等生产性服务业，大力发展基于网络的平台经济、文化创意、工业设计、人力资源服务等新兴业态。推进产业融合与跨界发展，大力推动制造业由生产型向生产服务型转变，以拓展产品功能、提升交易效率、增强集成能力、满足深层需求为重点，培育一批服务型制造示范企业，实施一批服务型制造示范项目。明确提出了具有国际竞争力的先进制造业基地总体定位是产业层次高、创新能力强、制造模式新、集聚效应好（产业布局优化合理，基本形成区域特色鲜明、辐射带动能力强、具有世界先进水平的产业集聚带和现代特色产业集群）、品牌影响大、管理效能优。

2017年4月，河南省政府发布《关于加快培育发展新兴产业集群的实施意见》（豫政办〔2017〕41号），强调"今后一个时期，将形成集群集聚发展、跨界深度融合、高端引领突破的10+8新兴产业集群发展体系"，进而明确"10个新兴制造业产业集群分别是：新一代智能终端、电子核心基础部件、智能制造装备、新能源汽车及智能汽车、智能电力及新能源装备、生物医药、尼龙及化工新材料、高端合金材料、智能传感器及物联网、节能环保。8个新兴服务业产业集群分别是：航空及冷链物流、新兴金融服务业、云计算大数据、服务外包、专业服务业、跨境电子商务及网络零售、基因技术应用及健康服务、数字创意。"

2015年，天津市教育委员会《关于在我市职业教育开展优质专业群对接优势产业群服务天津经济社会发展建设项目试点的通知》（津教委专〔2015〕12号）。2016年12月，天津市教育委员会印发《天津市高等职业院校提升办学能力建设项目管理办法》（津教委〔2016〕57号），指出要"继续推进骨干专业对接优势产业群建设，实施优质骨干专业建设。围绕我市主导产业、现代服务业和战略新兴产业的发展，对接重大工程和重大建设项目，优化专业结构布局，遴选120个左右紧贴产业发展、校企深度合作、社会认可度高的专业实施骨干专业建设。通过建设，确保40%以上50个优质骨干专业达到国内顶尖水平。面向国家重点发展产业，提高专业的技术协同创新能力，与技术先进、管理规范、社会责任感强的企业深度合作，共建90个校内外示范性实训基地，建成一批以市场为导向多方共建的应用技术协同创新中心"。

现代产业集群式发展与创新驱动发展以及区域竞争力提升都亟须依托高校特有的技术资源和智力资源，为区域产业集群的升级提供支持，在技术、创新、咨询、推广等方面服务行业企业。产业集群的发展也呼唤或催逼以为地方经济社会发展服务为新的历史使命的应用型院校实施专业集群发展战略，产业集群发展的需求为开展专业集群建设与研究提供了新的外驱力。因此，应用型院校要坚持产业为要，构建紧密对接产业链、创新链的专业体系，切实增强人才对经济和社会高质量发展的适应性。突出高校科技创新和人才集聚优势，强化"产学研用"体系化设计，增强服务产业发展的支撑作用，推动经济转型升级、培育经济发展新动能。

二 高校转型发展背景

我国高等教育自20世纪末开始规模扩张并很快进入高等教育大众化阶段，高等教育大众化引发了高等教育规模的扩张，扣动了高等教育质变的扳机，带动了高等教育的地方化，推动高等教育的国际化[①]，使高等教育从数量、规模到理念、功能再到模式、质量等发生了一系列变化与变革，一批地方高校置身于高等教育大众化背景，又适逢高等教育大变革的时代，加上这些高校自身转型发展的内生需要，这些都要求地方高校必须尽快做出转型变革，创出发展新路。地方高校转型发展涉及学校的整体形态、功能、定位、内涵等全方位的转变，其中调整专业结构、优化专业布局，进而开展专业集群建设是地方高校转型发展的重要内容与必然要求。研究专业集群，必须关注我国高等教育大众化甚至普及化时代到来的形势与趋势，必须在地方高校转型发展的背景下开展

---

① 顾永安等：《新建本科院校转型发展论》，中国社会科学出版社2012年版，第13—15页。

和推进专业集群建设。

　　建设专业集群是大学适应产业发展新趋势采取的一种新的专业建设模式，也是促进地方普通高校向应用型转型的必然要求。按学科构筑专业集群的大学专业发展模式难以适应产业转型升级的新要求，同样仅以职业为导向构筑专业集群也无法适应现代技术发展所提出的对高素质应用型人才培养的新要求[①]。经济社会转型和高校转型发展都直接或间接地指向高校专业结构优化、专业内涵建设和高素质应用型人才培养，专业集群建设既与专业结构优化密切关联，又与专业内涵建设高度吻合，专业集群建设是地方高校向应用型转变的重要内容和突破口。2015年10月，教育部、国家发展改革委、财政部《关于引导部分地方普通本科高校向应用型转变的实施意见》（教发〔2015〕7号）指出"建立紧密对接产业链、创新链的专业体系……形成特色专业集群……实现专业链与产业链对接"。2015年，时任教育部高等教育司司长张大良指出"普通本科高校向应用型转变，要形成地方（行业）急需、优势突出、特色鲜明的应用性专业集群"。2016年3月，国家发改委、教育部、人力资源和社会保障部下发《关于编报"十三五"产教融合发展工程规划项目建设方案的通知》，投入100亿元支持100所应用型高校转型发展。2016年5月16日，教育部学校规划发展建设中心主任陈锋在第三届产教融合发展战略国际论坛总结报告中提出"大舰"——学科专业集群超级平台的理念。

　　自2013年以来，全国有20多个省区市出台了推动部分应用型院校转型发展的文件，值得关注的是，各地教育主管部门的文件中都明确将"专业集群"作为推进转型发展的重点工作来部署。

　　2014年11月，云南教育厅发布《云南省关于推动部分本科高校转型发展的实施意见》（云教高〔2014〕124号）：（六）实施专业集群对接产业服务能力提升工程。建立紧密对接产业链的专业体系。由来自地方政府、行业、用人单位和其他合作方组成的专业指导委员会，形成定期专业设置评议制度和结构调整制度；在原重点、特色专业、新专业支持计划、品牌专业建设项目的基础上，按照产业链对高层次技术技能人

[①] 吴仁华：《应用型本科高校专业集群建设探究》，《高等工程教育研究》2016年第6期。

才的需求和国家职业资格要求设置专业，并将服务面向同一产业链的关联专业整合组织为专业集群，进行统筹建设与管理；启动实施"支撑产业升级重点专业群建设项目"，重点围绕现代农业、现代制造业、现代服务业、战略性新兴产业、文化和民族工艺创意产业等的发展需要，集中相关高校资源建设好、社会有需求、办学基础好的专业集群，提高特色优势专业的集中度和产业对接服务能力。到2016年，重点支持建设20个左右对接产业服务能力强的特色优势专业集群，试点高校特色优势专业在校生占在校生总规模的比例不低于40%。

又如，2016年1月，《内蒙古自治区教育厅关于遴选本科高校转型发展试点学校的通知》（内教高函〔2015〕3号）：申报转型发展试点学校，应当符合以下基本条件：（二）专业建设理念先进、特色鲜明，具有与区域经济发展密切相关的专业群，能够与行业、企业之间形成良性互动。1. 现实基础。含：办学定位情况，主要阐述学校办学类型定位、人才培养目标定位、服务面向定位、学科专业（集群）与地方或区域经济发展的关系；专业集群情况，主要阐述专业群的专业构成、发展现状、现有基础等内容；人才培养情况，主要阐述学科专业群的人才培养目标、培养规格、培养方案、培养模式等；师资队伍情况，主要阐述专兼职师资队伍的数量与结构、"双师型"教师情况以及相关政策和管理制度；实践教学条件，主要阐述教学科研仪器设备生均值，通过校企合作方式建立校内外实习实训基地情况，实习实训开展情况；社会服务方面，主要阐述学校或专业集群服务地方的情况。

再如，"十四五"期间，江苏将制定出台《关于推进一流应用型本科高校建设的实施意见》（以下简称《实施意见》），打出一套一流应用型本科高校建设的组合拳，推动应用型本科高校建设走在全国前列。江苏省教育厅高教处处长邵进介绍，《实施意见》包括一流应用型大学建设单位计划、产教融合示范专业建设计划、产教融合示范基地建设计划、应用型本科一流课程建设计划、江苏产教融合示范学院建设计划、分类评价制度改革计划"六大计划"。还将研制出台《江苏省一流应用型本科高校建设标准》，遴选10个左右应用型本科高校开展一流建设单位试点。同时，将在应用型本科高校遴选建设100个左右省级产教融合型品牌专业，引导应用型本科高校面向江苏主导产业和战略性新兴产业设置产业迫切需要的应用型本科专业和专业集群。

同时，对于高职院校来说，在国家和地方政策引导下，"双高计划"将专业群建设置于非常重要的位置，明确提出每个高水平院校要至少建设 2 个高水平专业群，此外再建设 150 个左右高水平专业群。正如孙凤敏等认为"高水平专业群是对高职院校传统专业建设范式的一种革命，也是推进高水平高职院校内涵建设和特色发展的基础和关键，其重要性与价值作用已经引起职教界的广泛关注"[①]。

地方经济社会发展的区域功能化、生产集约化、产业集群化、经济服务化、服务市场化、人才专业化等新情况、新趋势决定了地方高校转型发展与高职院校"双高"建设都必须扭住专业集群建设这个"牛鼻子"[②]，将专业集群建设作为极其重要的工作抓手与突破口。因此，高等教育大众化背景下兴起的新建本科高校转型发展与高职院校"双高"建设的需求为开展专业集群研究提供了内驱力。

三 产教融合战略背景

2013 年《中共中央关于全面深化改革若干重大问题的决定》首次提出"产教融合"的概念；2014 年《国务院关于加快发展现代职业教育的决定》提出"深化产教融合，鼓励行业和企业举办或参与举办职业教育，发挥企业重要办学主体作用"；2015 年国务院印发的《统筹推进世界一流大学和一流学科建设总体方案》提出"深化产教融合，将一流大学和一流学科建设与推动经济社会发展紧密结合，着力提高高校对产业转型升级的贡献率"；2016 年《关于深化人才发展体制机制改革的意见》指出"建立产教融合、校企合作的技术技能人才培养模式"；2017 年《国务院办公厅关于深化产教融合的若干意见》将产教融合上升为国家制度安排，指出"深化产教融合，促进教育链、人才链与产业链、创新链有机衔接，是当前推进人力资源供给侧结构性改革的迫切

---

① 孙凤敏、王斌、潘珂：《高职教育高质量发展、高水平办学、高标准引领的新思路——2019 年全国高职教育研究论坛综述》，《职业技术教育》2019 年第 36 期。

② 马正兵、朱永永、廖益等：《新建地方本科院校转型发展中的专业集群建设模式研究》，《重庆第二师范学院学报》2015 年第 1 期。

要求"；2019年《国家产教融合建设试点实施方案》《建设产教融合型企业实施办法（试行）》将产教融合作为促进产业升级的国家战略向全社会发布。对国家来说，产教融合已经成为国家发展的重要战略，成为国家解决人才供需结构性矛盾，推进创新驱动发展，推动产教协同发展的重要政策安排。对应用型院校而言，产教融合已成为其推进转型发展，深化校企合作，提升办学质量的基本战略和重要路径。

在国家政策文件引领下，一些地方政府也制定相关文件推进深化产教融合。如，2019年1月，山东省人民政府办公厅印发《关于深化产教融合推动新旧动能转换的实施意见》：在第二条"以深化产教融合为方向，建立教育服务新旧动能转换的协同机制"中，提出要推动学科专业与"十强"产业精准对接，推进产学研协同创新和成果转化，组建"十强"产业产教融合联盟。健全产业结构调整与专业设置变革的驱动和调控机制，到2022年培育和打造100个左右对接"十强"产业的特色骨干专业集群。由"十强"产业协会牵头，带动行业骨干企业联合职业院校、高等学校组建10个产教融合集团（联盟）。该文件将培育和打造100个左右的特色骨干专业集群作为深化产教融合的重要举措。又如，广东省人民政府办公厅《关于印发〈广东省职业教育"扩容、提质、强服务"三年行动计划（2019—2021年）〉的通知》（粤府办〔2019〕4号）明确提出实施"产教融合、校企合作"行动计划，结合国家产教融合发展工程和"十百千"产教融合行动计划，开展产教融合试点，实施校企深度合作项目。支持规模以上骨干企业与本科高校、职业院校共同组建校企合作职业教育集团（联盟），推进实体化运作；鼓励和支持职业教育集团（联盟）内本科高校、职业院校协同开展中高职衔接、高职本科、现代学徒制等招生培养模式改革，组织开展示范性职业教育集团（联盟）建设。

党和政府对产教融合发展前所未有的重视和支持，为应用型院校走产教融合办学之路提供了政策支持与制度保障。如何进一步深化产教融合是当前我国高等教育特别是应用型高等教育高质量发展的一项重要课题。

2018年12月，中国高等教育学会院校研究分会应用型院校研究中心发布《应用型本科院校"常熟共识"》指出："应用型本科院校要坚持产教融合的发展战略、道路，确立产教融合的视野、思维，建立以产教融合为主体的办学形态，健全以产教融合驱动学校变革的机制，深化产教融合协同育人的办学模式与教学模式改革，探索产教融合的中国应用型大学办学特色，打造应用型本科院校的产教融合升级版"[①]。

产教融合是政府、企业、学校、行业、社会多主体协同发力的系统性工程，是教育与产业两大系统在良性互动、资源互补、协同发展基础上的优化组合、高度耦合、深度融合，表现为教育链、人才链、创新链和产业链的贯通融合。

在产教融合背景下，应用型院校专业集群建设在专业设置上，需要满足区域产业结构调整与转型的需要，从学科导向转为需求导向，从资源约束转为需求约束，瞄准区域支柱产业和龙头产业，明确服务产业集群产业链、创新链的具体环节和层次，形成相互关联，紧密联系的专业结构组织；在课程体系上，需要落实课程、课程体系、课程结构、课程群等产教融合的出发点和落脚点，校政行企建立共商教学内容更新和共建课程体系完善机制，将行业企业实际问题写进教学案例，将产业技术进步融入课程体系及课堂教学，将产业元素融入课程教学中，加快推进课程教学内容及教学方式改革；在师资队伍上，产教融合的专业集群师资队伍由高校教师、行业企业管理人员与高水平的技术技能型人才等构成，需要一批具有扎实的理论功底和较强的实践能力的"双师双能型"教师；在资源平台上，产教融合需要建立校企合作共享资源机制，引企入校，共建校内实验室，实习实训基地，打通教学、科研通道，提供资源利用效率；在体制机制上，产教融合背景下的应用型专业集群由政府、高校、行业、企业以及其他参与方等具有不同性质和功能的单位构成，需要不断创新不同于一般意义上的二级学院或机构的管理体制和运行机制，以实现行业企业、高校以及其他参与方之间的协同运行、融合共生，同时也能够实现应用型专业集群的功能和价值。

产教融合是应用型院校建设的生命线和持续发展的动力源，也是应

---

① 顾永安：《应用型本科院校"双一流"建设"常熟共识"》，《重庆高教研究》2019年第1期。

用型院校更好地服务区域经济社会发展的重要保障、促进产业结构优化升级的重要动力。[①] 专业集群是应用型院校深化产教融合的重要战略与重要抓手,产教融合发展与专业集群建设共同关注资源、平台、机制等关键要素,共同指向高素质应用型人才培养,产教融合发展的程度与效度既是转型发展与"双高"建设的评判标准,也是应用型院校专业集群建设效度的主要评价指标之一。因此,研究专业集群,必须关注党和政府关于深化产教融合发展的政策制度,必须在产教融合发展的背景与视域下谋划思考专业集群建设。

四 一流专业建设背景

国务院 2015 年 10 月颁布了《统筹推进世界一流大学和一流学科建设总体方案》,提出我国高等教育建设目标,到 21 世纪中叶,一流大学和一流学科的数量和实力进入世界前列,基本建成高等教育强国。2016 年 5 月,时任教育部副部长林蕙青指出:"建设一流本科教育,是双一流建设的重要基础,一流的本科教育是一流大学的重要基础和基本特征,建设一流大学必须建设一流本科。坚持以本科为本,是我国一流大学建设的必然选择。"[②] 2018 年 6 月,150 所高校齐聚成都联合发表《一流本科教育宣言》,倡议"建设高水平教学体系,提升专业建设水平,建设一流专业"。2018 年 8 月 8 日,教育部、财政部、国家发展改革委颁布的《关于高等学校加快"双一流"建设的指导意见》提出:"率先确立建成一流本科教育目标,强化本科教育基础地位,把一流本科教育建设作为双一流建设的基础任务,建成一批一流本科专业"。2018 年 9 月 17 日,教育部发布了《关于加快建设高水平本科教育全面提高人才培养能力的意见》强调"加快建设高水平本科教育",总体目标是到 2035 年,形成中国特色、世界一流的高水平本科教育。大力推进一流专业建设,实施一流专业建设"双万计划"。2018 年 11 月,中国高等教育学会院校研究分会应用型院校研究中心承办了应用型本科院

---

① 涂宝军:《大应用观与应用型人才培养:哲学意蕴·逻辑起点·实现路径》,南京大学出版社 2019 年版,第 104 页。

② 林蕙青:《一流大学要办好一流本科教育》,《光明日报》2016 年 5 月 17 日。

校"双一流"建设高端论坛，明确提出"建设一流应用型本科专业，培养一流应用型本科人才"并发布了《常熟共识》[①]。2019年4月，《教育部办公厅关于实施一流本科专业建设"双万计划"的通知》，明确了"2019—2021年，建设10000个左右国家级一流本科专业点和10000个左右省级一流本科专业点"的主要任务。由此，正式拉开了全国范围内高校一流专业建设的热潮。

在国家推进建设世界一流大学、世界一流学科的"双一流"建设背景下，根据不同高校可以在各自领域办出特色、争创一流的要求，地方高校可以建设"地方性、区域性、行业性、应用型"一流大学，建设"地方或区域特需学科、特色学科、应用学科、产业学科"或"区域或同类院校中的"一流学科。国家推进一流专业建设的"面向各类高校、分赛道建设"的建设原则，也给全国应用型本科院校建设一流专业打开了窗口、留出了空间，高等教育研究界和地方高校呼吁多年的"在不同类型的普通本科高校建设一流本科专业，鼓励分类发展、特色发展"的诉求，终于在教育部的政策文件层面有了回应并且将在教育部的系列举措中落地生根。地方高校如何建设一流本科专业？如，陕西省根据分类指导、分类评估、分类发展的要求，提出建设"四个一流"（一流的大学、一流的学科、一流的学院、一流的专业），对学术研究型高校明确提出"建设一流的大学、一流的学科"，而对以新建本科院校为主体的地方高校明确提出"建设一流的学院、一流的专业"。

"一流本科教育，一流本科专业"赋予应用型本科高校在自身类型定位内追求卓越、争创一流的新期冀，高职院校的"双高"建设更是直接指向高水平专业与专业群建设。然而一流专业建设并非一蹴而就，需要课程、教材、师资、平台等专业要素长期积淀。从目标指向来说，专业集群建设与一流专业建设都是为了更好地对接服务区域经济社会发展，提高应用型人才培养质量；从专业集群建设与一流专业建设的内涵来看，两者在专业人才培养方案、课程体系、师资队伍、实践实训条件、学科科研平台等方面是高度一致的；从专业集群与一流专业的关系来看，两者是相辅相成、密切关联的。一方面，专业集群建设是应用型

---

① 顾永安：《应用型本科院校"双一流"建设"常熟共识"》，《重庆高教研究》2019年第1期。

院校一流专业建设的题中应有之义,也是应用院校一流专业建设的重要基础与重要载体;另一方面,一流专业建设可以从整体上增强专业集群建设的质量与水平,特别是可以更好地发挥专业集群内的一流专业或核心专业的引领、示范、辐射与带动作用。

新业态、新技术的出现以及传统产业结构的升级调整等市场变化因素直接影响着对人才需求的调整,新工科、新农科、新医科、新文科"四新"专业需要紧盯这些变化并定期调整,以专业集群的建设来推动"四新"专业的建设将能更好地适应这一变化。"四新"专业建设任务艰巨,需要应用型院校进行切实可行的规划与深入地探索和实践,需要确立专业集群的战略思维,基于应用型人才培养目标,密切对接产业链岗位群对人才的需求变化,在"四新"专业建设中,适时调整课程设置,优化教学内容,推进项目化教学改革,激发学生学习的兴趣,知行耦合、学研创用一体,切实培养和提升的学生创新精神、创业能力和实践应用能力。

因此,在新时代加强一流本科教育和高职院校"双高"建设的背景下,在推进"四新"专业建设的新要求下,专业集群发展正在成为应用型院校专业建设的新范式,以专业集群建设为切入点,研究应用型院校的一流专业建设有着重要的现实意义。

五 政府政策引导背景

自 2006 年国家引导高职院校专业群建设以来,我国高职专业群的政策大致历经了试点、普及到优化的建设阶段,各个阶段呈现出不同的特征与政策导向:首先,试点阶段,进一步明确以"服务为宗旨、以就业为导向"的指导方针,以投入导向的方式系统提出高职专业群建设的具体任务;其次,普及阶段,确定以提升服务产业能力作为高职专业群建设的行动导向,并明晰提升高职专业群服务产业能力的原则与内容;最后,优化阶段,完善高职院校专业设置的动态调整机制,进一步明晰高职专业群动态调整的实施策略,建立高职专业群动态调整的诊断与改进制度[①]。与高职专业群的明确的阶段性特征与鲜明的政策导向相

---

① 张栋科、闫广芬:《高职专业群建设:政策、框架与展望》,《职业技术教育》2017 年 28 期。

比，由于教育部在2013年开始引导部分普通本科高校向应用型转型发展之后，才首次明确提出要推进专业集群建设，因此，我国应用本科的专业集群政策显得明显滞后于实践探索，也缺乏一定的系统性和明确的导向性，但应用本科专业集群相关政策的特点是与区域产业集群发展、高校专业结构调整和推进转型发展、产教融合和现代产业学院建设紧密结合并息息相关。

其一，在国家层面上，"专业群""专业集群"的相关政策文件最早源自高等职业教育，也较多见于高职院校；同时，涉及中央部属院校和地方应用型本科高校。主要如下。

2006年11月，教育部、财政部《关于实施国家示范性高等职业院校建设计划加快高等职业教育改革与发展的意见》（教高〔2006〕14号）：重点建成500个左右产业覆盖广、办学条件好、产学结合紧密、人才培养质量高的特色专业群；合作开发一批体现工学结合特色的课程体系，形成500个以重点建设专业为龙头、相关专业为支撑的重点建设专业群。这是国家层面的文件首次明确提出"专业群"的概念。

2015年10月，教育部、国家发展改革委员会、财政部印发《关于引导部分地方普通本科高校向应用型转变的指导意见》（教发〔2015〕7号）：关于转型发展的主要任务之6提出"建立行业企业合作发展平台。建立学校、地方、行业、企业和社区共同参与的合作办学、合作治理机制。校企合作的专业集群实现全覆盖"，之7提出"建立紧密对接产业链、创新链的专业体系。按需重组人才培养结构和流程，围绕产业链、创新链调整专业设置，形成特色专业集群。"这是在国家关于地方高校转型的正式文件中首次提出"专业集群"的概念。

自国家推动向应用型转变发展以来，在教育部等部委关于推进现代职业教育建设、推进产教融合与转型发展、深化教育教学改革、加快建设高水平本科教育和推进现代产业学院建设等文件中都分别强调了（特色优势）专业集群、专业群建设。

2014年6月16日，《教育部等六部门关于印发〈现代职业教育体系建设规划（2014—2020年）〉的通知》（教发〔2014〕6号）提出：推动专业设置与产业需求、课程内容与职业标准、教学过程与生产过程对接，……使每一所职业院校集中力量办好当地经济社会发展需要的特色优势专业（集群）。

2015 年 10 月，教育部印发《高等职业教育创新发展行动计划（2015—2018 年）》（教职成〔2015〕9 号）：面向企业的创新需求，依托重点专业（群），校企共建研发机构。引导专科高等职业院校集中力量办好当地需要的特色优势专业（群）。2016 年，国家发改委、教育部、人力资源和社会保障部《关于编报"十三五"产教融合发展工程规划项目建设方案的通知》（发改社会〔2016〕547 号）明确将"专业集群"作为转型发展方案的重要内容。

2016 年 6 月 13 日，教育部印发《关于中央部门所属高校深化教育教学改革的指导意见》（教高〔2016〕2 号）明确提出"优化学科专业结构，积极设置互联网＋、中国制造 2025 等战略性新兴产业、经济社会发展和民生改善领域急需相关专业，调减与学校定位不相符的专业，推动教育资源向服务国家、区域主导产业和特色产业的专业集群汇聚……推进专业综合改革，提高高校优势特色专业集中度"。

2017 年 1 月，《国家教育事业发展"十三五"规划》指出，要加强特色优势专业（集群）建设，加快学科专业结构调整，建设服务现代产业的新兴学科专业集群。

2018 年 10 月 8 日，《教育部关于加快建设高水平本科教育全面提高人才培养能力的意见》（教高〔2018〕2 号）（新时代高教 40 条）的基本原则中提出"坚持服务需求，成效导向"，明确要"主动对接经济社会发展需求，优化专业结构，完善课程体系，更新教学内容，改进教学方法，切实提高高校人才培养的目标达成度、社会适应度、条件保障度、质保有效度和结果满意度"；在第 23 条"优化区域专业布局"中，明确提出要"结合区域内高校学科专业特色和优势，加强专业布局顶层设计、因地制宜、分类施策、加强指导，及时调整与发展需求不相适应的专业，培育特色优势专业集群、打造专业建设新高地，提升服务区域经济社会发展能力"。

2019 年 1 月，国务院印发的《国家职业教育改革实施方案》（国发〔2019〕4 号）中指出了具体指标：到 2022 年，职业院校教学条件基本达标，一大批普通本科高等学校向应用型转变，建设 50 所高水平高等职业学校和 150 个骨干专业（群）。启动实施中国特色高水平高等职业学校和专业建设计划，建设一批引领改革、支撑发展、中国特色、世界水平的高等职业学校和骨干专业（群）。

2019年3月，教育部、财政部发布《关于实施中国特色高水平高职学校和专业建设计划的意见》（教职成〔2019〕5号）（简称"双高计划"）提出：（七）打造高水平专业群。面向区域或行业重点产业，依托优势特色专业，健全对接产业、动态调整、自我完善的专业群建设发展机制，促进专业资源整合和结构优化，发挥专业群的集聚效应和服务功能，实现人才培养供给侧和产业需求侧结构要素全方位融合。……建设开放共享的专业群课程教学资源和实践教学基地。……建立健全多方协同的专业群可持续发展保障机制。

2020年7月30日，《教育部办公厅 工业和信息化部办公厅关于印发〈现代产业学院建设指南（试行）〉的通知》（教高厅函〔2020〕16号）决定"经过四年左右时间，以区域产业发展急需为牵引，面向行业特色鲜明、与产业联系紧密的高校，重点是应用型高校，建设一批与地方政府、行业企业等多主体共建共管共享的现代产业学院"。在该文件第四部分建设任务的第二条"提升专业建设质量"中提出"围绕国家和地方确定的重点发展领域，着力推进新工科与新农科、新医科、新文科融合发展，深化专业内涵建设，主动调整专业结构，着力打造特色优势专业，推动专业集群式发展。紧密对接产业链，实现多专业交叉复合，支撑同一产业链的若干关联专业快速发展"。

2021年1月27日，《教育部关于印发〈本科层次职业学校设置标准（试行）〉的通知》（教发〔2021〕1号）"第四条 专业设置 对接国家和区域主导产业、支柱产业和战略性新兴产业设置专业，有3个以上专业群，原则上每个专业群含3—5个专业，建有专业随产业发展动态调整机制，专业（群）结构总体合理"。

其二，在省级层面上，提出"专业群""专业集群"的文件，主要是与应用转型发展、产教融合发展、高等职业教育发展等重要重大战略性工作一起部署，相关文件列举如下。

2015年4月，浙江省教育厅、浙江省发展和改革委员会、浙江省财政厅《关于积极促进更多本科高校加强应用型建设的指导意见》（浙教高教〔2015〕47号）：5. 优化学科专业。瞄准新兴产业发展、传统产业升级、现代服务业培育和公共服务领域等对新型人才的需求，优化学科专业布局，调整存量，集成整合，大力培育特色优势，重点建设一批地方和行业急需、优势突出、特色鲜明的专业，形成若干个服务区域主导产业和特色产业的专业群，实现专业与企业、专业群与产业链的有机对接。

河南省出台《关于引导部分本科高校向应用型转变的实施意见》（豫教发规〔2016〕95号）提出"紧紧围绕产业链、创新链调整专业体系，并将服务同一产业链的相关专业组织为专业集群统筹管理"。一些高校制定了《专业集群建设"十三五"规划》或《关于支持试点专业集群建设的意见》等。

2013年5月，《内蒙古自治区教育厅关于开展自治区级示范性高等职业院校建设工作的通知》（内教高函〔2013〕33号）：重点建设办学理念先进、产学结合紧密、改革成绩突出、基础条件好、队伍实力强、特色鲜明、就业率高的专业。……合作开发一批体现工学结合特色的课程体系，形成以重点建设专业为龙头、相关专业为支撑的重点建设专业群，提高示范院校对自治区经济社会发展的服务能力。

2017年9月，江苏省人民政府办公厅关于印发《江苏高等职业教育创新发展卓越计划的通知》（苏政办发〔2017〕123号）：（二）突出需求导向，集群建设高水平骨干专业。针对江苏产业集群式发展的特点和规律，联合行业主管部门和行业组织，制定高职重点专业集群建设规划，重点打造智能制造、信息技术、新材料、能源环保、交通建设、健康、财经、文化旅游、现代农业等9个专业集群。以9个专业集群和300个高水平骨干专业建设为抓手，优化专业结构，强化专业特色，加强专业协同和跨界整合，提升专业竞争力和服务力。贴近生产一线，坚持人才链、产业链、创新链相结合，促进各专业集群的教学、师资、实训和科技创新平台等资源共享，协同开展应用研究，面向企事业单位开展技术开发、转让、咨询和服务。

以上国家和省域层面的政策文件都明确提出了专业群、专业集群建设的目标、任务和要求，国家和省域层面从政策制定角度为专业群、专业集群建设指明了方向，明确了导向。这些政策文件充分说明专业集群建设对于应用型院校发展具有特别重要的意义，体现了专业集群的推进既具有明确的方向性和导向性，又具有持续性和长期性。

应用型院校专业集群建设如同转型发展、产教融合等推动、推进一样，往往都是政策引导先行，高校实践和理论研究跟进，更多是政策导向背景下的研究与实践，是边进行实践探索边开展理论研究的。这些政策文件虽然没有（也没有必要）界定概念、明确内涵，阐述学理、探讨学术，但是给我们从学术学理上进行比较系统的理论研究提供了政府引导推动的依据与相关的政策文件依据，也充分说明了开展专业集群相关问题的研究不仅具有重要的理论价值，更具有重要的实践价值。

第一章 专业集群的研究概述

高校专业群或专业集群建设其实并非是全新的话题，老高校在较早以前也有这种提法，尤其是伴随着几次大规模的专业调整，不少高校就已经重视专业群或专业集群的建设了。但本书所谈的专业群或专业集群问题特指在两个世纪之交中国高等教育大众化背景中出现的高职院校，尤其是应用型本科高校的专业群或专业集群的问题，它是有着特定的内涵和对象的，而对于这种特殊对象的研究则是从中国高等教育进入大众化阶段的 21 世纪之初开始的。近 20 年来，专业群和专业集群研究在我国逐渐从边缘走向中心，正在成为高等教育领域新兴的研究热点。同时，专业集群的研究背景为应用型院校专业集群研究提供了政策依据与实践前提，专业集群的研究状况为专业集群研究提供了理论指导与学术前提，专业集群建设中面临的问题也为专业集群研究提供了研究课题与选题方向。概言之，选择应用型院校专业集群研究，既是基于理论探讨与研究创新的考虑，也是基于实践指导与工作推进的需要。因此，该选题已经成为我国应用型高等教育领域非常有现实意义、有理论与实践价值的研究课题。

第一节 专业集群的研究状况分析

一 专业集群研究的计量分析

（一）样本选取情况

为全面了解我国高等教育专业群建设的现状，我们有必要对其发展历程进行系统梳理。对专业集群的研究状况进行梳理分析，是进一步开展专业集群研究的学术基础与研究前提。为尽可能比较全面准确的收集相关文献，并保证研究样本的代表性，我们以中国知网期刊全文数据库（CNKI）为基本来源，以期刊为文献来源，检索项设置为"专业群""专业集群"①，项间逻辑关系为"或者"，检索范围设置为"篇名"，时间范围设置为2002年至2020年，来源类别仅选择"核心期刊"及"CSSCI"（精确查找），共得到267篇文献，剔除机构宣传、人物访谈、会议报道等非学术以及非高等教育领域研究的文献，共计256篇非重复有效样本（检索时间为2020年2月27日）。初步文献计量统计结果表明，这256篇文献覆盖43种期刊，171个机构，226位作者（以第一机构、第一作者计），其中独著文献131篇，基金课题资助文献167篇。

需要说明的是，更多的专业群、专业集群文章发表在其他刊物（如高职院校的学报和应用型本科高校的学报，这些刊物都不是核心期刊）上，这些刊物也有高质量的文章，也提出了很多重要的关于专业群、专业集群建设的理论和实践问题。本书为研究方便起见，仅仅以"核心期刊"及"CSSCI"的文章为据。

（二）年份分布情况

从文献年份分布看（图1-1），可将我国高等教育专业集群研究发展历程基本分为三个阶段。第一阶段为萌芽阶段（2002—2005年）。这段时间专业群的主题研究仅有2篇核心期刊文献。第二阶段为发展阶段（2006—2014年）。2006年，《教育部财政部关于实施国家示范性高等职业院校建设计划加快高等职业教育改革与发展的意见》首次出现在政府文件中，提出高职院校"专业群"建设任务，激发了广大学者的研究热情，专业集群主题研究开始进入快速发展期，文献数量从2006年的2篇快速增长到2010年的20篇。这段时间出现大量代表性成果，比如2007年袁洪志的《高职院校专业群建设探析》共计被本组256篇文献引用26次，2006年沈建根的《高职教育专业群建设：概念、内涵

---

① 通过对国家和省级层面文件的解读、中国知网重要期刊论文的检索分析以及地方应用型院校实践探索的研究，近年来，教育主管部门、高校与学术界对"专业集群"与"专业群"概念的运用，大致有两种情况：一是高职院校大多数使用"专业群"的概念，应用型本科院校基本使用"专业集群"的概念；二是政府政策文件、期刊研究论文虽然分别用了"专业集群"与"专业群"的概念，但实际上两个概念的蕴含与所指基本一致，并不存在两者在内涵及建设任务与要求上的本质的差别。因此，在本书中，除了对政府政策文件、院校研究案例、研究论文的引用之处保留了"专业群"的提法，在相关论述中都使用"专业集群"的概念。

与机制》共被本组文献引用 20 次，奠定了我国专业集群研究主题的重要研究基础。第三阶段为深化阶段（2015 年至今）。这段时间研究主题进入繁荣期，年均发文量保持在 20 篇左右，2019 年达到最大年发文量 32 篇。2015 年教育部、国家发展改革委、财政部《关于引导部分地方普通本科高校向应用型转变的指导意见》发布以后，专业集群在职业教育领域继续繁荣发展的同时，在应用本科院校领域也开始受到持续关注。2016 年顾永安的《应用本科专业集群——地方高校转型发展的重要突破口》共被本组文献引用 7 次（详见后文），也成为专业集群研究的重要研究基础。

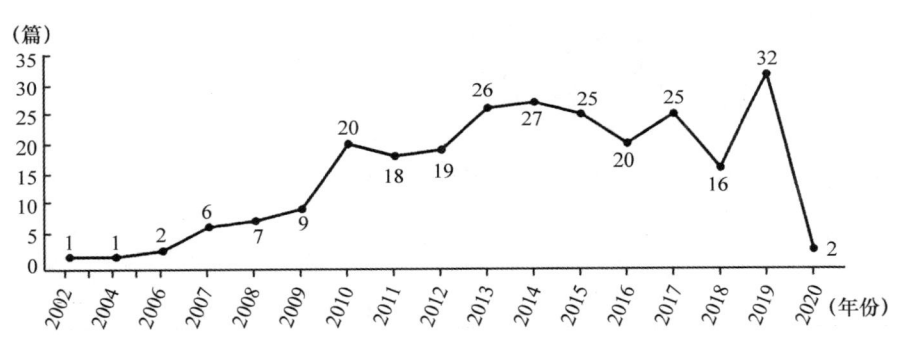

图 1-1 专业集群研究文献年份分布

（三）期刊分布情况

我国高等教育专业集群建设的研究论文在各期刊的分布具有不均匀性，256 篇论文发表在 43 种期刊上。根据文献计量学中的布拉德福定律，按照载文量从高到低排序，占主题研究 1/3 的期刊处于论文核心区。《中国职业技术教育》《职业技术教育》这两种职业教育类期刊发文共计 97 篇，属于高等教育专业集群研究领域的重要情报源。除此之外，载有专业集群建设论文 3 篇以上的期刊有 15 种，如表 1-1 所示。按照期刊的主要学科知识内容分类，CNKI 将期刊归为 10 个专辑 178 个专题。我国高等教育专业集群研究文献主要分布于社会科学Ⅱ专辑的职业教育（61%）、高等教育（11%）、成人教育与特殊教育（6%）等专题。如图 1-2 所示。到目前为止，职业教育依然是我国高等教育专业集群研究的主要领域。2019 年，一些高等教育类的期刊特别关注专业集群研究，《高等工程教育研究》《现代教育管理》分别发文 8 篇、4 篇。

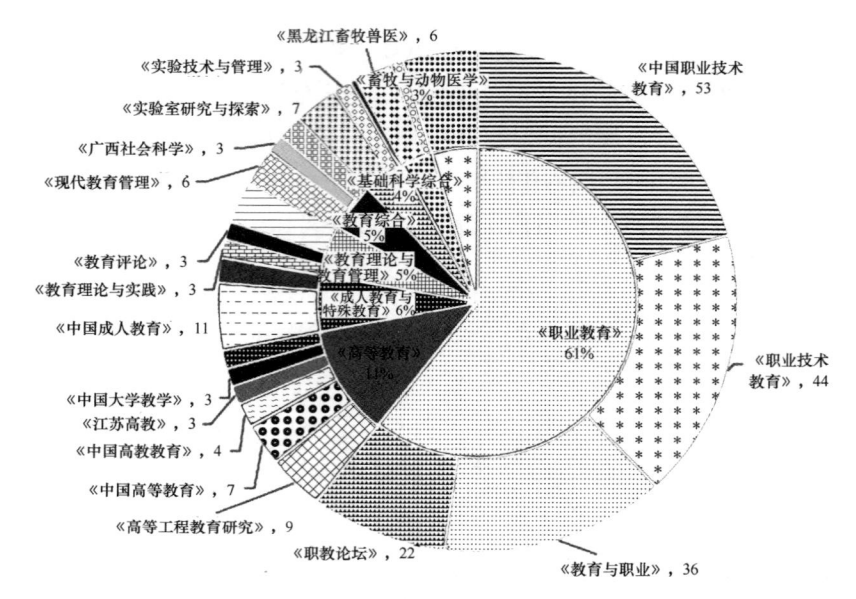

图 1-2　专业集群研究文献专题及主要期刊分布

表 1-1　专业集群研究文献主要期刊分布

期刊＼年份	2002	2004	2006	2007	2008	2009	2010	2011	2012	2013	2014	2015	2016	2017	2018	2019	2020	合计
《中国职业技术教育》				1		3	2	1	3	2	3	6	4	5	2	5	5	9	2	53
《职业技术教育》					1	2	2	1	5	8	7	5	4	5	1	3		44
《教育与职业》	1		1		1	1	3	1	5	1	5	4	5	4	2	2		36
《职教论坛》					1	1	2		2	3	2	3	4					22
《中国成人教育》					1	1	1	2		2	1	1	2					11
《高等工程教育研究》													1			8		9

续表

年份 期刊	2002	2004	2006	2007	2008	2009	2010	2011	2012	2013	2014	2015	2016	2017	2018	2019	2020	合计
《实验室研究与探索》							1			2	2	1		1				7
《中国高等教育》						1	2					1	2		1			7
《黑龙江畜牧兽医》												1	1		3	1		6
《现代教育管理》						1					1					4		6
《中国高教研究》				1				2								1		4
《教育理论与实践》						1			2									3
《实验技术与管理》													1	1	1			3
《教育评论》						1								2				3
《中国大学教学》						1	1	1										3
《江苏高教》											1	1		1				3
《广西社会科学》								2	1									3

（四）科研资助情况

从科研资助情况看（图1-3），专业集群主题研究已得到各级政府部门关注。256篇文献有科研课题资助的文献共167篇，文献总体资助比例65.2%。从资助级别看，国家社科基金资助文献2篇，全国教育科学规划课题7篇（以最高级别不重复计），两者合计占总文献量5.4%，高级别的资助项目总体比例偏低。

（五）发文机构分布

从发文机构（以第一署名单位的一级单位计，下同）统计看（表1-2），

（篇）

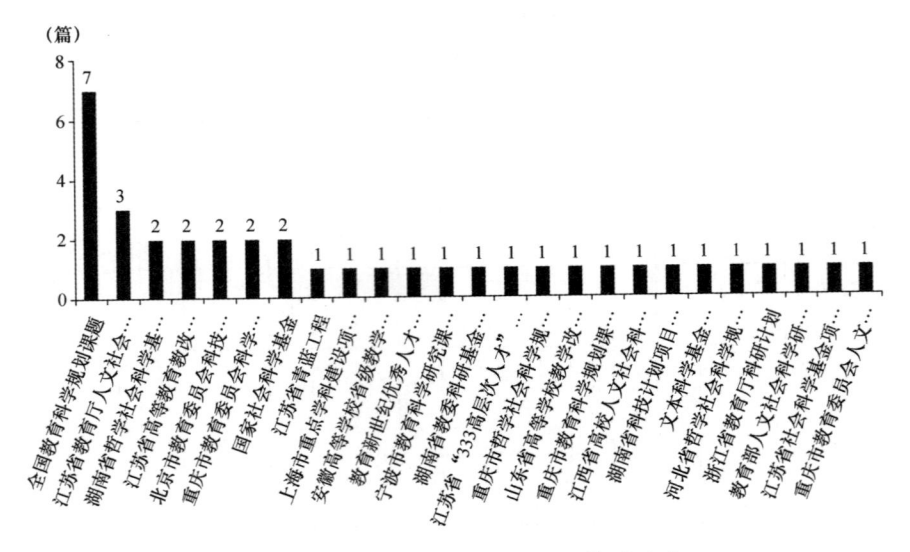

图 1-3 专业集群研究文献基金资助分布

256 篇文献出自 171 家单位，表 1-2 列出了发文量超过 3 篇的发文机构。表中显示职业院校在我国高等教育专业集群研究中居主体地位，机构数量和发文量均远超其他类型机构，浙江金融职业学院等 5 所高职院校发文 6 篇以上，位于前列。一些应用型本科院校（如钦州学院、常熟理工学院）在进行专业集群实践探索的同时开展了相关理论研究，一些研究机构（如华东师范大学、辽宁教育研究院）和教育主管部门（如山东省教育厅）突破高校的研究视角，关注专业集群研究，丰富了研究的理论深度和实际应用价值。

表 1-2　　　　　　专业集群研究机构发文量分布

年份 机构	2002	2004	2006	2007	2008	2009	2010	2011	2012	2013	2014	2015	2016	2017	2018	2019	2020	合计
浙江金融职业学院							1	4		1		1				3		10
浙江经贸职业技术学院								1	2		1	2			1			7

续表

年份 机构	2002	2004	2006	2007	2008	2009	2010	2011	2012	2013	2014	2015	2016	2017	2018	2019	2020	合计
常州纺织服装职业技术学院									1	1	3	2						7
江苏农牧科技职业学院												1			4	1		6
无锡职业技术学院									1	1	1	1		1		1		6
浙江国际海运职业技术学院											2		1			1		4
常州轻工职业技术学院										1	1	1						4
北京电子科技职业学院												2				1		3
华东师范大学							1									2		3
扬州职业大学											2		1					3
辽宁教育研究院						1	1		1									3
宁波城市职业技术学院					1	2												3
苏州经贸职业技术学院										1	2							3
重庆电子工程职业学院															2	1		3

25

续表

机构＼年份	2002	2004	2006	2007	2008	2009	2010	2011	2012	2013	2014	2015	2016	2017	2018	2019	2020	合计
顺德职业技术学院					1	1	1											3
南京信息职业技术学院								1	2									3
泰州职业技术学院														3				3
浙江商业职业技术学院						2	1											3
钦州学院（已更名北部湾大学）								2	1									3
常熟理工学院														1	1	1		3

二　专业集群研究的重要基础

在中国知网上检索后可以对所选文献进行计量可视化分析，并对本组检索文献分析共同的引用文献（共引文献），仅能对200个文献进行分析。为突破文献数量限制，作者按时间顺序排序，先分析前200个文献进行共引文献分析，第二次对剩余的67个文献再次进行共引文献分析，再对两次结果进行加和，得出所有本组267篇文献的共引文献，按照共引次数排序得出本组文献重要研究基础（表1-3）。

表1-3　专业集群主题研究前15篇共引文献（本组文献）

序号	篇名	作者	期刊	发表年份	共引次数（本组文献）
1	《高职院校专业群建设探析》	袁洪志	《中国高教研究》	2007	26

续表

序号	篇名	作者	期刊	发表年份	共引次数（本组文献）
2	《高职教育专业群建设：概念、内涵与机制》	沈建根、石伟平	《中国高教研究》	2011	22
3	《论专业群建设与高职院校的核心竞争力》	应智国	《教育与职业》	2006	20
4	《高职专业群建设的基本问题解析》	孙毅颖	《中国大学教学》	2011	12
5	《高校专业群的集约建设》	梅亚明	《教育发展研究》	2006	9
6	《高职院校专业群研究现状述评》	罗勇武、刘毓、肖冰、易峥英、何芸	《职教论坛》	2008	9
7	《基于产业链的高职专业群建设研究》	刘霞	《中国职业技术教育》	2012	7
8	《应用本科专业集群——地方高校转型发展的重要突破口》	顾永安	《中国高等教育》	2016	7
9	《基于专业群的高职"平台+模块+方向"课程体系开发》	周劲松	《职业技术教育》	2013	7
10	《专业群与产业集群协同视角下的高职院校专业群设置研究》	孙峰	《高等教育研究》	2014	7
11	《高职院校专业群建设的有效路径——构建"平台+模块"专业群课程体系》	何静	《广东技术师范学院学报》	2009	7
12	《高职院校专业群协同创新模式研究》	吴小蕾	《教育与职业》	2009	7
13	《基于产业集群的职业教育专业集群基本内涵与特征》	赵昕、张峰	《职业技术教育》	2013	6
14	《对高职专业群建设的思考》	强伟纲	《教育与职业》	2013	6
15	《高职院校专业群建设的路径探析》	宋文光、许志平	《中国成人教育》	2008	6

以上文献中，有14篇出现在专业集群研究的发展阶段（2006—2014年）。在此阶段文献总量较多，同时因时间积累，高被引文献也大量存在。

袁洪志的《高职院校专业群建设探析》是高职专业群研究发展阶段的重要文献，知网查询被本组文献引用26次。在概念上将专业群定义为由一个或多个办学实力强、就业率高的重点建设专业作为核心专业，若干个工程对象相同、技术领域相近或专业学科基础相近的相关专业组成的一个集合[①]。

沈建根等的《高职教育专业群建设：概念、内涵与机制》被本组文献引用22次，其认为高职教育需要认清专业群建设的目的与意义，厘清专业群与产业、职业岗位群对接的"职业联系"的内在联系，对接区域产业，调整结构布局，加快内涵发展。在专业群组织保障机制中建立以课程组织为基础的专业群组织机构，以专业群协作组织为重点的校企合作机制，以专业群就业质量为评价重点的专业动态调整机制[②]。

应智国的《论专业群建设与高职院校的核心竞争力》被本组文献引用20次，提出了合理架构专业结构，逐步拓展专业群体，重视实训配套建设，优化师资队伍结构的建设高职院校专业群路径[③]。

孙毅颖的《高职专业群建设的基本问题解析》被引12次，提出源于"产业集群"理论的高职院校专业群建设思想，解析了高职院校专业群概念要义，并概括提出了高职院校专业群建设"外生式"的建设动力、"内生式"的建设模式、"合作式"的建设路径三个基本特点，最后对高职院校专业集群发展优势进行了分析[④]。

罗勇武等的《高职院校专业群研究现状述评》被本组文献引用引9次，是较早的一篇对专业群研究进行评述的文献，其对专业群的概念、建设目的、建设意义、存在问题进行阐述[⑤]。

[①] 袁洪志：《高职院校专业群建设探析》，《中国高教研究》2007年第4期。
[②] 沈建根、石伟平：《高职教育专业群建设：概念、内涵与机制》，《中国高教研究》2011年第11期。
[③] 应智国：《论专业群建设与高职院校的核心竞争力》，《教育与职业》2006年第14期。
[④] 孙毅颖：《高职专业群建设的基本问题解析》，《中国大学教学》2011年第1期。
[⑤] 罗勇武、刘毓、肖冰等：《高职院校专业群研究现状述评》，《职教论坛》2008年第11期。

除此之外，还有梅亚明、刘霞、周劲松、孙峰、何静、吴小蕾、赵昕和张峰、强伟纲、宋文光和许志平等多位学者的作品被本组文献高频引用。从文章主题看，这些文献基本集中于专业群建设基本问题探析和动力因素研究两方面。

专业集群研究深化阶段（2015年至今）仅出现1篇被本组高引用文献，数量相对较少主要源于时间相对短。顾永安的《应用本科专业集群——地方高校转型发展的重要突破口》发表于2016年11月，4年多的时间已被本书主题引用7次，区别于前述的14篇高引文献，该文是应用本科专业集群建设范畴。该文认为应用本科专业集群首要的是做好谋篇布局和科学架构，专业集群布局重在结合转型发展方案做好顶层设计，制定建设方案；地方高校应构建与产业集群紧密对接的、学科与专业交叉发展的学科专业集群；地方高校专业集群具有学科性和亲产业性两大特征①。

另外，以"专业集群"为关键词检索，截至2021年1月30日，顾永安教授发表在《中国高等教育》2016年第22期的《应用本科专业集群——地方高校转型发展的重要突破口》共被引71次，为被引用量最多的论文；该文被下载1783次，也是下载量最多的论文。

三　专业集群研究的聚焦主题

（一）专业集群研究的关键词分析

通过对主题文献外部特征的计量分析，已初步展示了我国高等教育专业集群研究的基本状况。为进一步聚焦研究主题，本书运用计量学领域的知识图谱法，结合重要文献内容分析，深度挖掘研究主题与研究热点。本书采用由美国德雷克赛尔大学信息科学与技术学院陈超美教授开发，近年来在科学计量学领域广泛采用、具有深远影响力的信息可视化软件Citespace绘制知识图谱。

根据文献计量学理论和CiteSpace运行原理，通过分析高频关键词和高中介性关键词可以窥探出研究领域的研究主题与热点。高频关键词指研究领域文献中出现频次较高的关键词。高中介性关键词是指在整个

---

① 顾永安：《应用本科专业集群——地方高校转型发展的重要突破口》，《中国高等教育》2016年第22期。

网络中对经过该节点并彼此相连的另外两个节点的控制能力较强的节点关键词，说明其在整个知识结构中起到较强的桥梁与纽带作用。本文检索到的 256 篇文献样本中包含 1171 个关键词。软件参数设置：时间设为"2002—2020"（第一篇文献出现在 2002 年），silice = 1，node type 分别选择"keyword"，阈值选择 top 50 per slice，运行软件绘制出我国高等教育专业群领域 392 个节点，180 条连线的关键词共现分析图谱（图 1-4）。调节标签显示阈值 = 1，使得频次大于 1 次的关键词在图谱中显示，图谱中节点代表关键词，节点大小与关键词词频、节点年轮厚度与相应年份关键词词频数量成正比。

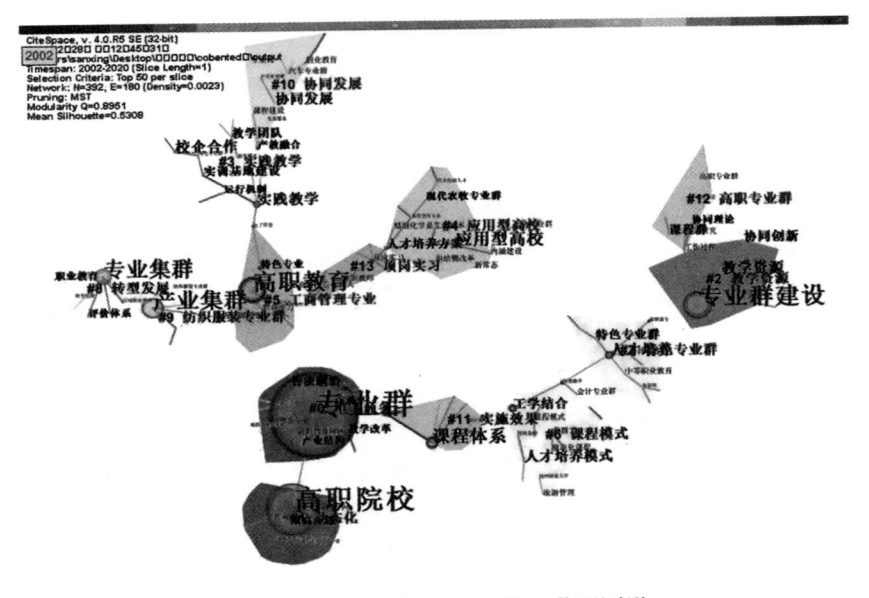

图 1-4 专业集群研究关键词共现图谱

图谱中有些关键词表述内容相近或属于同一类别，为增加图谱的可读性，进一步明确研究热点主题，作者对关键词做了归类合并处理：将高职教育、高等职业教育、高等职业技术教育统一归并为高职教育；将高职院校、高职、高等职业院校归并为高职院校；将产业集群、产业群、产业链归并为产业集群；将实践教学、实践教学体系、专业集群实践教学体系归并为实践教学；将应用型高校、应用型本科、地方应用型高校、地方应用型院校、新建地方本科院校归并为应用型高校等，并对专业、学校、构建、建设等无意义词进行删除。

从图1-4、表1-4中可以看出，高频关键词与高中介性关键词有较大重合度，说明两者在表征研究热点上具有较大信度。除去检索项"专业群""专业集群"以及前文已经论述的"高职院校""高职教育"的主要研究领域外，"专业群建设"的节点仅次于"人才培养"的节点，说明专业集群研究更关注方法论与实操层面的建设，即探索如何推进与实施高等教育专业群建设。围绕"专业群建设"较大的节点还有"产业集群""课程体系""应用型高校""人才培养""实践教学""校企合作""教学资源""协同发展""人才培养模式"。这些关键词构成了专业集群研究的热点，表明新世纪以来关于专业集群研究关注的视域渐趋宽广，聚焦的内容更加集中于人才培养及相关要素。

借助CiteSpace保留的关键词出现频次与中心性统计数据，在二次文献研读的基础上，对高频关键词进行聚类统计结果显示，应用型院校专业集群研究主要聚焦于逻辑遵循研究、动力因素研究和经验实践研究等三大主题。

（二）专业集群建设的逻辑遵循研究

逻辑指事物的客观规律，而专业集群建设的逻辑是指专业群建设实践中所存在或者遵循的规律。专业集群研究要以探寻归纳专业集群与群内专业建设发展所依存的逻辑基础为研究起点，进而以各逻辑之间的相互关系为因变量，分析其专业集群建设动力场中的变化与作用，以把握专业集群的本质与建设规律。专业集群建设逻辑遵循协同理论，这也是专业集群建设的重要理论依据。专业集群建设从协同发展、协同创新的视角呼吁与外部产业融合、内部要素共生。协同理论认为组成系统的相关要素之间具有关联性、依存性、互补性、竞争性、促进性等特性，产生协同效应不断优化和促进事物发展。吴小蕾从集群出发，提出专业群内各主体应有"互惠共生"和"知识资源互补"理念，在专业群建设上做到人力资源协同，教学资源协同，制度化、程序化、公开化的管理协同，最大使用效率的资金协同[①]。

---

① 吴小蕾：《高职院校专业群协同创新模式研究》，《教育与职业》2009年第23期。

表1-4 专业集群研究文献前22位高频关键词

关键词词频排序

序号	频次	关键词	序号	频次	关键词
1	117	专业群	12	7	教学资源
2	76	高职院校	13	6	协同发展
3	40	专业群建设	14	6	人才培养模式
4	33	高职教育	15	5	工学结合
5	29	产业集群	16	5	协同创新
6	24	专业集群	17	4	人才培养方案
7	13	课程体系	18	4	特色专业
8	10	应用型高校	19	4	实训基地建设
9	8	人才培养	20	4	课程群
10	8	实践教学	21	4	智能制造
11	8	校企合作	22	4	教学团队

关键词中介性排序

序号	中介性	关键词	序号	中介性	关键词
1	1.1	专业群	12	0.31	特色专业
2	0.87	高职教育	13	0.3	电子信息
3	0.64	课程体系	14	0.27	育人机制
4	0.63	通专融合	15	0.26	产业集群
5	0.61	工学结合	16	0.26	专业群构建
6	0.5	深度融合	17	0.24	顶岗实习
7	0.49	人才培养	18	0.24	兼职教师
8	0.38	专业群建设	19	0.19	人才培养方案
9	0.37	高职高专	20	0.15	专业集群
10	0.36	高职院校	21	0.15	区域职业教育
11	0.31	实践教学	22	0.12	产教融合

在专业集群不同发展时期及不同维度，专业集群组建的基本逻辑基本可分为岗位逻辑、产业逻辑、知识发展逻辑、人才逻辑4类。岗位逻辑即以职业岗位（群）为依据，充分体现职业分工的逻辑关系，针对职业岗位（群）人才需求设置专业集群，尽可能多地覆盖行业岗位群。这也是专业集群最初发展的逻辑关系。童宏祥提出以协同学方法论为指导，以工作过程导向论为依据构建高职国际商务专业群[①]。董淑华提出以企业价值链协同进行专业群建设。产业逻辑即基于产业结构、产业空间布局和产业链条组建专业群，专业群内各专业与产业有着明确的对应关系，产业的调整和转型升级决定着专业群的调整和优化[②]。黄影秋提出构建伙伴选择、机制建立、知识融合、利益分配四个方面高职院校专业群与产业群协同创新组织体系[③]。陈运生进行了产教融合新背景下高职院校专业群与产业群协同发展研究[④]。徐国庆认为岗位逻辑、产业逻辑是专业群组建的外部逻辑，知识逻辑也称为学科逻辑，即将专业作为一个知识传递和生产载体，知识关系是专业关系的核心，依据专业知识的相关性和内在逻辑构建专业群，并提出基于这一逻辑的专业群编组策略、专业群平台课程开发策略、专业群持续发展机制构建策略等[⑤]。杨红玲提出专业群为教师知识共享提供有效平台、促进教师隐性知识转换为显性知识，从制度、环境、人三方面构建知识共享的专业群建设体系[⑥]。平和光认为人的发展（专业群教育对象特征）逻辑是专业群组建的根本逻辑、主要逻辑，是其他逻辑的主线，蕴藏在岗位逻辑、产业逻辑、知识逻辑之中，专业群建设要以培养"社会人"为目标，培养现代"社会人"所需具备的基本素质与通识能力，在组建专业群时必须

[①] 童宏祥：《高职国际商务专业群构建实证研究——基于协同学原理与工作过程导向》，《中国成人教育》2011年第9期。
[②] 董淑华：《与企业价值链协同的专业群建设研究》，《当代教育科学》2012年第19期。
[③] 黄影秋：《高职院校专业群与产业群的协同创新发展探讨》，《职业技术教育》2017年第14期。
[④] 陈运生：《产教融合背景下高职院校专业群与产业群协同发展研究》，《中国职业技术教育》2017年第26期。
[⑤] 徐国庆：《基于知识关系的高职学校专业群建设策略探究》，《现代教育管理》2019年第7期。
[⑥] 杨红玲：《协同创新视角下促进教师知识共享的专业群建设》，《教育与职业》2014年第35期。

始终牢牢把握好这一主线①。

表1-5　专业集群建设逻辑遵循研究主题关键词频次和中心性

研究热点主题	关键词	频次	中心性
专业群建设逻辑遵循研究	产业集群	29	0.26
	协同发展	6	0.09
	协同创新	5	0
	协同理论	3	0.05
	集群式	2	0.04

基于上述研究视角，也有一些学者更加细致地考察专业集群建设系统中各逻辑标准之间的相互关系，比如平和光认为"产业—专业—就业"的线性逻辑忽略了劳动力市场的复杂性在实际运作中存在偏差性。②丁宗胜认为群内专业主辅关系要以产业链逻辑关系、学科知识的内在逻辑关系为依据。核心专业的遴选不应仅仅着眼于以往该专业建设取得的成绩，而应从产业链的逻辑关系或学科知识体系的内在逻辑关系出发，确立专业间的主辅关系③。总的来说，专业集群建设的逻辑遵循研究呈现出以协同发展为视角深层探讨高等教育与外在环境联动关系，以期专业与产业发展的共荣共生格局。

（三）专业集群建设的动力因素研究

目前，关于专业集群建设的要素研究，学者多从理论角度分析影响专业集群建设的具体动力要素及其相互关系。如表1-6所示，这些动力来源基本集中在人才培养、课程体系与教学资源、教学团队、实践实训条件、产学合作、人才培养模式、评价体系七个方面。图1-4所示，人才培养节点较大，表明人才培养、立德树人是专业集群与专业建设的根本指向，专业集群建设要以培养人为目标，培养现代人所需具备的基本素质与通识能力。毕燕、胡宝清认为特色专业群建设要集人才培养、

---

① 平和光：《高职院校高水平专业群组建的基本逻辑》，《职业技术教育》2019年第19期。
② 平和光：《高职院校高水平专业群组建的基本逻辑》，《职业技术教育》2019年第19期。
③ 丁宗胜：《高职院校专业群构建的逻辑研究——以旅游管理专业群为例》，《职业技术教育》2014年第2期。

科学研究、社会服务为一体[1]；何丽丽指出进行目标贯通融合的高职专业群课程思政改革路径，突出立德树人的根本任务[2]；课程体系节点较大，专业群建设最终指向人的发展，而人才培养最终都需要落实到课程单元。课程体系及其资源的优化配置是专业群聚集与扩散效应充分发挥的前提。王正勇等研究了基于成果导向教育、通专融合的"平台+模块"专业群课程体系架构[3]。周劲松提出了以学习者为中心、针对性和衔接性统一、职业化与差异化配置原则的"平台+模块+方向"的专业群课程体系[4]。左武荣借鉴美国 KAS 培训法，围绕岗位群所需的工作知识（K）、依据岗位群所需的职业核心能力（A）、参照岗位群所需的职业技能（S）进行高职专业群课程体系建构[5]。教学团队建设是推进高等教育教学改革的一项重要举措，教师发展是专业群建设的重要软实力。陈肃基于专业群理念探索了适应岗位群需要、创新教学组织形式、科研为先导的教学团队建设[6]。吴吉东提出搭建专业群内优质师资资源共享平台等多维立体拓展教师培育路径[7]。高葵芬等以专业为基本教学单位，以团队运作为运行机制，构建了"校、院（系）、专业（群）、教学团队"教学管理组织模式[8]。实践教学体系是实现专业群人才培养目标的重要环节。周丽和白娟以专业群职业岗位和能力分析为依据，构建了"底层共享，中层分立，高层互选"相对独立的专业群实践教学体系[9]。刘

---

[1] 毕燕、胡宝清：《资源与环境类国家特色专业群建设实践与思考》，《中国大学教学》2010 年第 8 期。

[2] 何丽丽：《目标贯通与融合：高职专业群"课程思政"改革路径》，《中国职业技术教育》2019 年第 29 期。

[3] 王正勇、柳兴国、吴娟：《基于成果导向的专业群"平台+模块"课程体系构建》，《中国职业技术教育》2020 年第 2 期。

[4] 周劲松：《基于专业群的高职"平台+模块+方向"课程体系开发》，《职业技术教育》2013 年第 8 期。

[5] 左武荣：《借鉴 KAS 培训法构建高职国贸专业群课程体系》，《中国成人教育》2015 年第 3 期。

[6] 陈肃：《基于专业群视角的电大教学团队建设》，《中国远程教育》2011 年第 4 期。

[7] 吴吉东：《高职院校专业群建设视域下的教师发展研究》，《职教论坛》2014 年第 5 期。

[8] 高葵芬、黄振杰、辜跃辉：《高职院校"校、院（系）、专业（群）、教学团队"教学管理组织模式构建》，《职业技术教育》2014 年第 23 期。

[9] 周丽、白娟：《现代旅游服务业专业群背景下实践教学体系研究》，《中国职业技术教育》2013 年第 23 期。

芳基于课程模块，构建基本型实训、专项技能型实训、生产型实战、创新型实体四层递进的实践教学体系①。黄启良从实训模式、功能、运行管理的思路构建对接产业链的职业院校服装专业群联动实训基地（室）②。王俊山、杨天英认为校内实训基地硬件设施的配置要贯彻以工作过程导向为主、适度兼顾课程教学需要的原则③。产学合作包含校企合作、工学结合、产教融合三个关键词。周建松认为开放合作育人不仅要体现在学校层面，更要体现在专业（群）层面；不仅要成为舆论共识，更要成为文化自觉；不仅要成为行政主导，更要建立长效机制。呼吁构建以专业群为基点的多功能校企合作体④。孔德兰认为以专业群为单元的校企合作有机体建设需要重点把握搭建平台整体运作、共同建设交叉管理、共担业务共享收益、协同发展合作育人等关键环节⑤。工学结合职业人才培养模式，体现了高职以培养学生能力为主线的职教思想。祁红志、张金标将专业培养要求与相关职业标准结合，探索"双证融通、学做合一"模具专业群工学结合人才培养模式⑥。李林提出专业群建设与专业建设评价间的区别，并提出评价指标界定、指标权重设定等构建高职专业群建设评价指标体系的思路⑦。原宪瑞提出政府作为与院校行动互动对接要有多维思考。一是要将政府的作用点落在对专业组合与布局的调控与绩效监控上，二是品牌专业群建设要在实训条件、培养模式、师资队伍等方面进行系统规划，三是要从评价指标、自我监控方面构建评价体系⑧。

---

① 刘芳：《高职信息类专业群"实训、实战、实体"实践教学体系构建》，《职业技术教育》2015 年第 11 期。

② 黄启良：《对接产业链的职业院校服装专业群联动实训基地建设研究》，《中国职业技术教育》2017 年第 31 期。

③ 王俊山、杨天英：《基于专业群理念的校内实训基地建设研究》，《教育理论与实践》2009 年第 30 期。

④ 周建松：《高职院校主体专业（群）校企合作综合体建设的探索——以浙江金融职业学院金融专业（群）为例》，《现代教育科学》2011 年第 7 期。

⑤ 孔德兰：《构建以专业群为单元的校企合作有机体的实践与思考》，《中国高教研究》2011 年第 10 期。

⑥ 祁红志、张金标：《模具专业群高技能人才工学结合培养模式的探索与实践》，《中国职业技术教育》2012 年第 35 期。

⑦ 李林：《高职专业群建设评价体系构建研究》，《教育评论》2017 年第 8 期。

⑧ 原宪瑞：《品牌专业群建设中的政府作为与院校行动》，《中国职业技术教育》2014 年第 25 期。

表1-6　专业集群建设动力因素研究主题关键词频次和中心性

研究热点主题	归类	关键词	频次	中心性
专业群建设动力因素研究	人才培养	人才培养	8	0.49
	课程体系与教学资源	课程体系	13	0.64
		教学资源	7	0.05
	教学团队	教学团队	4	0.02
	实践实训条件	实践教学	8	0.31
		实训基地建设	4	0.04
	产学合作	校企合作	8	0.01
		工学结合	5	0.61
		产教融合	3	0.12
	人才培养模式	人才培养模式	6	0.05
	评价体系	评价体系	3	0.01
	其他	运行机制	3	0.04
		教学改革	3	0.04

（四）专业集群建设的经验实践研究

高等教育专业集群建设具有很强的实践性，研究需立足现实，着力解决实际问题。相关研究比较多，主要集中于以下两类（如表1-7所示）：一是围绕高职院校、应用型高校（相关关键词有应用型高校、应用型本科、地方应用型高校、应用本科、地方应用型院校、新建地方本科院校）等专业集群建设的主体，探讨专业集群建设策略。比如应用型高校方面，顾永安认为应用型高校要从学科专业集群超级平台、学科交叉融合多研究视角、学科专业互促融合、内涵式发展、区域高校协同五方面拓展专业群建设思维广度[1]。王福君、于莹莹提出应用型高校专业群体系需要具备地方性需求导向的专业发展定位、应用型发展导向的专业集群演化、协同发展模式的大专业集群观等特点[2]。二是围绕具体

---

[1] 顾永安：《应用型高校推进专业集群建设的思考》，《高等工程教育研究》2019年第6期。
[2] 王福君、于莹莹：《应用型高校专业群发展态势与内在机理》，《现代教育管理》2019年第5期。

专业群阐述创建经验，包括个体专业群和类别专业群等。个体专业群主要集中在现代农牧专业群、涉海专业群等。李成忠等阐述了产教深度融合，现代农牧专业群的复合型技术技能型人才培养路径，并对实践教学基地、培养方案构建进行了研究[①]。黄家庆论述了与广西海洋产业群契合的，以整体规划为基础、以特色为重点、以科研平台为纽带、以 ISO9000 质量管理体系为保障的一体化涉海学科专业群构建路径[②]。专业群类别有特色专业群、优势专业群等。特色专业群是高等学校办学特色和品牌的集中体现，建设特色专业群对提升高校核心竞争力和整体办学水平意义重大。对于类别专业群，通常从专业群特有禀赋并结合某类高校专业群建设实例来加以论证。比如，朱双华、陈慧芝研究了株洲职业技术学院瞄准汽车产业打造特色专业群的探索[③]。毕燕、胡宝清论述了广西师范学院打造优势学科，以科研促教学，服务边疆民族地区社会经济的资源与环境类国家特色专业群建设探索[④]。

表 1 - 7　　专业集群建设经验实践研究主题关键词频次和中心性

研究热点主题	归类	关键词	频次	中心性
专业集群建设经验实践研究	具体类别高校	高职院校	76	0.36
		应用型高校	10	0.07
	具体类别专业群	特色专业群	4	0.04
		优势专业群	2	0
		高职专业群	2	0.02
		现代农牧专业群	3	0.03
		涉海学科专业群	2	0
		英语专业群	2	0
		会计专业群	2	0.02

---

①　李成忠、杭瑞友、唐春根：《产教深度融合，共建"现代农牧专业群"的创新与实践——以江苏农牧科技职业学院为例》，《黑龙江畜牧兽医》2018 年第 4 期。

②　黄家庆：《论广西海洋产业群发展与涉海学科专业群构建的契合》，《广西社会科学》2011 年第 12 期。

③　朱双华、陈慧芝：《瞄准汽车产业打造特色专业群的构想与实践——以株洲职业技术学院为例》，《中国职业技术教育》2011 年第 18 期。

④　毕燕、胡宝清：《资源与环境类国家特色专业群建设实践与思考》，《中国大学教学》2010 年第 8 期。

续表

研究热点主题	归类	关键词	频次	中心性
专业集群建设经验实践研究	具体类别专业群	汽车专业群	2	0.04
		工商管理专业	2	0.01
		物流专业	2	0.04
		电子商务	2	0.03
		旅游管理	2	0

第二节　专业集群研究问题的提出

一　认识不到位

一方面是对专业集群建设的内涵认识不足，主要表现为：不少应用型高校仍然停留在专业集群建设的相关提法上，如在发展规划、转型方案、自评报告中提出要建设应用专业集群或打造几大专业集群的口号，缺少明确的建设规划与目标，或跟风盲从，或不求甚解，或面面俱到，或急于求成；一些高校为专业集群而集群，专业集群成为专业的拼凑与堆砌，对专业集群的概念、内涵等缺乏全面深入的理解；个别高校甚至将"专业集群"与"专业类"混为一谈，用相关专业的内涵建设来替代专业集群建设。另一方面是对专业集群建设的复杂性、系统性认识不足，主要表现为：对专业集群的理论认识比较模糊，对专业集群推进缺乏顶层设计的思路与举措；对专业集群如何规划、布局、建设、运行、保障、评价等缺乏研究与探索；一些高校认为专业集群是教学条线、专业负责人的事，没有从学校发展层面整体谋划、顶层设计和自上而下地推进；一些高校没有对专业集群进行研究分析，指导意见或实施方案自身存在明显的问题；一些高校领导、中层干部和专业负责人存在"等、靠、要"心理，片面强调要时机成熟、条件具备才能开展建设，或简单照搬别校的做法，等等。

二　视野不开阔

从当前应用型高校专业集群建设情况来看，总体上尚处于初始阶段，推进集群建设受前述思想认识不到位的束缚，受一些高校领导和业务部门、二级院系领导学习研究不到位的限制，受传统思维定式和既有做法的影响，专业集群推进的视野不开阔、思路不宽广，具体表现为：专业集群建设的视角局限于学校视角偏多、局限于教学工作视角偏多、局限于某些学科专业视角偏多，而从学校发展战略全局甚至跳出学校从产教融合、科教融合视角的考虑较少，从多学科专业或跨学科专业领域的考虑较少，对专业集群相关的政府行业产业等利益相关者的广泛、充分、深入调研较少，等等。这些都与应用型高校落实开放式、开放性的办学定位的要求很不吻合，与确立专业集群建设的"大广角思维"有较大差距。

三 创新性缺乏

专业集群建设是应用型高校专业结构优化调整的新战略、新思维、新路径，少部分应用型高校正处于初始的探索阶段，大多数应用型高校正准备推进，还没有现成的经验、成熟的模式。在初始阶段的主要问题是：专业集群建设因干部教师的教育理念观念滞后，缺少创新性的理念思路，一些高校停留于堆砌式的"物理变化"层面的专业组合，没有使专业集群产生"化学反应"或"基因改造"，未能将产教融合与校企合作的战略路径、新工科新医科新农科新文科建设理念、工程类师范类等专业认证的要求与专业集群建设融合渗透；缺少创新性的体制机制、推进举措，在专业集群建设的管理体制、运行机制、保障机制、思路内容、方式方法等方面没有创新和创造；缺少创新性的人才培养顶层设计，没有形成与专业集群相匹配的人才培养方案；缺少创新性的应用型课程体系，没有构建能够支撑专业集群建设并发挥集群建设效应的课程体系或课程群、课程模块，没有实现从专业集群、形态布局到内涵建设的转变。

四 特色不彰显

受调研院校大多数在学校发展规划、党代会报告、转型方案中提出"特色名校""特色发展"战略，建设"特色鲜明的应用型大学"或"有特色高水平应用型大学"的愿景目标，但是对如何办出没有规划、没有研究，也没有明确的特色培育行动计划，一些高校为了迎接教学评估、转型检查，临时拼凑"写"特色，这样的"特色"缺乏顶层设计、理念支撑与实践培育，也缺乏内在逻辑关联和相关材料支撑；一些高校没有从特色与学校高质量发展、内涵建设的角度来思考谋划特色，办学特色与学校办学利益相关方的区域产业结构、经济社会发展需求不能紧密勾连吻合，与学校内涵建设核心的学科、专业、人才培养等方面渐行渐远；一些高校的办学特色培育缺乏地方教育主管部门的引导与激励；一些高校将专业集群建设与学校办学特色培育当作两项独立的工作来推进，甚至撇开专业集群另寻办学特色，没有从学校事业发展的全局，将专业集群建设与学校办学特色培育统筹部署、有机融合、共同推进。

五　价值未达成

专业集群建设要通过其自身作用或功效发挥、愿景与目标实现等达成其存在的价值。一些高校存在专业集群建设价值向度片面、模糊等方面的问题，主要表现为：专业集群建设缺乏发展规划与顶层设计，对建成怎样的专业集群、达到怎样的建设目标缺乏明确的愿景，对专业集群建设对于学校及其利益相关者有怎样的意义与价值缺乏必要的认知，对如何实现或达成专业集群建设的价值缺乏思路与举措，专业集群建设服务地方支撑度较弱、人才培养契合度较低、资源配置的有效度较差、品牌影响的美誉度较小，从总体上来说，衡量专业集群自身价值及价值增值的四个价值向度与有特色、高水平的专业集群建设要求有较大的差距。

六　质量文化弱

专业集群建设主要目的是要为提升人才培养质量营造良好的运行机制和质量文化。一些专业集群表面上看是存在群而不合、貌合神离的问题，专业集群因专业简单组合编组而成为"专业的一种形式化存在"[①]，把专业集群建设简单分解为集群内专业建设，误认为单个专业建设好了就累加成为高水平专业集群[②]。从质量文化建设来看，专业集群建设的质量标准体系、质量保障体系尚不完善，有效可行的质量监控体系亟须

[①] 徐国庆：《基于知识关系的高职学校专业群建设策略探究》，《现代教育管理》2019年第7期。

[②] 吴升刚、郭庆志：《高职专业群建设的基本内涵与重点任务》，《现代教育管理》2019年第6期。

确立，质量保障的闭环体系还未形成。这些表现实质表现为专业集群建设的质量意识薄弱和质量文化缺失。

总体来看，目前，我国应用型院校专业集群正处于国家政策引导支持与院校自觉建设的探索期。20年来，我国应用型院校专业集群探索实践取得了重要进展和显著成效，但也存在不少问题。笔者利用参加教育部本科教学工作合格评估、审核评估及教育部特色专业集群多期专题研修班讲学的机会，对受评估的20多所高校领导和200多所高校的研修学员进行了调研，根据调研分析，将专业集群探索与推进中的认识与实践问题概括为以上六个方面[①]，这些问题也是应用型院校专业集群研究问题的提出和需要着力探寻与解决的问题，在本书中将分章从理论与实践相结合的视角进行阐述。

第三节 专业集群的研究价值与理路

一 专业集群的研究价值

（一）专业集群研究的实践价值

1. 有利于深化应用型院校向高水平转型发展的研究深度

当前"人才培养结构与质量不适应经济结构调整和产业升级要求"是国家实施地方高校转型发展战略的重要缘由，人才培养类型的转变是应用型转变的根本。高校人才培养结构通过专业结构具体显现，高校专业结构的外延和内涵直接地映射着人才培养结构的质量诉求。构建符合地方社会经济发展需要的应用型专业结构是应用型院校转型发展的首要任务，而专业集群建设成为地方高校应用型转变的重要内容和突破口。本书以专业集群建设为应用型院校发展的重要抓手，有助于加大向高水平高质量转型发展的研究深度，更好地为转型发展和应用型人才培养服务。

2. 有利于增强高校专业布局与地方产业发展需求的契合度

现代产业集群式发展呼吁应用型院校实施专业集群的专业建设策略。各地政府根据地方产业布局，出台相关政策，推进产业集聚，促进

---

① 顾永安：《应用型高校推进专业集群建设的思考》，《高等工程教育研究》2019年第6期。

转型升级。为区域经济社会发展服务是应用型院校的基本职责和使命，服务区域经济产业发展状态是应用型院校专业结构布局的主要考量因素之一。现代产业集聚式发展对地方高校人才培养提出了教育服务区域产业集群发展的新要求。地方高校原本"小帆板"的专业建设模式已不适合产业发展需求，需要按照一定结构或规则集聚成高压强协同作战的"大舰艇"专业结构模式。本书有利于指导地方高校构建符合区域产业发展需要的专业集群，增强专业与产业的契合度，更好地服务于区域产业集群建设与经济结构调整。

3. 有利于确立"建设专业集群就是培育办学特色"的新观念

应用型院校要走高校分类指导下特色办学之路，专业特色是一所大学的核心特色。不同的地方高校有着不同的服务区域，而区域经济社会经历长时间发展形成独特的经济结构和产业结构，在产业结构调整布局中，服务区域也有着明确的功能定位。地方经济产业的区域性、独特性、稳定性正好成为应用型本科院校专业特色化最佳的切入点。本书通过深入剖析专业集群的理论与实践问题，明确提出"建设专业集群就是培育办学特色"的新观念，有利于引导应用型院校加大特色办学的培育力度，注重应用型院校的专业设置和调整，形成与自身实际发展阶段、与区域产业结构相符合的应用型专业结构，紧扣服务地方发展打造自身特色。

4. 有利于创新政校行企"发展共同体""利益共同体"的体制机制

产教融合的专业集群需要政府、高校、行业、企业共同参与，共同治理，产教双方供需对接、资源转化、价值交换和利益共享，形成"发展共同体""利益共同体"的体制机制。此种专业集群作为产教的共同体，是高等教育在技术革新不断加速、社会融合不断深入的背景下主动进行的自我革新和探索，是高校与行业企业融合共生的区别于传统二级院系的新的组织形态，这对于高校内部治理和体制机制而言是一种新的变化。

5. 有利于推进院校研究和丰富应用型院校专业集群案例研究

本书将从国内应用型院校中选取若干具有典型性、代表性、指导性的专业集群案例。这些研究案例将既有一个高校整体上规划、推进专业集群的案例，又有基于某个高校的某个专业集群局部突破、深耕细作的案例。这些研究案例最大的特点是理论与实践的紧密结合，从专业集群的实践案例总结提炼并上升到专业集群建设理论，再将理论成果转化为实践应用，在丰富应用型院校研究案例的同时，对全国同类高校开展或推进专业集群建设的实践具有最直接的学习借鉴价值与工作指导价值；这些案例是基于高等教育中的某个研究热点、应用型院校建设中的某个重要工作进行专题性探讨与研究，也期望能够对推进我国高校的院校研究工作有所贡献。

（二）专业集群研究的理论价值

1. 构建应用型院校专业集群建设的理论体系

基于高等教育大众化背景下应用型高校转型发展的形势以及由此引发的专业结构调整、专业布局优化的现实课题，明确提出专业集群建设的研究与实践问题；同时，基于专业集群研究"视角聚焦较窄，成果较单一零散"的现状，明确提出需要对应用型院校专业集群进行比较全面、系统、深入的研究进而构建具有应用型院校特色的专业集群理论体系。这一理论体系包括专业集群的相关概念体系、逻辑机理体系、支撑理论体系、建设内容体系（主要包括顶层设计体系、内涵建设体系、机制创新体系）、效度评价体系等方面的内容。从总体上来说，专业集群建设的理论体系可以成为我国应用型本科教育和高职教育的重要内容，成为中国特色应用型高等教育话语体系的重要组成部分，将进一步丰富我国应用型高等教育理论体系。

2. 实现应用型院校专业集群建设的理论创新

对应用型院校专业集群进行比较全面、系统、深入的研究是一项具有探索性、创新性的研究，笔者通过数年的调查研究与学习思考，在应用型专业集群领域提出了诸多创新性理论与观点，这些理论与观点既具有较强的创新价值，也对专业集群建设具有较强的指导价值。

一是探究专业集群的基本特征。明确指出"地方本科高校在专业集群布局与建设时，不能忽视学科基础、学科属性与要求，要基于学科基础等相关因素但又不局限于学科思维、学科逻辑体系考虑专业集群布局[①]"。这一观点充分体现了应用型本科专业集群的学科性与亲产业性等鲜明的特征。

[①] 顾永安：《应用本科专业集群——地方高校转型发展的重要突破口》，《中国高等教育》2016年第22期。

二是提出专业集群建设的理论基础。专业集群建设首先是一个教育问题，其次是一个与产业发展具有密不可分的经济问题，最后专业集群作为优势资源集聚的专业组织形态也是一个管理问题。本书尝试从教育学、经济学、管理学等不同的理论视野来观照与研究应用型院校专业集群建设。

三是从教育的内外部规律角度来研究专业集群。因为专业集群具有外接产业集群、内连专业结构的特点。首先从教育的外部规律角度，从产业集群与专业集群的关系入手，探究产业集群与专业集群之间的相互关联、耦合发展、融合发展；再从教育的内部规律角度，阐述专业结构与专业集群的关联，关注专业结构如何影响专业集群布局架构、建设发展。

四是构建专业集群建设的主要内容体系。为解决专业集群建设目标不明确，内容不清晰的问题，本书提出从顶层设计、内涵建设、机制创新、成效评价四个维度整体架构专业集群建设的内容，并分别结合院校案例，就如何实施专业集群的顶层设计、加强专业集群的内涵建设、推进专业集群的机制创新、进行专业集群的效度评价进行了比较系统的阐述。

五是初步构建专业集群效度的评价体系。提出了从政策、价值、创新、绩效等4个维度确立专业集群建设效度评价的导向，提出了"四个基于"的专业集群建设效度评价指标体系的构建思路。从"顶层设计、内涵建设、机制创新、成果产出"四个维度构建了专业集群建设效度的评价指标体系的建议框架。

六是提出专业集群深度推进的实践方略。针对推进专业集群建设面临的主要问题和专业集群的理论研究，从"六个度"（提升认识高度、拓展思维广度、把准创新维度、加大特色培育力度、达成价值向度、提升质量保障度）提出了深度推进专业集群建设的应对方略，对应用型院校破解面临的问题，深度推进专业集群建设具有较强的指导作用。

二 专业集群的研究思路

（一）研究目标

本书以我国高等教育大众化背景下应用型本科高校转型发展和高职

院校"双高"建设为研究原点，以产业集群、产教融合、转型发展及一流专业建设等为研究背景，以应用型院校（包括应用型本科院校、高职院校）专业集群建设的相关理论与实践问题为研究对象，以院校研究法为总体研究范式，旨在研究应用型院校专业集群建设的内在机理与外部关联等方面的基本规律，构建具有中国应用型院校特色的专业集群建设的理论体系，探寻解决专业集群建设中的问题及深度推进专业集群建设的实践方略，以更好地将理论研究成果指导专业集群建设的实践。

（二）内容框架

本书由绪论、八章和结语组成，绪论从区域产业集群、高校转型发展、产教融合发展、一流专业建设与政府政策引导等多个方面提出研究背景、引出研究问题；第一章从专业集群"研究状况—研究问题—研究理路"的逻辑结构展开，第二至四章侧重阐述专业集群的逻辑机理、理论基础及其与产业集群的关系，尝试理论构建与探新，第五至八章主要从顶层设计、内涵建设、机制创新、成效评价四个方面论述专业集群的建设内容体系并从院校研究的视角呈现专业集群的典型案例。每一章都是专门论述专业集群某个方面的研究专题，可以独立成篇、自成体系；同时，各章之间又是一个结构严密的逻辑体系和相互关联的有机整体。其内容体系框架如下。

1. 专业集群的内在机理："四位一体"的逻辑机理体系

第二章在对专业集群及其相关的专业、专业群、学科群、学科专业集群、学科专业集群超级平台等概念梳理与界定的基础上，引出专业集群的四个重要话题，即专业集群的建群原则、生成逻辑、基本特征、主要模式，其中，建群原则是推进专业集群必须遵循的基本方针，包括"服务区域、需求导向""保证重点、优势引领""一群一策、特色发展""渐进发展、动态调整"等四条原则；生成逻辑是专业集群组建的起点，主要有由产业引出、由学科引出、由核心专业衍生、由优势实力引出四种可能的生成逻辑；基本特征指专业集群的表征，有产业对接、学科支撑、专业集约、自身优势特色支撑的四个基本特征；主要模式表现为专业集群的不同类型，每个专业集群都符合生成逻辑、具备基本特征的前提下，又往往会侧重体现某一个或某两个自己的特色，进而形成

"以链（产业链）成群""以核（优势学科专业）建群""以院（集约集成）建群""以特（如行业学院等）建群"等各种不同的模式。

2. 专业集群的理论基础：多学科视域的理论支撑体系

专业集群建设是一项具有很强的实践性、理论性的教育探索，在我国高等教育领域尚处于摸索阶段，专业集群的实践需要理论的支撑与引导，同样实践只有上升到理论的高度才具有普遍的价值和推广的意义。本书认为专业集群建设既是一个高等教育领域的问题，也是一个产业经济领域的问题，还是一个组织管理方面的问题。所以，本书在第三章将从教育学、经济学和管理学等多学科视域，重点梳理和阐述影响和支撑专业集群的基本理论，以期更好发挥理论对专业集群的引领与指导作用，使应用型院校专业集群建设者更加具有理论自觉与理论自信，使专业集群建设与探索成果能够在理论层面得以提炼与升华。

3. 专业集群的关键关联：外接产业集群、内联专业结构

第四章笔者从教育的内外部规律角度来研究专业集群。从教育的外部规律来看，产业集群是专业集群布局、建设与发展的高等教育外部因素，关注的是产业集群与专业集群之间相互关联、融合发展、耦合发展；而从教育的内部规律来看，专业结构是专业集群布局、建设与发展的高等教育内部因素，关注的是专业结构如何影响专业集群布局架构、建设发展。产业集群呼唤并催生专业集群。同时，高校专业集群也会反作用于区域产业集群。专业集群与产业集群的联系成为反映高校与社会之间关系的最直接最关键的联系，产业集群与专业集群的融合发展、耦合发展是应用型院校与社会发展的现实需要和必然选择。同时，专业集群建设成为应用型院校调整专业结构、加强专业建设的战略选择，可以基于专业结构调整布局构建专业集群，以专业结构调整为专业集群布局建设奠定基础，以专业集群的战略思维与抓手推进专业结构的优化与特色化。因此，"产业集群""专业结构"是专业集群内外关联的两大关键性关联要素，并使专业集群具有外接产业集群、内联专业结构的特点。

4. 专业集群的建设内容："五方贯通联动"的实践行动体系

第五至八章及结语从理论与实践相结合的视角，重点阐述专业集群的顶层设计、内涵建设、机制创新、成效评价、实践方略五个方面，以

期构建我国应用型院校专业集群建设的"五个方面贯通联动"的内容体系。在这一体系中，顶层设计是战略，内涵建设是核心，机制创新是保障，成效评价是标尺，实践方略是路径。这五个方面既可以各自独立成为一个体系，即顶层设计体系、内涵建设体系、机制保障体系、成效评价体系和实践方略体系，也可以共同构成相互贯通、相互联动、内在联结、内在一致的专业集群建设体系。还可以将专业集群的建设内容分为"理论—实践—评价"三大体系，一是从顶层设计、内涵建设、机制创新三个维度整体架构专业集群建设的理论内容体系；二是从"顶层设计、内涵建设、机制创新、成果产出"四个维度构建专业集群建设成效的评价指标体系；三是从"六个度"（提升认识高度、拓展思维广度、把准创新维度、加大特色培育力度、达成价值向度、提升质量保障度）构建深度推进专业集群建设的实践方略体系。

5. 专业集群的院校案例：理论与实践体系紧密结合的院校研究

院校研究是具有专题性、实证性的案例研究。院校案例是院校研究方法运用的呈现载体和表达方式，这一方式越来越多地得到高等教育研究者与实践者的认同。限于篇幅，本书目前只呈现了部分专业集群建设院校研究案例（笔者在研究中收集了大量案例，将另行整理出版），为我们准确认识和理解不同高校专业集群探索在特定时间与空间、局部与全局、背景与过程中的意义与价值，提供了独特新颖的研究视角。本书旨在通过这些具有代表性、典型性的院校研究案例，进一步阐释专业集群建设理论的创新与应用、解读专业集群建设实践的探索与创新，发挥院校研究案例在引领、指导专业集群建设和转型发展、内涵建设等方面的价值。

三 专业集群的研究方法

（一）文献研究法

本书以中国知网期刊全文数据库（CNKI）为基本来源，以主题或标题为"专业群"或者"专业集群"为检索项，时间范围设置为2002年至2020年，为研究方便起见，来源类别选择"核心期刊"及"CSSCI"（精确查找），共得到267篇文献，剔除非学术以及非高等教育领域研究的文献，共计256篇非重复有效样本（检索时间为2020年2月

27日）。对样本文献从研究主题、关键词等进行可视化分析，对专业集群的研究现状与趋势进行综述分析。同时，对发表在应用型院校学报等非核心期刊的专业群、专业集群论文以及与专业集群相关的政策文件进行了检索、研读。通过对文献资料的分析综述，全面了解应用型院校专业集群发展状况及其研究状况，梳理启发开展专业集群研究的思路，进而寻求进一步研究的创新点。

（二）调查研究法

在本书中，主要通过实地考察、专题访谈和座谈、资料分析等方式开展调研。其一，实地考察。近年来，笔者对全国300多所应用型院校进行了实地考察，其中就重点考察了这些院校转型发展与产教融合背景下专业集群建设理念、思路、举措、成效、经验、特色与存在问题。其二，专题访谈和座谈。笔者在参加教育部学校规划建设发展中心组织的4期特色专业集群高级研修班讲学期间，对参加研修班的学员（包括应用型本科院校领导、发展规划处处长、教务处处长、二级学院及专业集群负责人等）进行专题访谈或召开专题座谈会，了解所在院校专业集群进展情况、主要做法、困惑困难、思考建议等；在参加教育部高等学校教育教学评估中心本科教学工作评估中，将专业集群作为高校顶层设计、战略思维、内涵建设、保障机制的主要考察点，并结合深度访谈环节进一步了解受评估高校专业集群方面的情况。其三，资料分析。根据研究需要，有针对性地面向多个省区市教育厅或高等教育学会和有关应用型高校收集近年来关于专业群（集群）建设的文件以及高校发展规划、专业建设规划及相关专业建设的文件，等等。笔者在参加国家"十三五"应用型本科高校产教融合发展工程①拟入选100所高校材料审读时，在一些院校本科教学评估及工作指导中，专门收集了专业集群建设相关的材料，并对这些材料进行了研读与分析。调查研究法的运用充分利用了笔者的独特优势（主要是直接参与和实地调研），也客观地反映了研究对象的研究现状。因为目前全国高校的专业群或专业集群的建设还仅是初步的，处于分散的阶段，所以特别需要通过调查研究的方

---

① 该项目是国家"十三五"产教融合发展工程规划项目的本科项目，是国家级高水平应用型大学建设工程，该工程由中央和地方共同投入和组织实施，在全国范围内遴选100所高校积极探索、发挥示范引领作用的应用型本科高校，每年高校中央预算内投资将达到1亿元。

法去搜集、整理、归纳和提升。

(三) 案例分析法

案例分析法，又称个案研究法，是指结合与专题研究相关的案例等文献资料对特定对象进行分析并得出事物一般性、普遍性规律的一种方法。伯顿·克拉克认为案例研究具有"惊人的优点""比通过间接的统计分析或围绕少数抽象的变量号称假设检验，更加可能接近现场的重大相互作用"[1] "一个杰出的典型（案例）可以抵得上一千种遥远的理论"[2]。在本书中，从全国各地广泛征集了应用型院校专业集群建设的大量案例并从中选取了比较具有代表性和典型性的案例作为研究案例。笔者在筛选研究案例院校过程中，还专门深入到研究案例的院校深度调研开展专业集群的问题困惑、成效经验与特色，获取了第一手研究资料。在案例的表达与呈现方式上，其中有些是可以相对独立的完整案例，集中在专业集群的院校研究案例章节以案例的体例与形式具体的呈现；还有些是局部的案例，视研究需要在相关章节的阐述中作为观点的论据、佐证予以呈现。每个院校案例都很好地体现了所在高校强烈的开拓精神与创新精神，这些研究案例就是这些高校围绕专业集群建设不断探索与持续创新的产物，研究案例本身就具有很强的创新价值。案例分析研究注重理论与实践相结合，注重理念理论指导下的专业集群建设的基本规律的研究，研究案例对开展专业集群实践、推进一流专业建设、促进应用型院校内涵式发展以及深入开展院校研究等方面具有较强的借鉴意义和指导价值。

(四) 院校研究法

院校研究法是高校为应对自身发展中的各种挑战与问题而提供可能的解决方案或政策策略选择，是基于高校自身工作研究的一种理念与方法。院校研究强调对每一所高校在管理中遇到问题的研究，强调系统收集资料，运用科学的方法，具体分析资料，从而探索解决问题的方法。院校研究的开展，推动了高等教育研究方法论的转变，这种转变，将进

---

[1] ［美］伯顿·克拉克：《大学的持续变革：创业型大学新案例和新概念》，王承绪译，人民教育出版社2008年版，"导言"。

[2] ［美］伯顿·克拉克：《大学的持续变革：创业型大学新案例和新概念》，王承绪译，人民教育出版社2008年版，第128页。

一步推动高等教育研究的健康发展[①]。本书中，以院校研究为总体研究范式，以院校为基本单元，以院校为实践主体，从院校的专业集群实践和理论出发进行研究，同时又给予院校构建和建设专业群或专业集群以理论的指导和实践的启示。也就是说，本书是以院校为出发点，也是以院校为落脚点的。基于专业集群建设的理论与实践问题，立足目前我国应用型院校发展的实际，将院校研究的理念与方法贯穿于研究的全过程之中，将院校研究案例的分析与专业集群理论理念紧密结合。在研究中，引导所调研的院校与案例院校的校领导、主要职能部门负责人、专业集群负责人及院校研究人员着眼于"研究学校自己""研究如何开展或推进专业集群"，并为这些院校发展和专业集群建设出谋划策。本专业集群的研究成果，特别是其中的典型案例也可以成为开展院校研究的专家学者们进一步探索的研究素材与参考资料。因此，院校研究法是本书最重要的研究方法，甚至是统领本书的一种研究范式。

本书基于从实践到理论再到实践、理论与实践相结合的技术路线与研究视角，坚持"三个相结合"，即理论创新突破与充分借鉴吸纳相结合、理论体系构建与院校实践探索相结合、理论研究成果与典型案例分析相结合。在论述中，综合运用了上述四种主要研究方法。

[①] 刘献君、魏署光：《院校研究中国化：问题、理论与实践——刘献君教授专访》，《苏州大学学报》（教育科学版）2015年第1期。

第二章　专业集群的逻辑机理

地方高校从合格本科的"新建期"建设到应用型本科的"新形态"塑造，再到"新型大学"的"新特质"形成，"应用型"始终是其核心要义和内在特质①，转型发展的目标趋向是建成以应用型为主要特征的高水平新型大学。建设高水平新型大学要紧密对接产业和行业需求，设置应用型本科专业，形成与产业集群、办学定位、学科基础、专业体系相匹配的应用本科专业集群。国家相关部门政策文件指明了专业集群建设的方向，教育主管部门提出了专业集群建设的要求，部分应用型院校开展了专业集群的探索，一些高校管理者、实践者和研究人员开始关注专业集群研究。在院校调研中发现不少院校对专业集群的理解与认知比较肤浅或模糊，对专业集群的逻辑机理需要加深理解、理清认识、深化研究。本章将首先围绕专业集群的相关概念进行梳理与阐释，明确提出本书对专业集群的界定及相关理解，进而提出专业集群延展与创新的学科专业集群、学科专业集群超级平台两个新概念、新理念；然后，基于专业集群"生成逻辑的起点—基本特征的表征—建设模式的类型"的逻辑机理，分别对专业群、专业集群的生成逻辑的研究进行梳理，提出应用型院校专业集群的生成逻辑；通过与高职院校专业群的比较，分析专业集群的表征，明确提出应用本科院校专业集群的基本特征；概括专业集群建设的主要模式及其类型。

---

①　顾永安：《新建本科院校转型发展的核心要义、目标趋向与根本指向》，《河北民族师范学院学报》2014 年第 14 期。

第一节　专业集群的基本概念

一　关于专业概念的研究

关于专业的概念及相关观念纷繁复杂、众说纷纭，限于篇幅，本书不去对专业一词作历史溯源，也不去梳理专业概念的各种提法。为便于较好地理解认识专业及专业集群等相关的概念，兹列举若干有代表性的专业概念以及专业的相关观点。

潘懋元、王伟廉指出："当代世界上绝大多数高等学校从性质上看，实施的都是专门教育，根据学术门类划分或职业门类划分，将课程组合成不同的专门化领域。在我国，将这些不同的组合称为专业。高等学校的人才培养，就其内容而言，也可称为专业教育。可以说，专业是课程的一种组织形式。"[1]

冯向东认为："从大学的角度看，专业是为学科承担人才培养的职能而设置的；从社会的角度看，专业是为满足从事某类或某种社会职业必须接受的训练需要而设置的，专业处在学科体系与社会职业需求的交叉点上。"[2]

胡建华认为："专业是大学里与社会上的专门职业相对应的专门领域，专业是大学教学制度的核心。"[3]

廖益将专业定义为："根据不同知识体系和社会职业分工需要，按照一定的培养目标和规格，由专门从业人员通过课程教学和职业实践等活动进行分门别类培养人才的基本单元。"[4]

徐国庆认为："专业是知识传递和生产的载体，专业关系的核心是知识关系。……普通高等院校的专业体现了社会分工需要以及学科体系的内在逻辑关系。专业则是按照社会需求进行划分的，目标是为社会培养各级各类专门人才。专业表现为一组有内在关联的课程，课程的性质

---

[1] 潘懋元、王伟廉：《高等教育学》，福建教育出版社1995年版，第127页。
[2] 冯向东：《学科、专业建设与人才培养》，《高等教育研究》2002年第3期。
[3] 胡建华：《现代中国大学制度的原点：50年代初期的大学改革》，南京师范大学出版社2001年版，第178页。
[4] 廖益：《大学学科专业评价》，广东教育出版社2014年版，第36页。

决定了专业的性质、甚至是高校的类型。"①

林玉体认为:"职业与专业的分野渐淡,大学院校也可针对职业活动,作专业性探讨。其实,职业较重客体,与物质有关;专业则较强调主体与人生的关系。"②

现代教育体系中对专业的定义有广义与特指之分。广义的专业是指知识的专门化领域,专业即某种职业不同于其他职业的一些特定的劳动特点。特指的专业即高等学校中的专业,是依据确定的培养目标设置于高等学校(及相应的教育机构)的教育基本单位或教育基本组织形式。

综上,关于专业概念的选择性介绍,一般也不外乎三个角度,一是从社会职业角度来阐述的,二是侧重教育和知识分类视角的,三是综合或兼顾社会职业与教育角度的。一般来说,专业的内涵包括两个方面:其一,专业是高校基本教学单位,是高校培养人才的基本单位,是一种以制度为依托的实体,高校人才培养、科学研究、社会服务等功能的发挥都要以专业为依托。教育部高等教育司司长吴岩在国家专业教指委成立大会报告中强调指出"专业是落实新时代高教40条的基本抓手,专业是人才培养的基本单元和基础平台,是建设一流本科、培养一流人才的四梁八柱"。其二,专业是课程的集合,专业是对知识的切块和组织,根据知识的分类和社会需求对各种知识进行分类和重组,构成课程体系。专业既是具有自身运行制度与资源配置的实体组织,也是系统的课程体系。

二 关于专业群概念的梳理

专业群最先是高职院校实践与研究中的热词。2006年《教育部财政部关于实施国家示范性高等职业院校建设计划加快高等职业教育改革与发展的意见》首次明确提出高职院校"专业群"建设任务,但没有对"专业群"概念作出界定,对高职院校专业群的理解仁者见仁、智者见智。经文献梳理主要有以下四个方面的观点。

其一,从专业群的组成来说,主要有两种观点:一是相近或相关专

---

① 徐国庆:《基于知识关系的高职学校专业群建设策略探究》,《现代教育管理》2019年第7期。

② 林玉体:《美国高等教育之发展》,高等教育文化事业有限公司2002年版,第377页。

业的集合即"相近论";二是通过核心专业带动其他专业共同发展的合力群体即"合力论"①。如有研究者认为"专业群是由一个或多个重点建设专业作为核心专业,由若干相关专业共同组成的专业集群"②;还有研究者认为"专业群指围绕某一技术领域或服务领域依据自身独特的办学优势与服务面向,以学校优势或特色专业为核心,按行业基础、技术基础相同或相近原则,充分融合相关专业而形成的专业集合,代表着院校的专业发展方向和重点"③。

其二,从专业群的功能来说,有研究者提出基于专业群设置二级学院,将专业群作为"教学管理单位"④,或以专业群为背景开发课程,将专业群作为"教学基本单位"⑤。有研究者提出构建"基于产业集群的职业教育专业集群"⑥"区域职业教育专业集群建设五位一体发展模型"⑦,拓展了专业群的外延与空间,强调区域高职校际合作、专业集群与产业行业对接,体现了集群对接产业、整合资源、集约发展的理念。

其三,从专业群的群内专业的关系来看,有研究者认为:"专业群群内专业之间是协同关系。""专业群不是取代了专业,而是提供了新的专业建设路径,让原本离散的单体专业发挥协同育人作用。专业群内的专业在基础、条件、规模、质量方面可能存在差异,优势专业对其他专业有辐射带动作用,但每个专业都有特定的培养方向,既资源共享、相互融合,又各有定位、系统完整地实施人才培养"⑧。

其四,从专业群的可能形态分析,有研究者认为"专业群建构与区域产业集群应保持动态耦合匹配,是一个动态的过程而不是静态的结果,

---

① 罗勇武、刘毓、肖冰等:《高职院校专业群研究现状述评》,《职教论坛》2008年第16期。
② 孙毅颖:《高职专业群建设的基本问题解析》,《中国大学教学》2011年第1期。
③ 周桂瑾:《高职院校专业群建设模式的研究与实践》,《职业技术教育》2017年第29期。
④ 梅亚明:《高校专业群的集约建设》,《教育发展研究》2006年第17期。
⑤ 徐生、王怀奥、梁蓓:《高职专业集群背景下的学习领域课程开发与实施》,《职业技术教育》2010年第23期。
⑥ 赵昕、张峰:《基于产业集群的职业教育专业集群基本内涵与特征》,《职业技术教育》2013年第4期。
⑦ 魏明:《集群思想下区域职业教育专业建设逻辑》,《教育与职业》2014年第18期。
⑧ 吴升刚、郭庆志:《高职专业群建设的基本内涵与重点任务》,《现代教育管理》2019年第6期。

是一个生态化的过程而不是建造的堆砌"。根据学科技术关联、行业业务关联、组织管理方式的不同维度，提出了"学科技术型专业群、复合紧密型专业群、行业聚集型专业群、行业松散型专业群 4 种不同的形态"[1]。

三 关于专业集群概念的梳理

专业集群概念的提出源自产业集群理论，以及应用院校专业结构集群式布局与集群化发展的研究与实践，部分研究者对应用型院校专业集群建设进行了初步探索。相关的主要观念概括、梳理如下。

观点之一是"专业体系论"。将专业大类中的二类专业体系称为专业集群，如我国 2004 年公布的高职专业目录的分类："以职业岗位群或行业为主，兼顾学科分类的原则"进行划分，分设 19 个大类，下设 78 个二级类，共 532 种专业，这 78 个二级类专业体系称为专业集群。

观点之二是"集群式的专业结构论"。专业集群是指对应区域中某一个支柱产业的产业链或相关技术（服务）领域，整合学校现有专业，组建相应的专业群，形成的集群式专业结构[2]。

观点之三是"区域集聚论"。关注并强调区域内高校专业集群之间的配合，这种配合主要是互补性协作。赵昕等人认为专业集群是"以区域内一所或若干所重点建设中等和高等职业院校的品牌特色专业和专业群为核心，形成相关专业与专业群在空间上的集聚"，"在这个特定领域中，政府参与到某一领域内进行宏观调控与规划，高职院校结合区域重要支柱产业，围绕该产业的产业链总体需求进行专业结构调整，人才培养聚焦区域该产业的集聚发展，形成具有自身区域产业特色的专业集合，成为在某一空间上聚集的专业集群。"[3] 郑哲提出了"校际专业集群"[4] 的概念，通过搭建高职校际专业集群教产合作平台，使高职校际专业集群与产业行业协会组织对接。

---

[1] 孙凤敏等：《高职教育高质量发展、高水平办学、高标准引领的新思路——2019 年全国高职教育研究论坛综述》，《职业技术教育》2019 年第 36 期。
[2] 周桂瑾：《高职院校专业群建设模式的研究与实践》，《职业技术教育》2017 年第 29 期。
[3] 赵昕、张峰：《基于产业集群的职业教育专业集群基本内涵与特征》，《职业技术教育》2013 年第 4 期。
[4] 郑哲：《关于高职校际专业集群的思考》，《河南教育学院学报》（哲学社会科学版）2012 年第 4 期。

观点之四是"学科关联论"。这种观点在应用本科院校比较多见，如，关丽梅提出"构建以优势学科为核心，与产业结构相适应，满足地方经济发展的人才需求的学科专业群，是完成地方高校转型发展的必要途径"①。董立平认为"应用技术大学的专业群，应该是既立足于呼应与对接地方产业职业群结构，又要考虑专业的可持续发展，应由学科引领与产业职业群呼应对接而构成的专业群"②。吴仁华提出"在本科院校，学科发展对于专业集群建设具有引领与支撑作用，就是本科院校专业之间的内在关联性不仅包含着职业关联，更重要的是学科关联"。"不同专业之所以可以围绕特定产业链或创新链构建成专业集群，核心在于同一专业集群中的专业之间存在学科关联性，即专业集群是围绕人才培养质量的一个知识共同体、资源共同体"③。

观点之五是大专业集群论或泛专业集群论。这些观点有：马正兵等认为"专业集群是以区域内的产业集群为服务对象，围绕某一产业上下游供应发展链条，形成以服务产业链核心环节的主干专业为主，并集聚具有共同主干课程和相近实训项目，以专业互补和专业互促形式形成的校内或校际若干专业群体"④。吴仁华指出"专业集群是指适应产业链和创新链对人才培养的需求，将若干个服务特定产业链各环节或层次人才需求的且具有内在关联性的专业，按照一定的结构或规则集合在一起，实现创新要素集聚与资源共享"⑤。干勤认为专业集群不是相同学科内各本科专业的简单汇总、不是专业目录中代码前四位相同的专业大类、不是学校若干优势专业的松散联盟、不是学校以二级院系为单位的专业堆集，专业集群是紧密围绕某一产业链形成的最优化组合，具有对接产业链匹配性强、统一标准规范性强、资源共享集约化强的优势。

综上，基于专业集群在地方高校转型发展中的重要地位，专业集群在应用本科领域越来越受到广泛关注，但研究仍处于起步阶段，存在的

---

① 关丽梅：《地方高校转型背景下的学科专业群建设研究》，《继续教育研究》2014 年第 12 期。
② 董立平：《地方高校转型发展与建设应用技术大学》，《教育研究》2014 年第 8 期。
③ 吴仁华：《应用型本科高校专业集群建设探究》，《高等工程教育研究》2016 年第 6 期。
④ 马正兵、朱永永、廖益等：《新建地方本科院校转型发展中的专业集群建设模式研究》，《重庆第二师范学院学报》2015 年第 1 期。
⑤ 吴仁华：《应用型本科高校专业集群建设探究》，《高等工程教育研究》2016 年第 6 期。

主要问题，一是研究的理论性和系统性不足，呈现出经验型、碎片化状态。二是研究的深度不够，大部分研究仅仅在论证专业集群的功能、概念和运行机制等"应然"状态，对于如何由"应然"到"实然"的路径研究较少，这些方面的研究有待深入和系统推进。

四　本书对专业集群概念的界定

以上关于"专业群""专业集群"等概念的探讨对研究什么是专业集群具有重要借鉴意义。我们尝试从"专业集群不是什么"来反向思考和推断"专业集群应当是什么"。

其一，专业集群不是若干专业的拼凑与堆砌，不是一群"形聚神离"的专业，而是与产业集群紧密对接、与产业链上若干个职业岗位或岗位群具有较高契合性和对应性的、存在内在密切联系的专业组合。

其二，专业集群的设置不是多多益善，不限于一院（二级学院）一群，数量宜少而集约，可以一院一群，也可以多院一群，要根据产业结构、学科基础、专业现状与发展可能决定专业集群的数量与规模；也不必（实际上也不可能）对接区域所有产业集群，可以有所为有所不为，有选择地构建专业集群，实现"有限卓越"。

其三，专业集群不是将学校所有专业都列入集群，试图囊括学校所有专业。有些专业可以入群成群，一般来说，可以适度保持一定集群数量，有一定的组织冗余以适应内外部变化进行成功的调整；有些专业也可以独立存在，高校比较理想的专业布局形态应当是群点结合，以群带点，一如晴天夜空中的繁星，有的为锦簇状，有的为孤点式。

其四，专业集群不是一个无序的学术存在形态，不能"群龙无首""各自为政"，需要充分赋予并发挥"群主"在专业集群建设中的核心和导向作用，这里的"群主"可以是集群内的核心专业或主干专业，也可以指该专业集群组织管理架构的负责人或专业集群负责人；专业集群内的以核心专业或主干专业出现的"群主"主要由产业集群的特点所决定，由相关专业对产业的核心部分或核心技术能否起到关键作用，或在专业集群建设中是否处于核心地位来确定。

其五，专业集群不是只有一个固定不变的建构依据与模式，既不能"无根无据"，也不能"飘移不定"，地方高校要根据产业集群、办学定位、专业现状与趋势来综合考量。既可以"依核建群",即构建围绕和基于核心专业的相关联专业组成专业集群,也可以"以链成群",即构建基于产业链需求的专业链,由专业链上的若干专业形成专业集群,还可以通过"以特建群""以院建群"等其他方式建群。

其六,专业集群不是一夜建成或短时间内速成的,需要通过"重点建设+逐步培育"的策略推进,是一个渐进建构的过程;专业集群不是一成不变的,也没有固定不变的模式,需要学校根据产业需求和学科专业实际,不断补链、延链、强链,在建设过程中调整和优化,是一个动态建构的过程。

其七,专业集群不是高校自编自导、自娱自乐的独角戏,需要学校确立"他方视角""以他方为中心"的思维,克服仅仅限于学校视角或限于学校需要与利益的观念,主动考虑行业产业等校外因素对专业及专业集群建设的影响。

基于上述认识和地方高校的调研,综合分析各方观点,笔者认为"专业集群是对应产业集群上同一产业链、创新链的岗位(群)需求,按照群落状建设的原则,以与主干学科关联度高的核心专业(优势、特色专业)为龙头,充分融合若干个学科基础、工程对象与技术领域相同或相近的、具有内在关联的若干专业的有机集合"[①]。

这一概念的界定蕴含了诸多要素。一是说明了专业集群与产业集群的关系,要"对应产业集群上同一产业链、创新链的岗位(群)需求";二是说明了专业集群与学科建设的关系,其核心专业要"与主干学科关联度高""充分融合若干个学科基础";三是说明了专业集群的组建原则,即"群落状建设";四是说明了专业集群内的专业关系及其关联性,即要以"核心专业(优势、特色专业)为龙头"、集群内的专业是"工程对象与技术领域相同或相近的、具有内在关联的有机集合"。

尽管有研究者尝试从学理上研究专业群与专业集群的区别与联系,如魏明认为专业集群在涵盖范围、组成要素、目标特点、建设方式、管理体制以及发展运行等方面与专业群不同,"专业集群充分吸收了集群关于对接产业、资源整合、规模化、集约化发展的思想,更重要的是突

---

① 顾永安:《应用本科专业集群——地方高校转型发展的重要突破口》,《中国高等教育》2016年第22期。

破了原有专业群发展空间的限制"①。马正兵等认为专业群是"在长期办学过程中，依托某一学科，以基础较强的专业为核心，逐步发展形成的若干专业集合。专业群内各专业具有相同的学科基础，和相同的专业理论基础课程"，专业集群是"以区域内的产业集群为服务对象，围绕某一产业上下游供应发展链条，形成以服务产业链核心环节的主干专业为主，并集聚具有共同主干课程和相近实训项目，以专业互补和专业互促形式形成的校内或校际若干专业群体"②，试图说明专业群更多是从高校院系内部专业整合来理解，专业集群更多是从产教融合、行业产业与学科专业角度来理解。

  这些研究反映了专业群建设初期一些高职院校对专业群的认识和推进专业群建设的实际情况。但随着国家产教融合发展战略与地方高校转型发展战略已成共识并深入实施，政府及相关部门、地方高校对专业集群战略、理念及建设实施的认识早已超越当初限于"高校院系内部专业整合"的粗浅认识，应用转型背景下的、产教融合驱动下的与区域产业集群战略呼应并契合的新的专业集群观已经或正在成为越来越多高校及其办学利益相关者的重要共识与自觉行动。

  通过对国家和省级层面文件的解读、中国知网重要期刊论文的检索分析以及地方应用型院校实践探索的深入研究，近年来，教育主管部门、高校与学术界对专业集群与专业群的概念运用，大致有两种情况：一是政府政策文件、高校制度文本、期刊研究论文虽然分别用了"专业集群"与"专业群"的概念，但是在实际上两个概念的蕴含与所指并无二致或基本一致，两者在内涵及建设任务与要求上并不存在本质上的差别；二是高职院校及其针对高职院校的相关文件大多数使用"专业群"的概念，应用型本科院校及其相关文件基本上使用"专业集群"的概念，但在一些研究论文中往往"专业集群"与"专业群"两个概念混用，高职院校的研究者也用"专业集群"的概念，应用型本科院校的研究者也用"专业群"的概念。之所以出现这种情况，更多的原因是"使用习惯了的提法，并不去过多纠缠于概念本身，关键是实践

---

  ① 魏明：《集群思想下区域职业教育专业建设逻辑》，《教育与职业》2014 年第 18 期。
  ② 马正兵、朱永永、廖益等：《新建地方本科院校转型发展中的专业集群建设模式研究》，《重庆第二师范学院学报》2015 年第 1 期。

中怎么做,是否体现了群的特征,发挥了群化效应"①。

因此,在本书中,注意把握两点:一是除了对政府政策文件、院校研究案例、研究论文的引用之处保留了"专业群"的提法,笔者在相关论述中都使用了"专业集群"的概念;二是以研究应用型本科院校专业集群为主,也兼顾高职院校专业群研究,并且主张在推进专业集群建设中,应用型本科院校要学习和借鉴高职院校在专业群建设方面率先开展实践探索与理论研究的成功经验。

五 专业集群概念的延展与创新

(一) 学科专业集群

关于专业集群的概念在前面有具体阐述,在此不再重复。学科集群是指若干具有相同级次的学科点集,是由若干相关学科有序组合而成的学科集合。学科集群是适应学科发展高度分化又高度综合的趋势和社会对于复合型人才的需求而出现的,其试图打破原有学科界限而将相关学科结合进而培养高级综合性人才,具有内部结构有序性、组成要素相关性等特征。②

学科专业集群是在专业集群、学科集群基础上延展引发出来的概念。学科专业集群是指根据不同知识体系和社会职业分工的需要,把若干具有相同级次的学科以及学科基础相同或相关的若干专业有机组织起来,形成相互渗透、相互交叉、相互支持、相互依托的有机集合体③,其中最能体现学校办学目标定位和办学优势特色的、在学校学科专业发展中居于龙头地位的学科专业集群可以确定为关键学科专业集群。

学科专业集群并不只是在文字上比专业集群多了"学科"二字,学科专业集群的提出涉及建设理念、思路的创新与变化。我们可以从以下几个方面认识和理解学科专业集群。

第一,学科专业集群凸显了应用本科专业集群具有"学科属性"的基本特征。高水平应用专业集群建设、一流应用型本科教育和一流应

---

① 笔者对某应用型院校负责人的访谈。
② 张栋科、闫广芬:《高职专业群建设:政策、框架与展望》,《职业技术教育》2017年第28期。
③ 黄家庆、黄孙庆:《服务广西海洋经济发展探索》,广西人民出版社2012年版,第13—14页。

用型专业建设必须有高水平的一流学科支撑，缺乏学科意识甚至一些新建本科院校领导对学科建设"集体无意识"，是难以建设一流院校和高质量发展的。

第二，学科专业集群体现了学科专业跨界交叉复合融合的趋势。学科专业集群既不是传统意义上的学科集群，也不是简单的专业集群[①]，更不是简单的学科集群+专业集群。学科专业集群是通过学科专业之间跨界、交叉、融合的方式，跨学科专业生成组建的学科专业建设的一种新型形态。其主要目的是为了更好地贴近地方（区域）新兴产业经济发展的需求，提高应用型学科专业的价值，培育打造学校学科专业的核心特色，培养更有竞争力的高质量应用型人才。

第三，学科专业集群符合应用型院校学科专业一体化建设的院校实际。学科专业一体化是应用型院校发展及其学科与专业建设所处特定阶段的必然要求，也是专业集群深度推进的重要战略与举措。在调研中发现，一些本科办学较早或学科意识较强的地方本科院校，一些独立学院因有较好的学科基础，或可以借助母体院校学科力量建设学科，因而这些院校中的大多数更加倾向于认同"学科专业集群"概念与理念。这些院校基于学科与专业的密切关联性和学科专业一体化建设的理念，直接明确地提出建设"学科专业群"或"学科专业集群"，可以在学校发展规划中将"学科群"与"专业群"一并谋划设计，将"学科专业"一同规划建设。在做好谋划和规划的前提下，对接区域和地方支柱产业及新兴产业，选择相关的学科重点培育建设，聚焦应用学科方向，突出应用研究。同时，主动对接产业链，打破教育与产业行业的组织边界，打破现有专业壁垒，寻求行业支撑，集成整合专业，重点建设具有区域特色与优势的学科专业集群。

第四，学科专业集群建设需要构建产学合作教育体系。构建学科专业集群的核心价值是为更好地培养区域经济社会发展所需要的高素质应用型人才。培养高素质应用型人才要紧密结合区域和地方新兴产业、支柱产业发展需求和学校自身特色与优势，推动学科建设与产业对接、专业建设与行业对接，实现学科链、专业链与产业链的互联互通，布局与

---

① 刘海峰、李娟：《应用技术型高校学科专业群建设研究》，《天中学刊》2015年第4期。

产业结构对接的有机集成、交叉融通的具有深厚的现代气息的新型学科专业集群。①

第五，学科专业集群建设需要搭建产教融合、科教融合的发展平台。应用型院校可以依托国家或省级优势重点学科和国家、省级特色专业或一流专业建设点的特色和优势，重点建设若干学科专业集群，学科专业集群需要明确涵盖了哪些本科专业，依托了哪些重点学科，支撑了哪些贴近区域产业的协同创新发展中心等研究平台及社会服务机构，紧密对接了区域经济社会发展哪些区域产业或产业集群。

(二) 学科专业集群超级平台

"学科专业集群超级平台"是集人才培养、技术创新、科技服务、文化传承、继续教育、行业智库、创新创业各项功能于一体的高度集成的超级平台。教育部学校规划发展建设中心主任陈锋提出了"大舰"——"学科专业集群超级平台"的新理念。认为学科专业集群不是几个学科、专业的拼凑，而是"对应创新链、产业链，联系于创新链、产业链，集成于创新链、产业链，并服务于创新链、产业链"的具有内在联系、有机集成的学科专业组合。要建立科教融合、产教融合的校地互动发展新机制，建立校校、校地、校企、校所以及国际合作的协同育人新机制，建立跨学院、跨学科、跨专业交叉的复合型、应用型人才培养新机制，通过高校人才培养、科技创新发挥创新驱动作用，使学科专业集群全面进入到创新链和产业链中。"大舰战略"的核心内涵是建设适应创新驱动发展战略的学科专业集群超级平台，强调要用新型学科专业体系替代传统学科专业体系，用学科专业集群超级平台替代小而全、大而全的离散型专业结构，只有代际更替，才能真正实现质量提升。②

"学科专业集群超级平台"的理念是地方高校转型发展、产教融合的重大理念创新。我们认为"学科专业集群超级平台"集成并且超越了专业集群、学科集群、产业集群，符合应用型院校转型发展、产教融

---

① 刘强、刘明维等：《地方应用型本科院校产学合作育人体系的构建——基于上海工程技术大学产学合作教育的探索》，《中国职业技术教育》2019年第1期。
② 陈锋：《实施"大舰战略"：加快建设学科专业集群超级平台》，《中国高等教育》2016年第23期。

合发展与专业集群建设的发展方向，充分体现了校地互动、产教融合理念，可以理解为是在更大的空间、更宽的视域打造区域高等教育与经济社会发展良性互动的专业集群。①

"学科专业集群超级平台"的理念顺应了国家创新驱动发展战略的新要求。"十三五"以来，国家实施创新驱动发展战略，"互联网+"、大数据、VR/AR、人工智能、中国制造 2025、绿色发展等科技革命和产业升级、战略性新兴产业发展对跨界创新、融合创新以及高素质的应用型、创新型、复合型人才培养提出了新的更高要求，原来小而全、小而散的学科专业结构，已经不能适应新的战略形势，需要建成地方（行业）急需、集成化程度高、交叉融合、特色鲜明的学科专业集群的超级平台来促进学生成长成才，提升人才培养契合度，从而创造新价值、实现新使命。

"学科专业集群超级平台"的理念是落实"大平台+"战略、建设"校地命运共同体"的重要举措。实施"大平台+"战略，推进"校地命运共同体"建设，将成为今后的一大趋势与走向。基于"学科专业集群超级平台"的理念，教育部学校规划建设发展中心正在大力实施"大舰战略"和"大平台+"战略，开展智慧学习工场等方面的探索。

"学科专业集群超级平台"更加关注建设集人才培养、科技创新、技术转化和智库建设等功能于一体的，能够实现"政府+高校+行业企业+科研院所>4"的政产学研用平台，以充分发挥政府的引导、支持作用，充分发挥高校和行业企业各自的主体作用，使教育链、人才链深度融入产业链和创新链，建立运行持续有效的协同机制和人物财与信息等优质资源保障机制。

构建"学科专业集群超级平台"，推进"学科专业集群超级平台"的实践，需要抓住应用型高校转型发展的重点领域与专业集群建设关键环节开展研讨，需要推进教育部产教融合项目的建设，组织实施"五个一批"产教融合工程建设，即组织遴选一批产教融合工程项目、一批产教融合型企业、一批产学研用创新平台、一批产教融合示范基地、

---

① 顾永安：《应用本科专业集群——地方高校转型发展的重要突破口》，《中国高等教育》2016 年第 22 期。

一批产学合作协同育人项目（面向企业征集合作项目）。可以通过借助区域政校企合作发展联盟，合作共建产学研用超级平台。可以统筹学科专业集群建设，将相关学科与专业统筹规划、集群建设。也需要加大政府及教育行政部门政策和项目支持力度，推动区域应用型高校优质教学资源方面共建共享，支持高校与行业企业之间密切互动、紧密对接，促进人才培养供给侧和产业需求侧结构要素全方位融合。

第二节　专业集群的生成逻辑

一　专业集群建群的基本原则

（一）服务区域、需求导向原则

专业集群生成、组建与布局建设既要为区域经济社会发展创造价值，同时也为学习者个人的发展创造价值，更好地对接地方经济社会发展，提升服务地方支撑度。要秉持校地互动、产教融合的理念，紧紧围绕区域经济社会发展和产业结构调整与升级的需要，以区域某一行业或特色产业、优势产业、主导产业、支柱产业为主要服务对象，针对区域行业、产业链各环节或层次对人才培养的需求，亲近产业、服务产业、借力产业，协同创新、合作育人，为区域产业培养复合型、创新型、应用型人才，构建彰显地方产业特色的专业集群，实现与区域经济社会发展的良性互动。

（二）保证重点、优势引领原则

集中资源、集中优势，重点培育、建设与地方支柱产业、战略性新兴产业发展紧密相关的专业，引导优质资源向专业集群汇聚，带动专业集群内其他专业协同发展，形成整体优化、结构合理、对接精准的优势特色专业集群；充分赋予并发挥"特色专业"等优势专业在专业集群建设中的核心和导向作用，基于学科基础与职业联系集成一批互通共融的学科基础课程群、通识课程群、职业能力课程群，提高专业集群内专业的整体交叉复合，支撑专业和专业集群内涵建设的持续深化。

（三）一群一策、特色发展原则

在高校资源有限的前提下，要在高校竞争中凸显比较优势，打造出办学特色，要聚焦、攻坚、突破。专业集群的生成、组建与布局建设要根据集群的构成特征和服务面向的差异，鼓励特色发展，灵活选择生成、组建与布局集群的模式与类型，灵活采取"一群一策"的建设方式，既可以"依核建群"，即构建围绕和基于核心专业的相关联专业组成"轴轮式"专业集群，也可以"以链成群"，即构建基于产业链需求的专业链，由专业链上的若干专业形成"链带式"专业集群，还可以根据专业集群构建的实际需要创新"以院建群""以特建群"等建设模式。

（四）渐进发展、动态调整原则

专业集群的生成、组建与布局不可能一蹴而就，是一个动态调整、逐步完善的过程。坚持"整体规划、逐步培育、示范引领、动态建设、渐进发展"的建群原则，可以分批建群，首批重点建设一两个试点专业集群，再通过试点专业集群的示范引领全面推进专业集群建设，同时，鼓励未列入试点的专业集群主动有为，共同为推进学校专业集群建设做出贡献；根据产业需求和学科专业实际，适时调整和优化专业集群生成构建模式，不断推动专业集群的整合，做好动态建构管理，实现动态建设和可持续发展。

二 高职院校专业群的生成逻辑研究

生成逻辑或组群逻辑是高职院校专业群研究与建设的基本问题，笔者对众多研究观点进行了梳理，主要有以下四种较有代表性的观点。

一是"以域建群""以核建群"论。所谓"以域建群"就是围绕职业领域、产业领域和技术领域设置相关专业；所谓"以核建群"就是围绕产业链上的某个核心环节，将该核心环节的专业作为骨干专业，再逐步带动其他相关专业[1]。

二是"关系、区域与结构三逻辑论"[2]。有研究者提出专业集群内部专业组建要符合以下三个逻辑：关系逻辑是以专业间关系为依据，组建双核心型、单核心引领型、单核心辐射型和协同发展型等专业

---

[1] 聂强：《专业群引领下的"双高计划"学校建设策略》，《教育与职业》2019年第13期。
[2] 张栋科、闫广芬：《高职专业群建设：政策、框架与展望》，《职业技术教育》2017年第28期。

群；区域逻辑是根据专业涉及的地理范围，组建校内专业群和校际专业集群，校际专业集群是由两所及两所以上的高职院校根据社会需求，围绕区域内某一行业岗位群共同构建的，由某一类近似专业形成的专业集合；结构逻辑是依据专业的稳定程度，组建制度化专业群和松散性专业群。

三是"衍生"和"重组"论[1]。有研究者提出了"以专业群的核心专业为基础，其周围逐步衍生出新的专业，并且随着产业业态的新发展重组成新的专业群"。相较于传统的、离散的专业集合，"衍生"和"重组"作为专业群内部的一种自我进化和自我组织的模式使得专业群更富有生命力。

四是"职业分析视角论"。有研究者从职业分析视角构建专业群[2]，认为："产业派生职业，职业决定专业的逻辑性，职业的联系、职业群和职业链的形成以及职业带的区域划分决定了专业群的构建。"

在讨论高职专业群生成逻辑起点时，一直存在着基于学科还是基于职业之争，具体地说是存在着"学科基础上设置专业"的"学科联系"还是"与产业、职业岗位对接"的"职业联系"的争议。

从已有文献研究看来，高职专科专业群基本上坚持"职业联系"取向，较少考虑学科联系（笔者认为高职院校特别是高水平高职院校及其示范性专业群建设也要有学科意识并适度兼顾发展学科），认为"高职教育的专业不是根据知识之间的逻辑关系设置的，而是以具有相对独立性的技术和职业为参照点设置的，高职教育的专业大类与具体专业之间并不存在必然的人才培养内在逻辑"[3]。"高职院校专业群对应的不是同一学科体系而是某一特定的产业链和产业集群"[4]。也有研究者明确提出基于学科设置专业（专业集群）的"学科联系"不符合高职

---

[1] 孙峰：《专业群与产业集群协同视角下的高职院校专业群设置研究》，《高等教育研究》2014年第7期。

[2] 章建新：《职业联系视角下高职专业群建设的效应分析与提升对策》，《职教论坛》2016年第12期。

[3] 徐国庆：《基于知识关系的高职学校专业群建设策略探究》，《现代教育管理》2019年第7期。

[4] 孙峰：《专业群与产业集群协同视角下的高职院校专业群设置研究》，《高等教育研究》2014年第7期。

教育专业群的特点[①]。而"学科联系"的研究者[②]认为"专业集群所涵盖的可以是同一学科体系的专业，也可以是不同学科体系的专业"（此观点符合高职与应用本科院校专业集群建设实际）；"技术应用性人才学习的也是技术，所有技术在本质上对应的是学科，其（专业集群）划分的依据只能是学科类型"（此观点则过度强调了高职与应用本科专业群的学科属性）。

三　应用本科专业集群的生成逻辑研究

与比较丰富的高职院校专业群生成逻辑研究观念相比，应用型本科专业集群建设的相关研究还处于初始的探索阶段，相关研究观念也较少。从文献检索来看，主要研究观点如下。

董立平基于对接地方产业职业群结构和有利于专业可持续发展的考量，提出专业集群"应由学科引领与产业职业群呼应对接而构成"[③]。王书敏等提出了新建地方本科高校模型嵌入式特色专业集群构建方式，这种模式既区别于重点高校，又不同于职业院校[④]。刘海峰等认为在地方高校质量标准系统中，应增加"优势学科建设标准""特色专业集群建设标准"等[⑤]。黄琳等认为"应用型高校应围绕区域经济核心产业、新兴产业进行专业布局，打造与产业链紧密对接的专业群"[⑥]。郭建如从学科/专业划分依据的新视角来分析专业集群的生成逻辑，认为学科/专业划分具有科学性与武断性，其划分的科学性更强调知识内在的关联性（即便如此，依据知识内在关联性进行的划分也有一定的武断性，学科交叉即是对这种武断性的回应），其划分的武断性主要是受利益与权力等因素影响，学科/专业划分的科学性与武断性同时也为专业集群

[①] 沈建根、石伟平：《高职教育专业群建设：概念、内涵与机制》，《中国高教研究》2011年第11期。
[②] 彭世华：《试论高职高专院校的专业结构优化》，《中国职业技术教育》2010年第21期。
[③] 董立平：《地方高校转型发展与建设应用技术大学》，《教育研究》2014年第8期。
[④] 王书敏、郑士远、徐强等：《新建地方本科高校模型嵌入式特色专业集群构建与实践》，《实验技术与管理》2015年第9期。
[⑤] 刘海峰、顾永安：《我国应用技术大学战略改革与人才培养要素转型》，《职业技术教育》2014年第10期。
[⑥] 黄琳、隋国辉、王榕：《应用型转型背景下高校产教融合困境的破解机制研究》，《黑龙江高教研究》2019年第2期。

的生成提供了依据，专业集群在一定程度上同样体现出学科/专业划分的科学性与武断性，同时也是对这种科学性与武断性的回应。

应用型高校不能照搬研究型高校的学科知识体系生成构建专业集群，又要区别于高职专科专业集群建设，其独特的生成构建逻辑成为新的研究热点。应用型本科可以借鉴研究型高校在依托学科建设专业集群的经验，同时也可以吸收高职院校专业群建设的做法。特别是高职院校专业群建设经过近20年探索出了一些专业群建设理论与成功经验值得应用型本科高校学习借鉴。

综上对高职院校专业群与应用型本科专业集群生成逻辑研究的分析，笔者认为应用本科专业集群生成构建的逻辑起点有以下四种主要情况。

一是由产业引出的专业集群。充分研究区域产业规划和行业布局，捕捉市场、政策、科技动态，树立专业群建设主动适应与对接产业集群发展的意识，突出紧密对接产业集群，围绕产业链和职业岗位群构建专业群，为区域产业培养应用型本科人才。前述围绕职业领域、产业领域和技术领域设置相关专业的"以域建群"其实就是这种情况。紧密契合区域产业、具有亲产业性是专业集群的最典型特征，一些院校产业学院、行业学院就是基于产业引出的专业集群而生成的。

二是由学科引出的专业集群。强调专业集群生成构建中的学科支撑或引领作用，建设基于特色优势学科的专业集群。学科性是应用型本科专业集群的鲜明特征，决定了专业集群的可持续发展和高质量高水平发展。基于由学科引出的专业集群进一步演变发展的表现形式就是"学科专业集群""学科专业集群超级平台"等，这些已经或正在成为应用本科院校建设发展的方向。

三是由核心专业衍生的专业集群。依照"工程对象相同""技术领域相近"或"专业学科基础相似"的原则，以一个或多个"核心专业"为基础，以若干个相关支撑专业，以及由核心专业所逐步衍生出新的专业，随着产业业态的新发展和学校专业布局优化重组成新的专业群。核心专业在专业集群生成与建设中起着龙头、示范、引领与辐射作用，即以核心专业为基础生成构建专业群，所谓"以核建群"。当然，对"以核建群"还可以有另一种理解，即认为"以核建群"就是围绕产业链上的某个"核心环节",将该"核心环节的专业"作为骨干专业,再逐步带动其他相关专业。这涉及"核心专业"的选择与认定的问题,无非是将专业集群中的可以衍生其他专业的专业作为核心专业,或将国家、省级的品牌、特色、示范、一流专业作为核心专业,或将对应产业链上某个核心环节的专业作为核心专业。

四是由特色优势实力引出的专业集群。注意兼顾学校现状与区域竞争力,基于学校办学特色特别是学科专业特色、已有的相对办学实力与学科专业优势,生成构建专业集群。即基于办学特色或学科专业特色培育与打造"以特建群"模式。

当然,在实际的生成逻辑上,应用本科专业集群生成构建的逻辑起点很少是单一模式的考虑,更多是多种模式的复合综合。比如,基于专业大类构建专业群等的"以类建群"模式、基于已有二级学院(大多数是参主要照学科逻辑而建)或行业产业学院(大多数主要是依据产业需求、行业特色)等"以院建群"模式,往往是其他方式共同生成构建的。也就是说,应用型本科院校可以兼顾职业联系与学科基础、办学定位、办学特色与产业集群等方面的因素生成构建专业集群。

第三节　专业集群的基本特征

一　应用本科专业集群与高职专业群的异同

从构建逻辑来看,应用本科专业集群与高职院校专业群存在学理上的不同。徐国庆认为"本科教育专业群编组的主要任务不是寻找专业之间的逻辑关系,而是如何打破作为一种社会建制的学科之间的壁垒。……本科教育组建专业群的主要目的是促进学术知识的生产,因此其更多地从科学研究突破的角度寻求专业群编组的知识逻辑;高职教育组建专业群的主要目的是促进技能型人才培养,因此它更多地应从复合型应用人才培养的角度寻求知识逻辑"[①]。

从专业集群建设的事实来看,应用本科专业集群与高职院校专业群在实践探索中还是存在很多共同性,它们都是依据一定结构或规则聚

---

① 徐国庆:《基于知识关系的高职学校专业群建设策略探究》,《现代教育管理》2019年第7期。

集，集群内专业都有着紧密的内在关联，其建设的核心任务都是为了适应产业链、创新链对教育发展与人才培养的新要求，适应新产业、新技术、新业态、新模式对应用型人才培养提出的新要求，都是为了打破传统单一专业组织单位，强化专业间联系，促进要素集聚发展。

基于前面对高职专业群和应用本科专业集群的概念与内涵的梳理与研究，应用本科专业集群的生成与构建更要强调立足并把握好以下三个方面。

一是专业集群是应用型院校建设和区域产业集群发展的"动力源"和"加速器"[①]，专业集群既与区域产业集群对接契合，又注重学科对专业集群的支撑引领，强调亲产业性和学科性的兼顾。

二是专业集群生成与构建既受对接契合区域产业集群发展、提升服务能力和贡献度等外在驱力的影响，也受高校自身内涵式发展、特色化发展和学科建设方向、专业结构调整优化与人才培养质量提升等内在驱力的影响，是内外驱力共同作用的结果。

三是专业集群生成与构建既要充分考虑集群内各专业的共同行业背景、服务领域、课程内容和教学条件，确保专业集群在教学组织实施上的相对稳定性、普适性和通用性，又要考虑集群内各专业面向的就业岗位群和培养目标，确保专业集群在应对市场需求变化时的相对灵活性、针对性和适应性，还要能够促进集群内专业之间的交叉、渗透和融合。

二 应用本科专业集群的基本特征

应用型本科高校既有专业属性又有学科属性，既要开展专业建设也要开展学科建设。应用学科建设与专业（集群）建设虽然建设目标、主要内容、着力点有所不同，但都对接和契合区域产业所需，培养应用型本科人才的方向一致，两者相互支撑、相互依存。

"基于学科基础"是应用型本科院校与高职专科院校最重要的区别。应用型高校因其办学类型的应用型、办学层次的本科要求等特殊性，专业集群布局是以"以岗位群或行业为主兼顾学科"的"职业联系与学科联系的复合"作为专业集群布局的基点和依据，而不是仅仅

[①] 叶怀凡：《应用型本科高校专业集群建设的价值意蕴与实践逻辑》，《教育与职业》2019年第9期。

以"与产业、职业岗位群对接的职业联系"或"与学科对接的学科联系"为基点与依据。因此，地方本科高校在专业集群布局与建设时，不能忽视学科基础、学科属性与要求，要基于学科基础等相关因素但又不局限于学科思维、学科逻辑体系考虑专业集群布局[①]。按照"专业集群对接产业链服务地方经济，特色学科对接资源优势推动地方产业发展"的思路，以产教融合为切入点，以学科为依托来布局和建设应用本科专业集群。正如董立平认为"专业群应有一个基础学科性的母体专业作支撑。这样，才会促进专业（链）群可持续发展，成为真正的专业集群"。[②]

综合已有研究与实践，我们认为应用本科专业集群具有以下基本特征。

一是亲产业性。专业集群因产业集群而生，产业集群因专业集群而兴。要克服为了专业集群而建设专业集群的封闭思想。专业集群具有天然的亲产业性特征，同时，应用型院校"地方性、应用型、开放性"的核心定位及其契合产业集群、面向区域产业领域的特征更是决定了应用本科专业集群具有鲜明的亲产业性特征。专业集群及学科专业集群、学科专业集群超级平台的新理念引领支持的行业学院、现代产业学院和中国新型大学的建设探索都可体现专业集群的亲产业性的特征。

二是学科支撑性。在强调集群亲产业性的前提下，应用型本科院校专业集群建设必须有学科及学科群的引领或支撑，注重"以岗位群或行业为主兼顾学科"，注重"职业联系与学科联系的复合"，以提升专业集群建设的质量与水平。

三是区域性。这是集群的服务面向与主要服务域，是集群开放性、外向型特征的体现，地方高校的专业发展和结构优化要紧紧围绕所处区域经济社会发展和产业结构调整与升级的需要，通过专业集群建设提供区域经济社会发展的人力支撑。

---

① 顾永安：《应用本科专业集群——地方高校转型发展的重要突破口》，《中国高等教育》2016年第22期。

② 董立平：《地方高校转型发展与建设应用技术大学》，《教育研究》2014年第8期。

第四节　专业集群的建设模式

一　"以链建群"，对接产业链（集群）建群

"以链建群"专业集群建设模式需要学校根据产业需求和学科专业实际，确定以产业链或产业链相关环节为主线构建专业集群，强调对应产业集群上同一产业链、创新链的岗位（群）需求进行专业的集聚、集合、集群化建设，通过不断补链、延链、强链，在建设过程中调整和优化[①]。2015年10月，《教育部、国家发展改革委、财政部关于引导部分普通本科高校向应用型转变的实施意见》（教发〔2015〕7号）指出"建立紧密对接产业链、创新链的专业体系……围绕产业链、创新链调整专业设置，形成特色专业集群……实现专业链与产业链对接"，为"以链建群"专业集群建设模式提供了政策依据。"以链建群"专业集群建设模式更加强调专业设置与布局要紧密对接产业链、创新链，实现专业链与产业链对接，这一模式对整合校内专业，打破学科界限、学院管理壁垒提出了更高的要求。

二　"以核建群"，围绕核心专业建群

核心专业通常是学校的优势特色专业，基础较好，能够发挥示范引领作用，容易构建集成化、体系化学科专业超级平台。"以核建群"的专业集群模式，优点是更加聚焦产业，和产业群有紧密对接，专业链更好服务产业链，集群的融合性、共享性、交叉性更强，适合建造学科专业超级平台。但由于专业隶属院系多、专业构成复杂，在具体操作层面难度较大，需要有个强有力的集群委员会和配套系列保障措施。此类专业集群建设模式对接的产业集群面比较广泛，涉及的专业分布在不同的学院，根据产业需求，专业集群紧密对接产业集群，突出应用，凝练特色，提升内涵，找出核心要素对接核心专业，培植优势，逐步形成以相关应用型专业为主体，以基础性专业和新兴交叉型专业为两翼的专业集群体系。

[①] 顾永安：《应用本科专业集群——地方高校转型发展的重要突破口》，《中国高等教育》2016年第22期。

三 "以院建群"，依托二级学院建群

对专业数量较多、发展较快的二级学院，可以依托二级学院建立专业集群，这种模式建立的专业集群因为二级学院院长往往是专业集群负责人，因而方便管理与操作，容易调配集聚相关资源，更容易打通各专业基础课，实现专业互选课程、共享师资，使集群要素平台能顺利搭建，从而有效实现专业集群与产业集群、课程内容与职业标准、教学过程与生产过程的对接①。但缺点是学科专业超级平台不够大，复合度和支撑度有限，还有可能受制于二级学院院长行政权力的约束，或过多地受学科因素的掣肘与产业集群的深度契合。这一"以院建群"的模式，其实质与基于学科属性建群，因为应用型院校中的大多数二级学院是以学科为依托和支撑的相关专业集合而成的。

四 "以特建群"，基于办学特色建群

"以特建群"模式是结合学校办学传统和优势、办学特色培育的实际需要，积极打造基于学校办学特色的专业集群。"以特建群"模式的专业集群相对前述其他专业集群建设模式来说，相对而言组群与建设难度更大，但由于事关学校办学特色培育与打造，建群目的与目标也更加明确。《关于引导部分地方普通本科高校向应用型转变的指导意见》明确提出"校企合作的专业集群实现全覆盖。按需重组人才培养结构和流程，围绕产业链、创新链调整专业设置，形成特色专业集群"。在文件中同时提出"专业集群"与"特色专业集群"，可以理解为专业集群建设的目标与成效就是要形成"特色专业集群"。因此，按照"以特建群"模式，布局规划建设好专业集群就是提升专业与学校的核心竞争力，就是在打造、培育专业特色与学校特色。

专业集群已经成为我国应用型院校的一种专业治理结构和专业治理的主导性发展模式。每一个专业集群建设模式都应当具有专业集群名称、集群内的专业名称（包括核心专业名称、支撑专业名称）、所支撑的重点学科、对应的区域或地方产业集群、深度合作的政府行业企业事

---

① 牟延林、李克军、李俊杰：《应用型本科高校如何以产教融合引领专业集群建设》，《高等教育研究》2020年第3期。

业单位、集群平台、支撑的产教融合项目、对应的行业学院或产业学院等基本要素。专业集群没有一成不变的模式，是一个动态建构的过程，其生成与构建逻辑与方式的不同，导致了专业集群建设模式的差异性、个性化和多样化，同时也给各个高校留下了较大的创新与探索的空间。

　　据调研，全国不少高校在以上四种主要建群模式上进行了探索。如，江西服装学院充分发挥学校优势、特色、重点学科专业在专业集群建设中的龙头与带动作用，确定以产业链或产业链相关环节（如研发设计、生产经营、管理营销等环节）为主线构建专业集群，重庆科技学院根据产业链各板块主体岗位构建核心专业，形成学科专业集群；又如，江苏建筑职业技术学院学校按照服务于建筑全产业链前端、中端和末端的需求和特点，组建了建筑设计、建筑建造、建筑运维3个建筑专业集群。各个专业集群集中力量和资源实现关键突破，突出特色，形成错位互补关系，协调发展的专业群落生态系统，相互支撑、共同发展。这两个高校都较好地实践了"以链建群"建设模式；北部湾大学、常熟理工学院、河北民族师范学院等高校紧扣办学定位，结合学校专业布局和区域经济社会发展特别是区域产业集群发展的需求，结合转型发展、产教融合和综合改革，锐意进取、勇于创新，推进了产教融合驱动的专业集群建设，并探索实践了"以院建群""以核建群""以特建群"建设模式。本书相关章节的院校研究案例部分将予以推介。

第三章 专业集群的理论基础

专业集群建设是一项具有实践性、理论性与综合性的教育探索，在我国教育领域尚处于摸索阶段，人类的实践需要理论的支撑与引导，同样实践只有上升到理论的高度才具有普遍的价值和推广的意义。因此，探讨专业集群建设可能会受到哪些理论观点的影响与支撑，专业集群作为教育活动其内在的规律是什么，专业集群与社会大系统有什么关联，专业集群与产业集群又有什么必然的联系等问题都需要进行研究。因为专业集群建设首先是一个教育问题，其次，因其与产业发展具有密不可分的联系也是一个经济问题，最后，专业集群作为优势资源集聚的专业组织形态也是一个管理问题。所以，本章将从教育学、经济学和管理学等多学科视角，重点梳理和阐述影响和支撑专业集群的基本理论，以期更好发挥人文社会科学理论对专业集群的引领与指导作用，使应用型院校专业集群建设者更加具有理论自觉与理论自信，使专业集群建设与探索成果能够在理论层面得以提炼和升华。

第一节 教育学的理论基础及应用

一 教育生态理论

教育生态理论来源于生物学的生态理论，20世纪30年代，教育理论的发展遇到前所未有的瓶颈，而生态理论在多个学科得到广泛的运用，沃勒（W. Waller）等在《教育社会学》这一著作中将教育理论与生态理论结合起来首次提出了"课堂生态学"的概念[①]。随后阿什比

---

① 转引自范国睿、王加强《当代西方教育生态问题研究新进展》，《全球教育展望》2007年第9期。

（E. Ashby）提出的"大学遗传环境论"进一步将教育理论与生态理论深化融合。1976年，克雷明（L. A. Cremin）正式提出"教育生态学"的概念。同一时期，英国学者埃格尔斯顿（J. Eggleston）在其著作《学校生态学》中详细阐述了生态学理论在教育资源配置中的运用，至此教育生态理论的体系基本形成，在后续的发展中被广泛地运用到教育研究领域和教育实践领域。

其实，有关生态的思想我国自古有之，只不过未用"生态"这一术语，如"天人合一"就是强调人与自然的和谐相处；在人伦关系上则强调人与人的亲善。教育生态理论强调环境与人的相互关系，实现更高层次上人类自主地回归自然；强调人与自然、人与环境的有机融合，强调人与环境的和谐发展并承担相应的保护自然的责任，强调人与人心理与社会关系的协调；强调把教育看作一个完整的生态系统，教育内部各个要素、环节、部分之间是有机联系、相互依存的，同时教育作为社会的一个子系统又与社会大系统有机衔接，教育生态系统的发展既受社会大系统的制约和影响，同时教育生态系统又促进与推动社会大系统的发展。由此可见，教育的生态环境主要由三个部分组成：第一，以教育为中心，教育系统作为社会大系统的子系统与自然环境系统、社会环境系统、人文环境系统和规范环境系统所组成的综合教育生态系统；第二，以教育系统本身作为一个独立的综合系统，由各个层级的学校、各种类型的教育、各个层次的学习为中心构成教育自身的系统或者局部的单个系统，教育内部系统主要反映的是教育体系内部的相互关联；第三，是以学生的个体发展为中心，研究影响个体发展的具身环境。以专业集群的高等教育属性而言，专业集群建设要综合考虑区域所在的自然环境因素、社会环境因素和规范环境因素。自然资源是人类赖以生存和发展的物质基础，同时也对高等教育发展具有重要的制约性，自然资源的分布、使用、有限性、可利用程度制约着相关产业的发展，也制约着相关专业人才的培养；自然环境对生态区域内高等教育资源空间配置的影响主要是通过地理位置、交通、信息等相互作用、密切联系而发挥作用的[①]，如高校所处的区域环境既影响高等学校的建立、分布、科类、

[①] 樊本富：《生态环境与高等教育的发展——人口、资源、环境对高等教育的制约与适应》，《江苏高教》2007年第2期。

专业和教育内容，同样也会影响到专业设置、专业布局、专业集群的规划建设与发展。为社会培养所需的高级专门人才是高等教育的基本职能，高等教育通过专门人才的培养影响社会的发展，同时，社会环境中的政治、经济、文化等因素影响高等教育人才培养的方向、规模、目标、内容，在专业集群建设实践中无论是专业建设规划、专业结构调整、专业布局优化还是新专业设置、专业内涵建设、专业评估认证等，都离不开对社会需求内容、社会需求服务的深入调研。规范环境因素具体来说是指在长期的社会生活中所形成的人类约定俗成的各类环境，规范环境不仅影响师生的行为、态度、价值观念，也通过价值体系、道德舆论影响专业文化的建立与规范，通过社会期望影响专业建设的定位，通过社会评价影响专业的调整。

从专业集群作为教育系统内部的一个子系统来看，专业集群建设受学校自身的办学定位、人才培养目标的确立、学校的制度建设等因素的影响。大学本身作为教育系统内部的一个子系统，其内部的诸要素是相互影响、相互制约和相互作用的[1]。组成大学生态系统的各要素只有相互协调、动态关联，才能共同达到具有一定张力且保持相对平衡的状态。专业集群作为大学系统内的一个子系统，是与其所在的大学这个母系统相互依存、共生联结的，同时与其大学系统之外的外部环境间保持动态耦合。大学系统产生和发展离不开一定的社会外部环境，专业集群建设离不开大学系统的影响与制约，正是多边互动关系为专业集群的生成发展提供了必要条件。

从学生的个体发展来看，学生在大学期间要完成社会个体化和个体社会化。首先，社会性是人的根本属性，个体的发展必然受到其赖以生存的社会环境和文化环境的双重影响，社会环境、生存方式、文化环境在社会经济发展的推动下发生巨大的变迁，势必要求个体的发展要适应社会的发展。其次，社会系统影响个体发展的学习环境，随着社会的快速发展，个体所处的学习环境、学习方式、学习手段发生巨大的变迁，学生的学习势必受到社会系统的深层次影响。最后，个体本身的发展往往是多重系统的叠加影响，是个体充分发挥主观能动性和主动意识的前

---

[1] 范玉鹏、余小波：《大学文化生态及其优化》，《大学教育科学》2018年第6期。

提下根据自身的潜能在社会系统、教育系统、环境系统的影响下寻求自身的合理发展。以上三者之间具有潜在的因果关系。① 个体的发展离不开外界的教育生态系统、社会生态系统、文化生态系统等诸多外界系统的影响，同样受多重生态系统影响的专业集群其核心的旨归是促进学生的个体发展，学生在大学期间完成的社会个体化和个体社会化皆是为学生在社会中的长远发展准备的，越是贴合社会需求的专业集群，越能培养学生的综合适应能力。

二 教育社会功能理论

教育社会功能理论有着长久的历史发展，在不同的国家和地区，在不同的时代背景下，人类对教育在社会发展进程中的地位、作用和功能往往带有鲜明的时代烙印，其理性认知是逐步深化的同时也是与时俱进的。综观人们对教育社会功能的认知，具体形成了教育独立论、教育万能论、人力资本论、筛选假设理论、劳动力市场理论等教育的社会功能理论流派②。需要指出的是教育的社会功能并不等同于教育的功能，并非教育的所有功能均为"社会功能"，对于教育的功能而言包括教育的个体发展功能和教育的社会发展功能，因此教育的社会功能是指教育对社会系统的影响与作用，包括教育的经济功能、教育的政治功能、教育的文化功能、教育的生态功能、教育的人口功能、教育的社会分层功能等。就教育社会功能理论的"发展逻辑"而言，大致可分为"唯正向功能论""有条件的正向功能论""负向功能论"三种范式，③ 这三种范式为我们正确地考察教育的社会功能提供了较为全面的、可行的分析框架，既可使我们避免陷入教育社会功能的"万能论"陷阱，又提醒我们要充分地重视教育的社会功能。若按时间顺序，教育从其承受社会期待到最终对社会系统产生作用（次级功能）至少经历四个分段过程，即功能取向的确立，功能行动的发生，初级功能结果的产生及次级功能结果的衍生④。通过对教育的社会功能进行静态、横断式的分析与认

---

① 黄瑾：《走向文化生态取向的教师发展研究——来自人类发展文化本质理论的启示》，《学前教育研究》2009 年第 1 期。
② 曹长德主编：《教育哲学》，中国科学技术大学出版社 2015 年版，第 77 页。
③ 吴康宁：《教育社会学》，人民教育出版社 2014 年版，第 387 页。
④ 吴康宁：《教育社会学》，人民教育出版社 2014 年版，第 387 页。

知，有助于我们弄清教育到底具有哪些社会功能，明确教育的社会功能究竟是"如何形成"和"怎样释放"的。①

人们对教育社会功能的认知不是固定不变的，而是在长期的教育实践中和社会实践中随着教育观念的变革逐步深化，教育观念是认识教育社会功能的基点。从20世纪50年代至今，我国的各级各类教育获得了长足的发展，尤其是高等教育获得了空前的进步，时代在变化，社会在进步，人们的教育观念也在不断变革，总的来说，人们教育观念的变革主要体现在：从小教育观向大教育观发展、从阶段教育观向终身教育观转变、从封闭的教育观向开放的教育观变革。大教育观、终身教育观、开放的教育观等教育观念的变革使教育不再囿于学校教育的范畴，教育空间、教育活动、教育内容获得了空前的拓展，进一步加深了教育和社会的相互沟通，这便为专业集群建设提供了理论支撑。

从高等教育自身的属性来看，"应用性是高等教育的基本属性"②，应用性的基本属性要求高等教育在与社会的共生与互动中融为一体，不但高等教育要为社会的发展服务，社会也要为高等教育的发展服务。高等教育能够有效推动社会发展已然成为众所周知的常识，而社会要想获得长足的发展也必须要以高等教育的发展为目的。在全球化背景下，伴随着知识与人才在全球范围内的流动、知识社会的深刻变革、技术经济的快速发展以及高等教育转型的现实境遇，过去沿袭的学科制度虽然仍是现代大学的基础结构，专业教育虽然仍是现代大学的基本单元，但传统的由学科制度与过度专业教育所主导的知识生产模式已难以适应社会发展的需要。社会经济的快速发展越来越需要的是复合型人才，社会发展所遇到的问题越来越需要跨学科、交叉综合的知识类型。由此，一种以问题解决和跨学科为特征的新知识生产模式——"知识生产模式Ⅱ"正在形成。与学科知识不同，"模式Ⅱ"的知识生产"是在一种应用的语境内基于跨学科性的问题解决情境产生的"，知识生产范围是整个社会范围内的，具有高度的开放性，知识生产的主体和场所具有异质性和多样性。这既是专业集群建设的价值追求，也是努力方向。

---

① 全国十二所重点师范大学联合编写：《教育学基础》，教育科学出版社2014年版，第59页。

② 王建华：《高等教育的应用性》，《教育研究》2013年第4期。

三 产教融合理论

自党的十八届三中全会明确提出"加快现代职业教育体系建设，深化产教融合、校企合作，培养高素质劳动者和技能型人才"以来，我国产教融合相关研究和相关实践突飞猛进，产教融合已经成为国家战略和广泛共识。产教融合通常是指产业系统与教育系统的一体化运行，在生产实境中教学，在教学中生产，生产和教学密不可分，水乳交融。柳友荣等指出产教融合是实现应用型本科院校自我发展及服务地方经济发展的重要途径，应用型本科院校产教融合包括产教融合研发、产教融合共建、项目牵引、人才培养与交流等四种模式，其影响因素包括个体内部因素、双方耦合因素以及外部环境因素等[1]。陈星指出产教融合包括宏观层面的教育与产业的融合和微观层面的教育教学活动和生产活动的融合。宏观层面主要涉及教育发展与产业发展在规模和结构方面的协调问题，其核心问题是学校的学科专业设置与产业发展的适应问题。微观层面主要涉及学校与生产组织的协同育人问题，其核心问题是人才培养模式与生产活动的衔接问题[2]。"产教融合"并非新提法、新思路、新理念，而是在长期的教育与产业的互动关系中、在资源共生理念的推动下、在现实社会经济发展的新形势下，我国政府和教育界、理论界在"校企合作""产教结合""产学合作"的长期实践中不断深化的理念认知与实践路径。虽然最初的政府文件与相关文献研究更倾向于将"产教融合"作为职业教育的办学方向、行动路径，对"产"和"教"的认识也具有明显的时代局限性和认识局限性，但在创新驱动战略的驱动下，在产业转型升级对高素质人才的需求影响下，在全球化知识经济发展的推动下，使得产业界、理论界与教育界对各级各类人才的定义有了新的审视，对人才培养的质量、规格、模式形成了新的认识，客观上逐步形塑了人们对"产教融合"理念的理解与认知，深化了人们对"产教融合"实践的探索与践行。

从宏观层面讲，产教融合是解决高校学科专业设置与产业发展的适

---

[1] 柳友荣、项桂娥、王剑程：《应用型本科院校产教融合模式及其影响因素研究》，《中国高教研究》2015年第5期。

[2] 陈星：《应用型高校产教融合动力研究》，博士学位论文，西南大学，2017年。

应问题。《关于国务院办公厅深化产教融合的若干意见》中明确指出"深化产教融合,促进教育链、人才链与产业链、创新链有机衔接,是当前推进人力资源供给侧结构性改革的迫切要求,对新形势下全面提高教育质量、扩大就业创业、推进经济转型升级、培育经济发展新动能具有重要意义"①。随着我国进入经济发展新常态阶段,经济发展模式由高速发展转变为高质量发展,产业升级、技术改造、科学创新和经济结构调整不断加快,高科技产业、绿色产业、新能源产业、新材料产业等获得了空前的发展,对相关专业人才需求空前高涨。而高校作为应用型、创新型、复合型人才培养的主体,势必要对接产业的需求,紧贴产业的发展、行业的需求调整学科结构和专业设置。改革开放以来我国各地形成了数以千计的产业集群,产业体系日趋完备、集群优势逐步明显,产业集群的可持续发展、健康发展、竞争力的提升,离不开产业集群所需的相关人才,而高等教育则是相关专业人才培养的关键性因子,而过去的单一式的专业人才培养已经难以满足产业集群发展的需求,面对社会经济的转型发展和产业的升级需求,高校的人才培养模式势必发生深刻变革,专业集群建设则是地方高校的必然选择。在一定程度上,可以说产教融合是地方高校专业集群建设的驱动轮与助力器,专业集群是深度推进产教融合的重要抓手和关键策略。

从微观层面讲,产教融合是协调教育教学活动和生产活动的融合问题。教学过程与生产过程的对接既是产教融合的内在要求,也是专业集群建设的现实选择。产教融合背景下社会急需的技术技能型、应用型人才不能沿用旧有的学术逻辑、知识逻辑、专业逻辑来培养,课程教学活动也就不能按照以往的专业知识体系来进行,必须对接产业的需求、行业的标准、企业的要求来组织教学。在教学活动中,不仅应注重学生通识教育的素养养成、专业知识的深化理解、技术技能的训练提升,还要注重学生生产实践、技术应用、职业活动的亲身体验。因此,教学活动必须围绕课程教学目标、教学内容的要求组织,以产业需求为导向,并且遵循教育规律和人才成长规律,根据职业活动的内容、环境和过程以

---

① 《国务院办公厅关于深化产教融合的若干意见》(国办发〔2017〕95号),中华人民共和国中央人民政府网,http://www.gov.cn/zhengce/content/2017-12/19/content_ 5248564.htm, 2017年12月5日。

及生产任务的目标、要求和标准，改革以学校和课堂为中心的传统教学模式，强化教学过程的实践性、开放性和应用性，以实现教学过程与生产过程对接。这些同样也是专业集群建设所要探索的问题。

第二节 经济学的理论基础及应用

一 生命周期理论

生命周期理论起源于仿生学，即用生物体的新陈代谢、生命更迭来探索企业、组织、产品、产业、行业的发展变化过程。虽然马森·海尔瑞（1959）最早提出企业生命周期的概念，但生命周期作为一种研究经济规律和管理现象的思想可以追溯到19世纪。受工业革命的推动和企业管理制度变革的影响，为了更好地解决企业经营管理的困境，经济学家及管理学者们基于不同的视角去探索企业自身的发展及变革，英国"剑桥学派"创始人阿尔弗雷德·马歇尔、美国学者戈登尼尔、美国哈佛大学教授拉苗·格雷纳等从不同角度把企业、组织的发展变革过程类比为生命有机体，他们认为企业与组织的成长周期就像生命体的诞生、成长及消亡，从而开展相关研究。美国经济学家雷蒙德·弗农在20世纪60年代中期指出，产品和生物有机体一样具有生命周期，都会先后经历创新期、成长期、成熟期、标准化期和衰亡期五个不同的阶段。企业生命周期理论形成的标志则是美国学者伊查克·爱迪思提出的企业生命周期理论。他指出，企业的生命周期所呈现的生命周期规律主要经历成长阶段和老化阶段。在后续的研究中，他把生命周期理论运用到组织分析之中，并对组织生命周期进行了划分和界定，将组织生命周期划分为产生、成长、成熟、衰退和死亡等五个阶段。爱迪思关于组织生命周期的结论和相关论述对理论界的发展起到了巨大的推动作用，同时也受到了实践界的极大认同，这些促使爱迪思进一步深入研究企业组织生命周期问题[1]。受爱迪思的影响，生命周期理论得到不断的发展完善，既有企业生命周期内部理论分支的演化，亦有生命周期在其他领域的应用与拓展。生命周期理论主要分支有"仿生—进化论"，认为企业像自然

---

[1] 转引自庞艳桃《高新技术企业可持续成长机理研究——基于企业生命周期理论的分析》，博士学位论文，武汉理工大学，2009年。

生命系统一样，也具有新陈代谢、自我复制与突变性这三个基本特征，代表理论有温特（Winter）的"生命周期阶段论"，温特认为企业的成长和组织的发展是由若干阶段组成的连续过程，并根据企业每个阶段的不同特征、面临的不同问题、发展的不同状态划分为不同的阶段；"生命周期归因论"指出企业生命周期取决于产品生命周期、技术生命周期以及领导者管理思想的变化等具体因素，归因论旨在找出影响企业生命周期的具体因素、具体问题、具体环节，并找出这些因素、问题、环节与整个企业生命周期的内在关联，从而提出延长生命周期的解决策略和提升路径。生命周期（Life Cycle）的概念发展到当下已经被广泛应用到多个学科领域，无论其运用到何种领域、何种范畴，其核心要义是事物发展的"从摇篮到坟墓"的整个过程。

客观来说，生命周期理论为我们提供了分析社会现象、具体事物、教育规律等方面的动态发展过程的一种参照模式，揭示了社会存在成长与老化的部分规律，这有利于我们针对具体的问题、具体的情境对症下药，以改变生命周期的结构，促进事物的可持续发展。生命周期理论给我们提供了一个用生命周期的视角看待教育发展以及专业建设的新视野。对广大教育工作者而言，生命周期理论可以帮助我们正确把握教育自身、教育与社会互动中所遇到的现实境遇，让我们科学地认知当前所处的阶段、所面临的问题、所要做出的改变以及所要努力的方向。对于专业建设而言，要促进专业自身的可持续发展就要了解与掌握专业成长的内在规律，汲取外部的资源、整合内在的"生命系统"，为必要的变革做好准备，适当调整自身的发展战略和内在的组织机制以及建设思路等来适应自身发展成长的要求和社会变革的外在规约。总之，我们可以基于生命周期理论来探讨高等教育发展的战略模式、专业建设的组织结构、产教融合的合作机制、自身可持续发展的健康标志、专业集群的变革方向等很多问题，并能赋予这些实践探索和理论研究新的意义。

二 产业分工理论

关于分工的思想古已有之，人类社会的发展史本身就是分工不断深入的过程。而真正将分工同国民财富的增长联系起来，则是从亚当·斯密（Adam Smith，1776）的《国富论》开始。亚当·斯密关注的是资源的稀缺程度是如何被人类经济活动所减小的，国民财富是如何增加的，持续的经济增长是如何实现的。他从生产环节的多个方面总结了产业分工的积极作用，并认为产业分工能够实现资源的优化配置、提高生产效率、促进生产力水平的提高，进而促进区域的产业分工的进一步细化、专业化。而分工和专业化则是一个经济组织问题，由此开始，分工成为经济学研究的重要领域。产业分工是社会经济发展的基础，产业分工促进了市场的进一步扩大，而市场的扩大又进一步促进了产业分工的专业化。从产业分工的发展阶段来看，一般认为有产业细化、产业融合和产业共生等几个阶段。[1]

（一）产业细化

综观世界经济发展史，经济的发展离不开科学技术进步的推动，随着人类认知的不断拓展，科学技术不断发展，而随着科学技术不断发展，人类的生产方式发生巨大变化，新的经济形态、新的商业模式、新的产业分类不断涌现，经济全球化、市场一体化的浪潮又进一步推动产业分工的细化、深化，同时也出现融合、集聚的现象，世界范围内的产业结构发生巨大的变化。从社会生产来看，随着市场竞争的日益激烈，企业和产业通过技术创新、降低生产成本等方式不断寻求自身的竞争优势，导致社会产品的日益复杂、多样和丰富，为了降低交易成本，企业不断向上游和下游拓展业务，促使产业链日益延长，"迂回生产" 现象愈加明显。奥地利学者庞巴维克（Eugen Bohm-Bawerk，1899）提出的"迂回生产理论"指出，在一个产业链条中，企业为了提高劳动生产率、降低交易成本，会采取先制造生产工具（生产资料），再通过生产资料生产最终产品，即上一阶段的产品都是组成消费商品的中间产品；生产过程越迂回，产品的生产链条越长，涉及的中间产品就越多，生产周期就会延长，对产业分工的需求也就越大，生产力就会在迂回生产中变得越高。在"新经济""新技术"的推动下，传统产品不断附加创新因素、新的技术催生新的产品，使社会产品日新月异，产品向精密化、高端化、复杂化发展，产业链条越来越长；同时，需求的增加、便捷的交通以及企业生产规模的扩张，使得市场容量和范围不断扩大，社会分

---

[1] 金晟：《生产性服务业与制造业协同发展的理论与政策研究》，华南理工大学出版社2018年版，第22页。

工日益精细，企业对中间产品和中间服务的需求也与日俱增，其结果是在产业层面上形成了产业集聚；最终产品越精密、高端、复杂，需要共同配合以完成生产的产业链的企业数量和种类越多，生产出的中间产品也越多。随着中间产品需求的不断扩大，与之相关的跨行业、跨门类的中间产品与服务逐渐独立，新的行业与部门产生了。这就是产业的细化。[①]

（二）产业融合

产业融合是相对于产业分化而言的，是指原来各自分立的产业在其边界处融合成一种新型产业业态，从而使原有产业边界模糊或消失的经济现象。产业融合的出现使传统上具有明确产业边界独立存在的产业，在产业边界融合处可能成长为一种新型的产业形态，成为价值的主要增长点和经济增长最具活力的源泉，推动着经济的服务化和全球化发展，因而，"产业融合是对传统产业分化的否定，是产业经济的一次伟大变革"，必将对社会经济结构带来深刻的影响。[②] 在产业发展过程中，产品迂回生产促进产业分工不断细化，使得原隶属于制造业的服务环节独立出来，并成为一个单独的服务供给主体；但另一方面，制造业的产品生产及其工艺流程则内在地需要原有服务环节的参与，因此，生产性服务业所提供的产品或服务作为制造业的中间投入要素是必不可少的。为了满足制造业对生产性服务中间投入要素的需求，产业融合很自然地成为产业分工细化后的新的发展趋势。产业融合涉及不同要素在产业间的融合，包括技术融合、需求融合、管理创新、纵向融合等诸多内容。技术创新是产业的黏合剂，加速了产业之间的融合，并持续催生新产业、新模式、新业态等，同时也可能导致某些传统产业和传统模式的消亡；需求融合是指不同利益主体需求及其需求实现方式的统一，产教融合能使社会需求升级，同时实现对需求内容及方式的融合；产业融合带来的是企业内外部环境的重大变化，即有可能为产品、市场等创造出新的发展空间，又有可能对企业现有的资源和能力造成毁灭性的破坏，加快管理创新则是企业面临的重大挑战，流程的创新、模式的创新、内容的创

[①] 金晟：《生产性服务业与制造业协同发展的理论与政策研究》，华南理工大学出版社2018年版，第22页。

[②] 何勇亭：《产业融合：中国产业升级的新动力》，中国商业出版社2018年版，第31页。

新已经成为许多企业的现实选择。

（三）产业共生

共生概念起源于生物学概念。"共生"的原初意义指的是生物有机体为了生存的需要，两种或多种生物依赖于特定的环境而互相依存、共同生存、协同进化的关系。产业共生是一个仿生学概念，模仿自然生态系统来阐释企业生存的共生环境。产业共生实际上是人们用可持续发展理念和环境价值理论对传统的产业组织理论进行系统改造和拓展的结果，同时还融合了诸如产业布局等理论的精髓，这种改造主要体现在价值基础和研究目的两个方面。在价值基础方面，产业共生强调环境成本的内部化，而现有产业组织理论则将环境视为一种外部资源不予考虑；在研究目的方面，产业共生强调经济、社会和环境综合效益的最大化，而产业组织论则仅仅考虑经济效益的最大化，这种价值观的差异和研究目的的不同是导致目前环境恶化和生态破坏的根源。由利益关联密切的各种类型企业在特定价值取向指引下，按照市场经济规律、产业发展规律、组织管理规律，为追求整体上综合效益（包括经济效益、社会效益和环境效益）的最大化而彼此合作形成的企业及企业间关系的集合，是构成产业共生体的必要条件和核心内容。

产业分工理论是现代化背景下产业发展的重要趋向，生产效率的提高催生了产业分工，产业分工促进了产业集聚，产业集聚衍生产业协作，这才有了产业集群的话题。它同现代高等教育领域内，随着现代化的推进、专业不断地分化，才提出了专业集聚的问题是一样的道理。因此，探讨产业分工理论有利于进一步深化产业集聚理论，有利于为现代专业集群建设提供理论依据和现实基础。新经济发展背景下本科高校的专业设置与学科发展规划非常重视与社会经济发展的适应性，新经济催生新产业，新产业要求新人才，而人才的培养离不开高等教育的发展。在过去的无序竞争下，高校盲目追逐新专业、新学科，虽然主动适应区域的新产业发展，但往往注重单一方向的培养，忽视了产业的精细发展、分工发展、融合发展，最后导致区域内本科高校专业设置的同质化与恶性竞争。运用产业分工理论，从产业分工的角度，根据区域对应产业集群规划建设专业集群，可以充分发挥各办学主体的优势，形成错位竞争、优势互补的良好专业布局，从而使专业集群的功能更加强大。

三 产业集聚理论

西方国家对产业集聚理论研究较早，最早可以追溯到西方经济学之父亚当·斯密（Adam Smith）关于分工协作理论和市场理论的研究，他认为分工能够提高生产效率，分工一方面受市场规模限制；另一方面推动了市场经济的发展，分工协作是产业集聚的基础[1]。到19世纪末20世纪初，产业集聚理论初具形态，其中具有代表性的人物主要有德国经济学家韦伯（Weber）和英国经济学家马歇尔（Marshall），韦伯基于古典经济学范式从工业区位选择入手开展集聚研究，马歇尔基于新古典经济学的视角开创"外部经济"研究集聚理论的先河[2]。产业集聚理论的研究兴起与当时的时代背景紧密相连，自产业革命以来，技术的更新、工厂管理方式的改变、经营理念的转变以及劳动分工的逐步精细化等极大地提高了企业的生产效率，随着市场的扩张和合作的需要，某一产品的相关生产要素开始在特定区域聚集，这既引起了企业界的关注，也吸引了理论界的目光，来自经济地理、产业组织、技术创新以及社会学等诸多领域的学者根据自身研究兴趣，形成了关于产业集聚的不同理论流派[3]。比较有影响力的有韦伯的区位集聚论、熊彼特的创新产业集聚论、E. M. 胡佛的产业集聚最佳规模论、波特的企业竞争优势与钻石模型等。20世纪90年代初，保罗·克鲁格曼认为产业集聚现象一旦形成，就会产生产业竞争力的"自我强化"效应[4]。时至今日，产业集聚已被视为一种整合企业间要素资源的有效形式[5]。

20世纪50年代以后，随着第三次工业技术革命的兴起，催生了诸多新兴的产业集聚区，如美国的"硅谷"、印度的班加罗尔、德国南部

---

[1] 战炤磊：《资源禀赋、空间集聚与植物油加工业全要素生产率变化研究》，东南大学出版社2016年版，第15页。
[2] 转引自王曼怡《我国特大城市CBD金融集聚差异化发展研究》，中国金融出版社2016年版，第42页。
[3] 黄利秀、张华忠：《产业经济学》，西安电子科技大学出版社2018年版，第158页。
[4] 王曼怡：《我国特大城市CBD金融集聚差异化发展研究》，中国金融出版社2016年版，第42页。
[5] 黄利秀、张华忠：《产业经济学》，西安电子科技大学出版社2018年版，第158页。

慕尼黑工业区等①，这些产业集聚区所取得的成绩有目共睹。当下，产业集聚已经成为区域经济发展、城市综合实力提升以及国家竞争力增强的重要渠道，产业集聚不仅是相关产业在特定区域的集合，更为社会、经济、教育的创新发展提供了难得的机遇。产业集聚使企业与企业之间、生产者和消费者之间、人才培养和科技创新之间、知识创新与经济领域之间形成了密切的内部关联，这些关联都会产生学习和创新动力。产业集聚的发展最终离不开高素质人才的支撑，产业集聚吸引的不仅是资本的累积、生产要素的聚集，更是人才的集聚。产业集聚对当下的高等教育人才培养提出了新的要求，也提供了新的机会与平台。如果说过去的产业发展是劳动密集型，那么产业集聚模式下产业的发展逐步转向技术密集型，产业的转型升级、产品的更新换代对于高技能人才的需求缺口在未来很长一段时间内都会逐步增大；产业集聚催生的新兴产业，产品技术融合的增多与加速，对从业人员在知识的交叉运用与创新、团队协作方面提出了更高要求；以信息技术革命为核心的新技术革命推动各产业间建立起以知识、技术为核心的新的内在关系，从而导致产业结构软化，这要求员工要成为既懂生产制造又懂商务知识，既精通制造技术又熟悉服务流程的复合型人才；产业集聚对融合创新提出了更高的要求，融合创新是立体的、全方位的创新，在时间上更加关注创新效果以及竞争力的持续性，并产生新的核心竞争力，实施创新驱动不能对人才资源生拉硬引，不仅需要多层次、系统化链接配套的专业技术人才，更需要大批具有协同能力，能够驾驭"政产学研资介"战略合作的复合型人才。② 这在客观上要求我国政府要不断健全科技创新机制和创新人才培养机制，鼓励相关科技人员在产业集聚区兴办科技型企业，促进高新技术产业集聚的形成，创办产学研基地、科研成果转化基地和培训基地，推动产学研合作教育基地建设，促进高校与科研院所、行业企业联合培养创新人才，实现产业集聚与人才集聚的共生发展。对于高校而言，要不断加快学科创新集群建设，积极推动具有不同属性的大跨度学

---

① 李金华：《德国"工业4.0"背景下中国制造强国的六大行动路径》，《南京社会科学》2016年第1期。

② 方大春、王海晨：《新常态下产业转型升级对人才培养的新要求及对策建议》，《对外经贸》2017年第3期。

科之间的聚合，将学科创新集群作为促进科技创新与人才培养结合的重要纽带和载体；推动学科交叉融合，培育新的学科生长点，增强原始创新能力，重视科技成果应用和转化；创新人才培养机制促进高校高层次创新人才的聚集和培养能力、学科交叉融合发展能力、科学研究和社会服务能力的同步提升；加强学科集群和产业集群的协同创新，实现科学家、研究生高层次人才和企业技术专家等人才的集聚，推动技术创新，在学科集群与产业集群无缝连接中培养高层次创新人才团队。[1]

第三节　管理学的理论基础及应用

一　系统管理理论

系统管理理论（Application of System Management Theory，ASMT）是综合运用系统科学的一般原理、系统研究的方法、系统的范畴，全面考察和分析管理过程、管理活动和组织实践，试图构建通用的管理模式、管理流程，探寻普适性的管理原则来考察组织的结构、管理职能和运行机制，以便系统解决管理问题的理论体系。[2] 其代表人物是美国著名的三大管理学家弗里蒙特·卡斯特（Fremont E. Kast）、詹姆斯·罗森茨韦克（James E. Rosenzweig）和理查德·约翰逊（Richard A. Johnson），代表性著作有《系统理论和管理》《组织与管理——系统与权变的方法》等。系统管理理论认为，一个工商企业或者组织是一个由相互独立而又相互依存的众多要素、各个部分、各个子系统所构成的整体，这个整体是一个开放性大系统。在该系统内部，包括诸多子系统，大系统的运行效果是通过各个子系统的使命完成情况以及相互间的作用效果来决定的。另外，工商企业或组织作为一个整体的系统同时又是社会大系统中的一个子系统，动态地与它所处的环境即社会大系统中的其他子系统发生相互作用。在整个系统中任何子系统都不是割裂的，单个子系统的变化都会引起其他子系统的变化。要想更好地把握企业或者

---

[1] 中国教育科学研究院课题组（执笔人曾天山、聂伟）:《未来五年我国教育改革发展预测分析》,《教育研究》2015年第5期。

[2] 许智勇:《高等学校实验室管理理论与实践》,吉林大学出版社2018年版,第34页。

组织作为整个系统的运行过程，就要研究各个子系统与整个系统的关联及各子系统之间的相互关系、子系统通过什么样的关联构成了一个完整的系统以及内部子系统与大系统之外的其他社会子系统的互动关系。管理者的作用就是确保组织中各个部分之间的相互协调，以实现企业或者组织的整体目标、根本使命、终极价值[①]。系统论认为，系统（system）具体包括封闭系统和开放系统。封闭系统（closed systems）是相对独立运行的系统，几乎不与它所处的环境发生相互作用，不受环境的影响；开放系统（open systems）与封闭系统相比，更具开放性、动态性、延展性，其动态地与它所处的环境发生相互作用。系统管理理论认为，组织是一个开放的系统，是一个与外界环境和其他社会子系统不断互动、相互共生、彼此影响的系统，因此组织管理者、企业经营者要善于察觉组织或企业所处环境的变化，根据各种环境的变化适时调整自身的发展策略[②]（见图3-1）。系统管理理论认为管理过程中应该采用系统分析的观点，系统分析是综合运用逻辑推理、系统思维、科学分析的方法，面临组织或企业在确定与不确定条件的境遇下，寻找有效的解决策略和

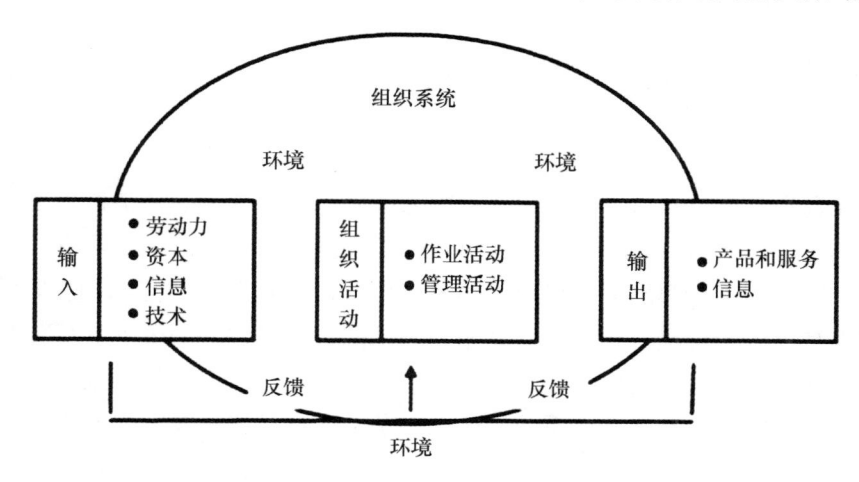

图3-1 组织系统与环境

[①] 余敬、刁凤琴、张琦等：《管理学》（第3版），中国地质大学出版社2016年版，第45页。

[②] 余敬、刁凤琴、张琦等：《管理学》（第3版），中国地质大学出版社2016年版，第45页。

切实可行的行动方案。系统分析是以系统的整体优化为目标和使命，运用科学的技术和方法进行有目的、有计划、有策略的探索性分析，从而给决策者的管理和决策提供信息与方案。①

在众多管理理论中，系统管理理论的最大优势，就是应用系统论的观点、逻辑和方法，剖析组织管理过程中出现的各种问题，并从全局的角度、整体的视野、系统的视角寻找问题解决的策略。系统管理理论以全局观点突破了片面性思维，以开放观点突破了封闭性思维，以"关系说"替代了"要素说"，因而它既注重组织内部的协调、又注重组织外部的联系；既关注组织的结构，又关注管理的过程；既强调组织的目标，又强调人的因素。因此，系统管理理论对专业集群建设具有重要的指导意义。

第一，专业集群建设本身是一个教育行政部门、高校管理主体以及二级学院的管理过程、决策过程，运用系统管理理论去研判专业集群建设的背景、构建策略与实施过程具有天然的适切性。第二，专业集群建设过程是一项复杂的系统工程，既要从高校自身发展的整体和社会经济发展的全局角度来分析和把握专业集群建设的必要性、可实施性，又要综合考察专业集群建设中各专业、各学科之间的相关性，需要综合制定周密、系统的建设方案，用整体性的思维去考量专业集群建设。第三，专业集群建设是一个富有层次性的工程，一般来说专业建设或者学科建设在管理层面具有以下几个层次：国家或省级层面的专业、学科建设审批，学校层面的专业、学科建设统筹，学院层面的专业、学科建设规划，基层学术组织层面的专业、学科建设运行与研究。可见，专业集群建设是由多个层次既相互独立又相互作用的子系统构成的一个不可分割的整体。同时，专业建设和学科建设又是它的上一级系统的子系统，而上一级子系统又是社会大系统中的一个子系统。第四，专业集群建设具有开放性。专业集群建设是一个开放的系统，它受到周围社会环境、经济环境、市场环境的影响，也同时积极作用于其所处的环境，并通过与环境的相互影响达到动态平衡。集群式专业结构形成以后，一方面要优化现有资源的配置，围绕专业集群建设目标调整现有的资源，包括教学

---

① 李婧：《管理学》，上海社会科学院出版社2017年版，第46页。

组织、师资队伍、实验（训）基础设施、教学资源等。另一方面，要围绕专业集群面向的技术（服务）领域，以核心专业为依托，完善专业集群人才培养模式、课程体系，开发专业集群课程平台。同时，要打破制度壁垒，形成校内外、群内外共建共享各类资源的体制机制。发挥专业集群整体优势的关键在于"资源"和"机制"，这两者成为专业集群建设的支撑要素。[①] 因此，专业集群建设与其周围环境相互依存、相互影响，专业集群的生存与发展不仅因为与周围环境发生物质、资源、要素和信息交换而服务于社会，而且也是源于专业集群可以适应周围环境的变化。

二　知识资本理论、人力资本理论

人们关于知识在人类社会历史发展中的重要作用的认知由来已久，早在古代，知识就是哲学反思的重要内容和对象。17世纪以来，随着新科学的兴起和认识论成为哲学研究的中心问题，对知识的考察与思考不仅在理论认知层面占据重要的地位，在实践行动中也越来越引起人们的关注。17世纪英国大哲学家、思想家弗兰西斯·培根就曾提出"知识就是力量"的论断。到了20世纪，随着科学技术的进步，知识在社会经济发展中的重要性日益凸显，知识以及知识资本日益引起人们的重视，并逐步开始了对知识的专门化研究。1962年，美国经济学家马克卢普（Marchlup）提出了"知识产业"概念，并将其划分为教育、研究与开发、传播、信息设备和信息服务五种产业，同时分析了它们对劳动力结构的影响以及对经济增长的影响。[②] 美国未来学家托夫勒（Alvin Toffler）更是认为"知识代替资本，知识除了可以代替物质、运输和能源之外，它还可以节省时间；知识在理论上取之不尽，是最终的代替品，它已成为产业的最终资源；知识是21世纪经济增长的关键因素"。

知识资本理论萌生于工业经济时代后期的古典管理时代，兴盛于知识经济时代。在早期的思想中，几位古典管理学家只是认识到作为生命的人所隐含的知识与才能是一种资本，但未形成系统的理论。随着人才

[①] 周桂瑾：《高职院校专业群建设模式的研究与实践》，《职业技术教育》2017年第29期。
[②] 布和朝鲁：《西部民族地区自然资源禀赋与经济可持续发展》，民族出版社2011年版，第238页。

以及人才所拥有的知识在企业管理中、科学技术进步中、组织发展中的重要性日益凸显，管理学家和经济学家逐渐将人力资本和知识资本作为生产要素予以考量。人力资本理论创始者是美国经济学家西奥多·W.舒尔茨，1961年他在《人力资本投资》一文中明确提出人力资本的概念，并指出人的知识、能力、健康等人力资本的提高对经济增长的贡献远比物力资本、劳动力数量的增加重要得多。舒尔茨引发了人们对人力资本书的热潮，并引起了企业界、管理界对人才投资的重视。首次提出知识资本概念的是加尔布雷斯（J. K. Galbrainth），他认为，知识资本是一种知识性的活动，是一种动态的资本而不是固定的资本形式。加尔布雷斯提出知识资本概念后，在理论界引起了热烈反响，许多学者对知识资本进行探讨和研究，有效推动了知识资本书内容的丰富，主要涉及知识资本的内涵、特征、价值评估、管理和运营等。[1] 系统提出知识资本理论的学者有 Leif Edvinsson（1996）、斯图尔特（T. Stewart, 1996）、埃德文森和沙利文（L. Edvinsson & P. Sullivan, 1996）、斯维比（K. E. Seviby, 1997）和安妮·布鲁金（Annie Brooking, 1998）等。斯图尔特（T. Stewart）提出知识资本的"H-S-C"结构；斯维比（K. E. Seviby）提出知识资本的"E-I-E"结构；埃德文森（L. Edvinsson）和沙利文（P. Sullivin）提出知识资本的"H-S"结构。[2] 对知识资本的管理，已经成为知识企业获得并保持竞争能力的战略手段，主要表现为有效实现知识的创造、传递、利用和保护。企业的知识资本战略管理是管理实践和理论方面的问题。许多知识资本领域的理论研究者强调了知识资本评估的重要性。如何衡量知识资本的价值是知识企业管理者和资产评估机构面临的重要挑战[3]。

在知识经济的大背景下，知识资本和人力资本已经取代传统的物质资本成为企业最重要的资本。在创新驱动国家战略背景下，产业集群和发展战略新兴产业集群已成为诸多区域产业创新的主要策略和目标。战略资源观认为知识资本是支持创新活动的决定性要素。而企业选择聚集发展战略的原因在于，集群企业往往具有地理和技术等多维临近性，由

---

[1] 陈则孚：《知识资本理论、运行与知识产业化》，经济管理出版社2003年版，第77页。
[2] 王哲：《知识资本理论研究述评》，《科技管理研究》2009年12期。
[3] 张福学、董向荣：《国外知识资本理论研究进展》，《情报理论与实践》2002年第1期。

此带来大量的知识溢出能够高效地促进知识资本积累及集群创新发展。[1] 已有的许多研究表明，人力资本和知识资本可以极大地促进地区经济的发展，是区域创新驱动发展的重要支撑，各区域人力资本状况的不同影响了各地区的经济发展。随着科技的发展和产业集群发展，企业对高素质的生产人才需求剧增，由数量开始向质量转变，越来越注重复合型、创新型、应用型人才的引进。人才的综合素质和当地的教育结构是区域提升竞争力的根本动力和发展源泉。为促进本区域的经济发展和产业集群，进一步缩小区域之间的差距，提升地方经济的竞争力，地方本科院校肩负着重要的职责。[2] 另外，对于高校而言，高校所拥有的高学历教师队伍、创新型科研团队，本身就是知识生产、科技创新的生力军，且从高校自身的发展而言，高校的内涵式发展越来越重视人才队伍的引进。人力资本是教育与产业劳动力市场相联系的纽带和桥梁，地方本科院校的人才培养模式及人才培养质量影响着区域的行业类型、就业质量等，因此，地方本科院校在专业设置上要保持先进性、科学性，摒弃求大、求全的办学观念，在全面分析掌握地方经济建设现状、产业结构调整、毕业生就业形势等情况的基础上，对接地方和行业产业升级产业链的需要，对学科、专业结构进行优化，实现专业布局向"精而特的质量凸显效应"转型。[3] 高校所培养的学生只有在社会上、在产业发展中能够创造价值方能成为人力资本，因此，高校的人才培养要充分考虑市场的需求、产业的需要、企业的标准。这就要求专业集群建设过程中要完善学生培养各环节的质量标准，重构专业人才培养方案，确立与应用型人才培养相适应的课程体系，促进各专业的改革建设与企业、行业的深度融合，探索与企业共同培养人才、协同把关人才质量的新方法新模式，[4] 同时，在课程的设置上、专业的调整上，要紧跟地方政府调

---

[1] 李宇、陆艳红、周晓雪：《产业集群中的企业家导向、有意识的知识溢出与集群企业知识资本》，《中国软科学》2017 年第 12 期。
[2] 赵莉莉、王为正：《人力资本理论视角下地方本科院校提升服务区域经济能力的策略探究》，《黑龙江高教研究》2018 年第 4 期。
[3] 赵莉莉、王为正：《人力资本理论视角下地方本科院校提升服务区域经济能力的策略探究》，《黑龙江高教研究》2018 年第 4 期。
[4] 赵莉莉、王为正：《人力资本理论视角下地方本科院校提升服务区域经济能力的策略探究》，《黑龙江高教研究》2018 年第 4 期。

节经济发展的政策变化形势，对课程内容进行及时更新，从而使学生在课堂上所学的知识能够真正学以致用，借此来推动学校的课程建设，同时，也要及时淘汰无法适应区域经济发展的旧专业，开设紧贴区域经济发展的新专业，推动学校的专业建设与产业需求的关联度。李宇等[1]认为："有意识的知识溢出既突出了知识溢出方的主动性意愿，又兼顾了知识溢出对接收方的外部性效果，拓展了不同技术水平的集群之间基于溢出方合作意愿的纵向知识共享模式。"专业集群、产业集群之所以能够实现耦合发展，其中重要的一个因素就是考虑知识溢出、知识共享或者说是科技成果转化、协同创新，因此，在专业集群建设过程中要营造相互信任的知识共享环境，促进合理的集群知识溢出、知识转移、科技成果转化；发挥有意识的知识溢出对科技成果转化的作用。有意识的知识溢出既可以推动企业人力、结构、关系资本的不断完善与提升，在这一过程中也伴随着专业集群的知识再造，加强有意识的知识溢出对科技成果转化能够更大程度地发挥有意识的知识溢出效用，从而促进专业集群与产业集群的双边共赢。总之，充分借鉴知识资本、人力资本的理论知识对指导高校自身的发展和专业集群建设具有重要的现实意义和实践价值。

三 结构功能理论

结构功能理论认为结构是事物存在的基本方式，结构分析是认识社会现象的根本途径，结构和功能具有内在的相互依存性，具体来说所谓结构功能主义是关于事物要素之间的构成状况与事物整体功能状况之间的关系理论。结构功能理论源于 19 世纪奥古斯特·孔德和赫伯特·斯宾塞等人将生物学概念引入社会学中分析社会现象而形成的功能主义理论，20 世纪 50 年代，塔尔科特·帕森斯（Talcott Parsons）将功能主义与一般系统论的功能结构理论相结合，建构起一整套以结构功能分析为特征的社会理论，使结构功能理论发展为一个成熟的社会学系统理论，并在西方社会学中占有举足轻重的地位。帕森斯的结构功能理论认为社会是一个均衡的、有序的和整合的系统，是由相互联系的部分构成的体

---

[1] 李宇、陆艳红、周晓雪：《产业集群中的企业家导向、有意识的知识溢出与集群企业知识资本》，《中国软科学》2017 年第 12 期。

系；系统中的每一部分都对系统整体的生存、均衡与整合发挥着必不可少的作用；各部分仅往其与总体相联结，并在体系内履行特定功能时才有意义。[①] 他提出了著名的 AGIL 分析框架，他认为那些在较高层次的系统中特定地满足某项功能需求的结构部分是该系统的功能性子系统，因此，每个系统都可以相应地划分为四个子系统。帕森斯认为社会系统是经济子系统、政治子系统、社会子系统和价值规范子系统组成的，分别履行适应性功能（Adaptation，与外部环境交换资源并分配给整个系统）、目标实现功能（Goal Attainment，确定系统目标并选择实现手段）、整合功能（Integration，协调各部分成为一个功能整体）、潜在模式保持功能（Latercy Pattern Maintenance，系统根据某种规范保持社会行动的延续）。

结构功能理论对专业集群建设的具体理论指导意义体现在：首先，专业集群建设是一个结构系统，不同的高等院校（或高等院校系统）或者同一高等院校（或高等院校系统）在不同时期的专业结构往往存在着诸多差异，只有对结构存在耦合性的专业、学科进行整合才能形成真正的专业集群效应，而不是简单的、粗暴的专业捆绑。其次，根据结构功能理论结构分析是认识事物的最根本的方法，科学认识高等学校专业建设，离不开对其结构的深入分析，既要深入分析专业自身的结构，又要对师资结构、课程结构进行深入研究。最后，对于高等院校专业集群建设而言，其结构和功能具有高度相关性，结构决定功能，功能反作用于结构，高等院校专业集群的不同组合和不同联结不仅会对高校自身的发展产生不同性质的相生、相克、相制、相转化、相中和的作用，而且对社会系统而言可以履行适应性功能、对接社会发展的目标实现功能、整合优势资源实现共赢的整合功能、依据社会规范保持社会行动延续的潜在模式保持功能。总而言之，结构功能理论不仅在理论上奠定和提升了专业集群建设的理论意义，而且为专业集群建设的实践提供了方法论的指导。

当前世界范围内的产业革命正在逐步深化，工业 4.0 时代的到来标志着继蒸汽机时代、电气化时代、工业自动化时代之后的第四次工业革

[①] 李岚：《人文生态视野下的城市景观形态研究》，东南大学出版社 2014 年版，第 54 页。

命的到来，使人类社会的物质资料生产方式发生了深刻的变革，极大地促进了生产力的发展和社会关系的转变。其核心是高度融合数字化、网络化与智能化的个性化生产与服务模式，其核心是智能工厂、智能生产与智能服务的深度融合。[①] 工业 4.0 改变的不仅是人的生活方式，更是对人才的要求提出了更高的需求，工业 4.0 带动了软硬件的提升，便对人才特别是对一线的技术型、技能型、复合型人才要求越来越高，工业 4.0 促进了全球化一体化生产的进程，对人的能力、素质、前瞻性、组织能力、沟通能力、综合能力的要求也越来越高。这就要求产业链和人才链，特别是高等教育人才培养链要有紧密的联系，产业链的人才需求不是哪一个专业能够满足的，亟须专业人才培养向复合型、创新型人才转变。华为广东公司总经理陈斌在 2015 年首届中德中小企业合作交流会启动仪式上指出："华为已经和深圳职院（进行合作），将华为一些先进技术的课程放到各个大学，我们希望推进新的技术的发展，也希望贴近我们的客户。"工业 4.0 对人才需求的新变化，势必要求高等教育人才培养模式的转变，必然要加强创新型人才在掌握基础科学、跨学科应用、创造性实践等方面的能力提升，更要注重专业学科内外协同，建立技术、服务和管理相融合的跨学科培养体系，同时也要注重学校与工业企业相协同，构建产教深度融合式教育模式，探索创新型人才培养的新路径。

[①] 刘欣：《走向工业 4.0 时代的大学人才培养耦合机制》，《国家教育行政学院学报》2017 年第 7 期。

第四章　专业集群与产业集群

现代产业分工与产业集聚发展趋势、应用型高校高质量转型发展等都对高校专业结构调整以及专业对接产业集群与集群化发展提出了新的要求。在专业集群与专业结构、产业集群之间关系上，专业集群具有内联专业结构、外接产业集群的显著特点。

从教育的内部规律来看，专业结构是专业集群布局、建设与发展的高等教育内部因素，关注的是专业结构如何影响专业集群布局架构、建设与发展。专业结构是应用型院校专业集群建设的重要前提与基础，专业结构调整是应用型院校转型发展的重要内容与路径。专业结构又与区域经济社会发展、产业革命、技术革命与社会变革密切关联。产业结构变化是专业结构调整的重要决定因素，专业结构通过人才培养数量和质量影响产业结构发展，两者辩证统一。确立专业集群战略思维，依托专业集群建设，可以优化应用型院校的专业设置和调整，提高专业结构与服务区域产业结构的适切度，形成与自身实际发展阶段、区域产业结构相符合的应用型专业结构。而从教育的外部规律来看，产业集群是专业集群布局、建设与发展的高等教育外部因素，关注的是产业集群与专业集群之间相互关联、耦合、融合发展。产业集群与专业集群的耦合发展是两者关系的基本要求，产业集群与专业集群的融合发展是两者关系的总体趋势，产业集群与专业集群的密切联系与互动关系，充分体现了产教融合发展的战略思想，两者关系本质上是产教融合的问题。专业集群与产业集群的联系成为反映高校与社会之间关系的最直接、最关键的联系，产业集群与专业集群的耦合发展与融合发展是地方本科高校与社会发展现实需要、实践旨归和必然选择。

第一节 行业、产业与专业的概念及关系

一 行业与产业

（一）产业的内涵

通俗意义上来讲，行业与产业具有相关性，在口语化中往往二者互相通用，但是严格意义上讲，行业与产业具有严格的区别，产业一般比行业的范畴更大。为了实现不同国家经济统计口径的一致，联合国经济和社会服务部颁布的《所有经济活动的国际标准产业分类》（ISIC）将全部经济活动分为10大类，在大类之下又分若干中类和小类。这10大类包括：①农业、狩猎业、林业和渔业；②矿业和采石业；③制造业；④电力、煤气、供水业；⑤建筑业；⑥批发与零售业、餐馆与旅店业；⑦运输业、仓储业和邮电业；⑧金融业、不动产业、保险业及商业性服务业；⑨社会团体、社会及个人的服务；⑩不能分类的其他活动。[①] 联合国版本的标准产业分类法囊括了全部经济活动并进行了统一的分类，为各国的产业政策提供了参考和依据，规范了各国产业分类方法，使不同国家的产业发展具有可比性，有利于分析各国、各地区的产业分布情况和整体产业结构。

三次产业分类法亦称为三大产业分类法，是新西兰经济学家费歇尔首先创立的。英国经济学家、统计学家克拉克在费歇尔的基础上，总结出三次产业结构的变化规律及其对经济发展的作用。具体划分为：①第一产业——包括种植业、林业、畜牧业和渔业在内的农业。②第二产业——工业和建筑业。工业包括采矿业，制造业，电力、燃气及水的生产和供给业。③第三产业——又称"第三次产业"。主要指流通部门、服务部门。

2003年，根据《国民经济行业分类》（GB/T 4754-2002），我国国家统计局发布了《三次产业划分规定》（国统字〔2003〕14号）。2012年、2018年国家统计局先后两次对三次产业划分中的行业类别进行了对

[①] 林强：《产融结合新思维》，知识产权出版社2017年版，第2页。

应调整[①]。改革开放以来，我国经济体制改革和结构调整的步伐逐步加快，经过 40 多年的发展我国三次产业结构的布局得到了显著优化，产业结构呈现由"二一三"向"二三一"，再向"三二一"的演变趋势。

党的十九大以来，我国各地区、各领域紧紧围绕高质量发展的要求，把重点放在推动产业结构转型升级，各地通过推动新兴产业的蓬勃发展和传统产业的深刻重塑，新技术、新产业、新业态不断涌现。产业的发展离不开技术的进步，随着技术的不断进步，许多新的产业不断出现，也就是平常所说的新兴产业。"新兴产业"是新建立的或是重新塑形的产业，它的出现原因包括科技创新、新的顾客需求、相对成本结构的改变，或是因为社会与经济上的改变使得某项新产品，或是服务具备开创新事业的机会。新兴产业可以分为 3 类：新技术产业化形成的产业、用高新技术改造传统产业形成的新产业、对人们原来认为是社会公益事业的行业进行产业化运作。

国务院于 2010 年 10 月 10 日公布《国务院关于加快培育和发展战略性新兴产业的决定》，指出："战略性新兴产业是引导未来经济社会发展的重要力量。发展战略性新兴产业已成为世界主要国家抢占新一轮经济和科技发展制高点的重大战略。"战略性新兴产业是指以重大技术突破和重大发展需求为基础，对经济社会全局和长远发展具有重大引领带动作用，成长潜力巨大的产业，是新兴科技和新兴产业的深度融合，既代表着科技创新的方向，也代表着产业发展的方向，具有科技含量高、市场潜力大、带动能力强、综合效益好等特征。

综上所述，所谓产业是指具有某种同类属性的经济活动的集合或系统，是对各类行业在社会生产力布局中发挥不同作用的称谓。一般而言，传统专业是对应传统产业的，而目前的专业集群大多是对应新兴产业的，而且新兴产业更多地以产业链、产业集群、产业分工集聚的方式存在，它同高校构建专业集群的关系特别密切，因此分析产业的概念对专业集群建设具有重要的理论意义。

（二）行业的内涵

所谓行业是指在国民经济活动中提供相同或相似性质的生产活动、

[①] 《国家统计局关于修订〈三次产业划分规定（2012）〉的通知》（国统设管函〔2018〕74 号），http://www.stats.gov.cn/tjsj/tjbz/201804/t20180402_1591379.html，2018 年 3 月 27 日。

服务活动与其他经济活动的经营单位或者个体组成的组织结构体系。行业内的组织单位之间处于一种相对紧密的联系状态，在生产经营上存在着相同性或相似性的产品形态、服务形态，其产品或服务具有很强的相似性、替代性。

在国民经济活动当中，行业发展具有不平衡性、差异性、阶段性和多样性等特征，有的行业其形成与存在具有悠久的历史，有的行业则随着历史的变迁而被淘汰，有的行业英雄迟暮，有的行业蓄势待发，有的行业具有持久的生命力。我国《国民经济行业分类》国家标准于 1984 年首次发布，分别于 1994 年和 2002 年进行修订，2011 年第三次修订，2017 年第四次修订（GB/T 4754-2017）。根据最新修订的国家标准，新行业分类共有 20 个门类、97 个大类、473 个中类、1380 个小类。与 2011 年版比较，门类没有变化，大类增加了 1 个，中类增加了 41 个，小类增加了 286 个，其中，为体现新产业、新业态、新商业模式，增加了一系列行业类别。[①] 概言之，行业的发展受社会经济发展、历史变迁、科学技术进步等多因素的影响。

（三）行业与产业的关系

按照《现代汉语词典》的解释，行业是工商业中的类别，泛指职业，如饮食行业、服务行业。国家统计局发布的《三次产业划分规定》往往是依据《国民经济行业分类》进行修订与调整的。从这个层面来讲，行业和产业并不相同，产业的外延要大于行业。在日常的使用中，产业更多的是从宏观经济层面来界定和衡量的，而行业则是从中观经济层面和管理实践层面来解读和评价的。

从学理上来说，行业是指在一定时空范围内，从事同类产品生产或提供同类服务的企业群体。产业是指在一定时期和一定地域范围内，由相互关联的不同行业组成的企业群体系统。行业和产业都是描述企业群体的概念，两者都具有时间和地域的规定性，但行业往往具有同质性，产业则具有异质性，而且产业的概念外延要大于行业的外延。在不少经济学论著中，都把行业和产业两个概念混用，这很容易引起人们认识上的混乱。这里，有必要对这两个概念作一些区分。如果用生物学中的相

---

① 《国家统计局副局长鲜祖德就修订〈国民经济行业分类〉答记者问》，http://www.stats.gov.cn/tjsj/sjjd/201709/t20170929_1539276.html，2017 年 9 月 29 日。

似概念类比，那么，行业就是企业"种群"，而产业则是企业"群落",[1]一个"群落"往往具有多个"种群"。如果把产业比作"动物园"的话，那么行业则是"猫科""犬科"，而企业则是具体的"动物名"。

从行业与产业概念的内涵与外延来看，行业属于产业的子集。行业和产业的划分是相对的，根据研究的需要，还可以对它们作更细的划分。例如，一个国家的产业可以分为农业、工业和服务业三大类，其中，农业这一产业又可以分为种植业、畜牧业、水产业、林业等行业。产业和行业是处于宏观经济与微观经济之间的经济组织，它们之间既有区别又有联系。产业更多是从生产组织方式上来描述企业群体，而行业主要是从产品种类和产品功能上来描述企业群体。一个产业可以利用多个行业的产品（中间件）按照规模和范围经济的原则合理组织生产活动。产业是一个历史范畴，它是伴随社会生产力的进步和社会分工的深化而产生和不断扩展的，人们对产业的认识也是随着社会经济的发展不断深入的。在人类社会的不同发展阶段，随着社会分工的不断深化，产业逐渐形成了相互关联的、多层次的、复杂的经济系统。[2]

二 专业与行业

（一）专业的内涵

此处所指专业既与前文所提教育系统的专业有所关联，又有所不同。广义的专业是指知识的专门化领域，专业即某种职业不同于其他职业的一些特定的劳动特点。特指的专业即高等学校中的专业，是依据确定的培养目标设置于高等学校（及相应的教育机构）的教育基本单位或教育基本组织形式。广义的专业是社会系统中的专业，是基于社会分工情境下的专业，是社会实践中的专业。专业的出现，始于生产力发展、社会发展所带来的社会化分工和职业化分化，是社会历史发展的产物。

专业的概念必须被视为历史和空间的双重定位。专业作为一种社

---

[1] 甘润远：《螺网理论：经济与社会的动力结构及演化图景》，复旦大学出版社2016年版，第116页。

[2] 甘润远：《螺网理论：经济与社会的动力结构及演化图景》，复旦大学出版社2016年版，第117页。

现象的出现，最早起源于中世纪的欧洲，当时随着社会发展的需要，一些从事专门职业的专业化人才开始出现，如医师、律师、牧师等，因为他们所从事的职业具有特殊的专门化知识、专业的技能，故这些职业便被冠以专业。社会学家 A. M. Carr-Saunders 和 P. A. Wilson 在其著作 The Professions 中[①]，首次为专业下了定义："所谓专业，是指经过长期的专业知识培训的群体从事一种需要专门技术的职业，是一种需要特殊智力来培养和完成的职业，其目的在于提供特定的服务。"[②] Talcott Parson 的经典分析将专业工作定义为提供基于专业和科学知识的服务。

虽然专业人员和客户之间关系的性质可能随着历史的变迁和社会的发展已经发生了实质性的变化，但作为专业人员区别标志的专业知识的重要性却没有变化。一个职业所需的知识和技能是衡量其威望的最佳指标、是考察其对社会价值的重要维度。因此，所谓专业是指具有深奥的专业理论知识体系和基于此的复杂专业技能，需要长期和持续的专业理论和技能的培养，拥有提供专业服务的高度自主性，在规范的专业伦理准则约束下，从事社会需要并对社会有贡献的创业，是在人类社会科学技术进步、生活生产实践中，用来描述职业生涯某一阶段、某一人群，用来谋生、长时期从事的具体业务作业规范。从中我们不难看出，专业是一个人经长期培养而习得的，是赖以谋生而应熟练掌握的知识与技能的集合，对于教育系统的专业而言，唯有能够满足社会服务需要的学业才能称为真正的专业，学校的专业学习是个体在社会专业发展的基石。

上文所述的专业是基于社会语境中的专业，是基于学理的分析，是广义的专业，而在日常生活中大家提到的专业更多的是基于教育语境的专业，是特定情境的专业，这两者具有内在的关联性。顾明远《教育大辞典》关于专业的定义："中国、苏联等国家高等教育培养学生的各个学业领域。大体相当于《国际教育标准分类》的课程计划或美国高等教育的主修。"《辞海》中专业的定义为："高等学院或中等专业学校根据社会分工、经济和社会发展需要以及学科发展与分类状况而划分的

[①] Carr-Saunders, A. M. & Wilson, P. A., *The Professions*, Oxford: Clarendon Press, 1933, p. 268.

[②] 李丽、康晶：《不做新课改的守望者——新课程背景下教师专业成长的探索》，克孜勒苏柯尔克孜文出版社 2009 年版，第 108 页。

学业门类。"教育语境的专业一般是指专业教育。所谓专业教育是指"在一定的普通教育的基础上实施的培养某一领域专业人才的教育"[1]。专业教育所对应的英文是 professional education，《美国高等教育百科全书》对此的解释是：大学提供给学生的一种主要的教育类型，主要目的在于培养学生成为在某些特定职业领域的从业者，一般来说，培养计划包含课程学习、应用研究、指导下的临床或实地工作。[2] 由此可见，专业教育是培养基于高深学问的职业人才的教育，包含职业与学术两个维度。

（二）专业与行业的关系

从专业的广义定义来看，专业是一种职业，但又不等同于职业，专业是由职业演变而来的，是专门化的职业，是拥有高深复杂知识体系的一种社会性职业，这就是专业区别于一般职业的本质特征。职业是随着社会分工而出现的工作门类，而行业是从事相同性质的职业活动的集合。"专业"是社会分工和职业分化的结果，是社会分化的一种具体表现形式，是人类认识自然和社会达到一定深度的表现。[3] 作为一种职业的"专业"，首先是一种社会位置，是个人凭借自身的专业技能进入社会生产过程之后获得的，由于现代社会生产分工越来越复杂，各行各业的生产活动相互交织在一起，这就对"专业"的发展提出了新的行业需求。其次，作为一种职业的"专业"具有不可或缺的社会功能，专业性职业对社会具有重要作用，是行业得以继续存在和发展不可缺少的，如果某一行业缺少了专业的支撑，那么行业便会很快走向消亡。再次，专业作为拥有高深复杂知识体系的一种社会性职业往往决定了从业人员必须经过和接受比从事一般性职业更多的教育与训练，即需接受长期的专门化教育与训练才能胜任专业工作，专业人才的素质高低对行业资源配置、行业生产过程、行业服务品质、行业发展集中化以及行业发展持续化具有重要的影响作用。最后，专业与行业处于动态发展过程之中。专业与行业一样不是一成不变的，而是随着社会的发展和科学技术

---

[1] 顾明远：《教育大辞典》，上海教育出版社 1998 年版，第 2128 页。

[2] 转引自余东升、郭战伟《专业教育：概念与历史》，《高等工程教育研究》2019 年第 3 期。

[3] 张兄武：《高校文科本科专业应用性研究》，博士学位论文，苏州大学，2015 年。

的发展，不断变化发展的，专业会过时、行业会消失也会新兴，专业性职业的内在要求也在不断发展变化，从业者需要不断更新知识，掌握新技术。

从专业的狭义定义来看，专业是特指的专业，是高等学校根据社会人才需求，按照学科知识体系内在逻辑和社会职业分工而划分的学业门类，它是高等教育人才培养的基本教育单位，也是课程或知识的一种组合方式。[1] 知识社会已经到来，以知识为基础的经济蓬勃发展，以专业培养为主的高等教育人才培养模式在行业发展、知识生产中的地位越来越重要。

随着科学的普及化以及科学知识情境化的加深，吉本斯认为新的知识生产模式Ⅱ正逐步取代传统的知识生产模式Ⅰ，知识生产模式Ⅰ是一种理念、方法、价值及规范的综合体，以单一学科研究为主，并有一套学术规范用来确保其学术权威性。"知识生产模式Ⅱ"重视"应用型语境"，重视"跨学科及超学科研究"，重视形式的"敏捷多样"和知识的"社会效用"，在应用发展过程中生产知识，呈现出跨学科性、异质性以及组织多元性、问责和反思性、质量控制的多维性和协作性等。[2] 专业教育模式通过长期的实践，已经成为高等教育的一种基本组织形式，承载的是传统的知识生产模式和科学体制，在知识生产模式Ⅱ中，知识生产在一个需求多样化，更为广阔的、跨学科的应用情境中开展，在这种背景下，大学的人才培养一方面需要在应用情境中进行，与行业企业、社会需求产生实质性联系。另一方面，人才要走出大学科研机构，在社会研究中心、政府专业部门、企业实验室等多样化场景中，以知识应用和社会责任为导向进行知识生产，知识生产不再局限于单一学科，而是通过跨学科推进知识创新。[3] 知识生产模式转型背景下，需要高校专业建设要充分考虑行业的需求；在人才培养的情境上更注重贴近业界、注重应用型人才的培养、注重在行业中的问题解决情境；在人才培养方式上从过去的学科趋同化走向与产业、行业、企业、政府多元合作的特色化、协同化；在人才培养承担者方面，从单一的高校主体走向

---

[1] 张兄武：《高校文科本科专业应用性研究》，博士学位论文，苏州大学，2015年。
[2] 贾东荣：《转型、竞争与新型大学发展》，知识产权出版社2018年版，第175页。
[3] 马廷奇、李蓉芳：《知识生产模式转型与人才培养模式创新》，《高教发展与评估》2019年第5期。

企业、行业、科研单位等多方利益主体的共同参与；在人才培养组织方面，从单一学科走向跨学科，以迎合行业对复合型、创新型人才的需求。

三 专业与产业

（一）专业与产业的关系

从广义层面来讲，专业与产业都是社会生产力发展和社会分工的必然结果。现代社会内部分工的特点，在于它产生了特长和专业。众所周知，产业的快速发展是从蒸汽机和棉花加工机的发明开始的。这些发明推动了产业革命，产业革命同时又引起了市民社会的全面变革。随着产业的快速发展，产业的存在形态发生了巨大的变化，产业集群越来越成为一种重要的产业发展形态，产业集群在发展过程中存在由专业化分工产生的明显的有区分特征的产业集聚、扩张和升级发展的表现形式。集群的发展也是一个动态演进的过程，包含集群萌芽、产业集中、集群化和高级网络四个由低级到高级发展的形态演进过程，分工越充分专业关联度越高，产业集群发展的形态水平就越高。

从狭义层面来讲，作为专业教育的专业与产业同样具有紧密的关系。作为专业教育的主要承担者现代高等教育，应用性是其自身的基本属性，高等教育要获得生存，获得社会支持，必须培养适应社会需要的应用型人才为社会发展服务，从某种层面来讲产业性是高等教育的应用性的具体体现之一；高等教育要维护自身的发展，还要保持自身的本真性、科学性与学术性，要为未来的社会发展做好准备，提供最基本的理论指导，必须加强开展学术研究以加强自身的科学性、学术性和专业性。有学者认为：科学性、学术性与应用性、产业性是"源"和"流"的关系，科学性、学术性是"源"，应用性、产业性是"流"，两者各有特点，相互补充。学术性、科学性为应用性、产业性的存在和发展提供条件和保障，离开学术性、科学性，应用性、产业性则成了无本之木；同样，学术性、科学性也离不开应用性、产业性，离开了应用性、产业性，学术性、科学性就不能为经济社会发展做出贡献，就会失去社会对它的支持。随着科学社会化与社会科学化的紧密互动，科学的产业化和产业的科学化正在成为现实。"大学的经济功能正日益制度化"[①]。

(二) 学科—专业—产业链

伴随着经济全球化和市场化一体化的趋势发展，高等教育与产业、行业、企业之间的关系更为紧密和广泛，政府、高校和企业之间既是联盟也是多层次委托关系的代理方。知识经济时代，科学技术对经济发展的推动作用愈加凸显，技术创新、知识创新、科学发展不仅推动了产业结构的调整与优化、产品的更新换代，还日益成为企业尤其是高新技术企业发展壮大的命脉和产业发展的核心竞争力，受企业自身实力以及技术更新迭代速度加快的影响，行业、企业实现创新的方式也从自主创新转向协同创新，知识流动在创新发展中的作用日益明显，产学研合作、产教深度融合已经成为高校、政府、行业、企业的共识性追求，构建学科—专业—产业链一体化发展已然成为当下高校专业人才培养的重要模式与途径。所谓产业链是产业经济学中的一个概念，指同一产业或不同产业的企业，以产品为对象，以专业化分工为基础，以投入产出为纽带，以价值增值为导向，以满足用户需求为目标，依据特定的协作关系和时空布局形成上下关联的动态的链群式组织。

简言之，产业链是以行业龙头骨干企业为主，整合上下游行业资源而在特定区域形成的产业链条。产业链与专业集群的成功对接，可以实现专业人才培养与产业人才需求的契合。[②] 沿着产业集群的产业链走向，可以形成为集群企业提供人才和技术支持的具有特定衔接关系的专业链，形成专业间的集群模式。这种专业链与产业链之间的内在联系是选择若干群内相关专业的逻辑起点。[③]

所谓学科—专业—产业链是指，与一定产业链中诸多产业环节相对应的一系列的学科与专业之间形成的相互关系，即以一定产业链为依托，以服务一定产业链为目的，进而形成的一系列相关学科、专业与产业链之间的相互作用或相互联系的一种联合体。[④] 学科—专业—产业链的形成不是高校与企业、行业、产业的随机组合抑或自发结合，而应是

[①] 王建华：《高等教育的应用性》，《教育研究》2013 年第 4 期。
[②] 张辉：《产教融合的方法学研究：机理与逻辑》，《中国职业技术教育》2019 年第 31 期。
[③] 单以才：《适应我国工业机器人产业发展的高职专业集群建设研究》，《职业教育研究》2017 年第 11 期。
[④] 胡赤弟：《论区域高等教育中学科—专业—产业链的构建》，《教育研究》2009 年第 6 期。

政府、高校、行业、企业等多个利益相关者在共赢的基础上开展的密切合作。在具体的实践过程中应该立足学科、专业与产业，建立产业需求的引导机制；立足教学、科研与服务，构建立体化人才培养体系；立足学校、企业和社会，构建利益相关者共同体[1]；立足学生发展、产业发展、社会发展，构建耦合共生机制；立足当下、继承历史和着眼未来，构建可持续发展的长效机制。

第二节　专业集群：专业结构调整的战略选择

一　专业结构与专业集群密切关联

作为高等学校人才培养的重要组织形式，专业设置及专业结构宏观层面反映了一定历史时期社会经济发展对高等教育人才培养的各方面要求[2]，结构性失业问题折射出高校专业结构与社会经济结构错位对接。当前高等教育发展核心的问题就是优化结构的问题，在调整结构的基础上提高质量。[3]

专业结构既可以是国家、地区高等教育专业的宏观布局，也可以是高校内部微观专业结构形态。不仅体现在专业设置的数量、配置比例、专业口径及专业布局等外在的总体结构，也涵盖专业目标、人才培养模式、课程教材、师资队伍等专业内在各建设要素之间的组合方式。

专业结构是应用型院校专业集群建设的重要前提与基础，专业结构调整是应用型院校转型发展的重要内容与路径。专业集群是高校现代治理体系中的一种新的专业结构形态，开展专业集群建设是应用型院校调整专业结构、加强专业建设的战略选择。专业集群建设必然引发现有专业结构的解构与重构。[4] 专业结构调整必须确立专业集群的战略思维，

---

[1] 胡赤弟：《论区域高等教育中学科—专业—产业链的构建》，《教育研究》2009 年第 6 期。
[2] 杜才平：《地方性高校专业结构调整研究——以台州学院为例》，知识产权出版社 2010 年版，第 32 页。
[3] 陈锋：《实施"大舰战略"加快建设学科专业集群超级平台》，《中国高等教育》2016 年第 23 期。
[4] 张栋科、闫广芬：《高职专业群建设：政策、框架与展望》，《职业技术教育》2017 年第 28 期。

以专业结构调整作为对专业集群进行顶层设计的切入点。

专业结构与区域经济社会发展、产业革命、技术革命与社会变革密切关联。产业结构变化是专业结构调整的重要决定因素，专业结构又通过人才培养数量和质量影响产业结构发展，两者辩证统一。提高应用型院校专业结构与服务区域产业结构的适切度，有利于引导应用型院校的专业设置和调整，形成与自身实际发展阶段、区域产业结构相符合的应用型专业结构。

近年来，我国正在积极推进动力转换、方式转变、结构调整的系列战略举措寻求社会经济发展新增长。"中国制造2025"以互联为核心推进信息化与工业化深度融合，促进制造业在内的整个产业体系转型升级，产业结构深刻调整带来社会人才需求结构变化，进而要求应用型院校专业结构作出顺应性改变；"创新驱动发展战略"不仅要求高等教育服务国家、区域、行业重大需求提升原始创新的生成和转化能力，更需要应用型院校专业结构的内涵突出人才培养的创新精神、创新意识、创造能力、实践能力，实施面向全体学生的创新创业教育，融通专业教育与创业教育；"一带一路"要求应用型院校加快实施高等教育国际化，在专业结构内涵上确立创新性、国际化、应用型人才的培养目标，提升专业建设人才培养国际化水平，并实施国际实质等效的质量评价标准。

二 应用型院校专业结构的主要问题

（一）专业设置的基本特点

为论述方便起见，此部分的研究以我们对江苏省新建本科院校调研为据进行阐述。江苏于1996年启动高等教育大众化进程，比全国提前3年。[①] 据教育部网站数据，江苏省共有162所高等学校，其中本科院校52所（不含独立学院）。[②] 1996年以来新建本科院校19所，占全省本科院校的36.5%。剔除2000年以后升本的6所院校（本科办学历史相对较短，专业结构仍处于规模扩张阶段）和1所公安类本科学校

---

① 龚放、范利群：《高等教育改革"中层突破"的成功尝试——1996年江苏高等教育率先扩大招生的政策分析》，《江苏高教》2013年第4期。

② 教育部：《2015年全国高等学校名单》，http：//www.moe.edu.cn/publicfiles/business/htminies/moe/ moe_ 229/201505/187754. html，2015年5月21日。

（江苏警官学院），本书以本科办学历史已超过 10 年的 12 所新建本科院校为样本：盐城工学院、淮阴师范学院、盐城师范学院、淮阴工学院、常州工学院、南京晓庄学院、南京工程学院、三江学院、宿迁学院、常熟理工学院、金陵科技学院、徐州工程学院。本书从学科门类、专业类、专业（种）、专业布点四个维度，分析江苏省新建本科院校专业设置现状，调研显示呈现以下三个方面的特点。

一是学科、专业类覆盖面较广。12 所样本高校专业学科门类比较齐全，多科性专业结构布局已经形成，覆盖农学、工学、理学、历史学学科门类的高校分别有 5 所、2 所、2 所、3 所，平均学科数为 7.75。从专业类层面看，除无布点的哲学、医学外，其余学科专业类覆盖率均超过 50%，教育学、文学、历史学专业类均 100% 覆盖，农学专业类也达到 57%。

二是专业种数相对较少，布点数较多。12 所本科院校共设置 172 种本科专业（总专业目录 506 种，占比 34%），其中基本目录专业 149 种（总专业目录中基本专业 352 种，占比 42.3%），特设专业 23 种（总专业目录中特设目录 154 种，占比 14.9%）。学科内专业种数覆盖率最高的是艺术学科，有 18 种，占目录艺术学专业种数的 55%；最低的是法学，占比 13%。

三是冷热专业明显。从学科专业平均布点数看，其整体反映学科内专业设置的冷热程度，管理学（4.8）、艺术学（4.3）、教育学（4.1）占据前 3 位，农学（2.2）、法学（3.0）位于后 2 位。从单个专业布点情况看，共有 23 种专业布点数 8 个以上、广泛度在 67% 以上（专业设置广泛度指该专业在样本院校设置的百分比）的热门专业，总计布点 221 个，占据 12 所本科院校所有布点数的 32.3%（专业种数仅占 13.4%）。其中，工学学科专业 11 种、管理学学科专业 5 种、艺术学学科专业 3 种、文学学科专业 3 种、经济学学科专业 1 种。农学学科专业相对冷门，专业目录中 27 种专业设置了 6 种，仅 13 个布点，且集中在园林（5）和园艺（3）两种专业。从发展势头看，这些热门专业近 5 年内保持着强劲的势头，共计新增 43 个布点，个别专业开设广泛度已达 100%，如计算机科学与技术、软件工程、市场营销、财务管理、英语。

（二）专业设置与专业结构存在的问题

首先，专业设置贪大求全，缺乏错位发展意识。

新建本科院校升本后沿袭传统本科的惯性发展思维，追求学科设置齐全，讲究专业跨多少个学科，要办成多科性综合性院校，却往往因此失去了原有的特色和学科优势。师范学院开设理工类专业，工学院开设管理、经济类专业。12所院校均开设工学、管理学、艺术学类专业，有5所高校专业学科覆盖数达到9个。部分专业设置重复度高，趋同现象明显。连续追踪第三方机构麦可思2011年至2015年发布的《中国大学生就业报告》，统计其中红牌、黄牌专业出现的次数，专业布点数较高的计算机科学与技术（1红1黄）、英语（3红2黄）、汉语言文学（3黄）、国际经济与贸易（2红2黄）这四个专业都赫然在列。另外需引起注意的是艺术学学科中的视觉传达设计、环境设计、产品设计，文学学科中的秘书学专业均是2012版目录中新出现的本科专业。这些专业如果不加以引导特色发展，很有可能像当初的计算机科学与技术、英语、国际经济与贸易等"热门"专业一样沦为"鸡肋"。专业设置雷同导致教育资源低水平重复建设，毕业生供需失衡，造成结构性就业矛盾。

其次，专业集合度、整合优化度以及与新兴产业耦合度不高。

专业结构与产业结构不够协调的主要表现是专业集合度、专业整合优化度以及与新兴产业耦合度不高。《江苏省中长期教育改革和发展规划纲要（2010—2020年）》提出，"大力扶持优势明显、特色鲜明的专业，积极培育急需的新兴专业，强化与战略性新兴产业紧密相关的学科专业建设，重点加强电子信息、新能源、新材料、新医药、环保、软件、物联网等领域的人才培养"[①]。近几年，江苏省新建本科院校战略性新兴产业相关专业快速增长，但各产业相关专业布点呈现出不均衡性，少数专业扎堆设置与部分专业布点空白并存。电子信息类（37）专业尽管布点较多，但是集中于电子信息工程（10）、通信工程（8）、电子科学技术（6）、光电信息科学与工程（5）等目录内基本专业，微电子科学与工程（1）仅三江学院一个布点，10种特设专业仅有电子信

---

① 江苏省委、省政府：《江苏省中长期教育改革和发展规划纲要（2010—2020年）》，《新华日报》2010年9月6日，第A4—A6版。

息科学与技术（4）一种专业；能源动力类（8）专业中集中于近五年内新设置的新能源科学与工程（6），特设专业能源与环境系统工程（0）无布点；材料类（26）专业集中于金属材料工程（5）、材料科学与工程（6）、高分子材料与工程（4）、复合材料与工程（3）等传统的目录内基本专业，特设专业中新能源材料与器件（1）仅盐城工学院一个布点，纳米材料与技术（0）等无布点；新医药产业相关专业仅有制药工程（3）、生物制药（2），药学类、中药学类专业均无布点；环保产业相关专业以环境科学与工程类（10）专业和艺术学中的环境设计（11）专业为主，资源循环科学与工程（0）、农业建筑环境与能源工程（0）、能源与环境系统工程（0）等无布点；软件、物联网产业相关的软件工程（12）、物联网工程（7）布点迅猛，六年内两者共计新设置13个布点。

最后，专业散点布局，缺乏专业集群发展的战略思维。

不同于学科知识创新角度构建专业集群的研究型大学，按照岗位工艺流程构建专业链的职业院校、新建本科院校往往缺少从专业集群视角谋划校内专业结构布局，使其"相互支撑、相互促进、资源共享、集聚成群"[1]。二级管理体制下新建本科院校内部院系存在攀比竞争、抢占热门专业的情况，本应交叉互生的专业集群中的部分热门专业分属不同学院。笔者统计江苏新建本科院校中目前"热门"经济学科专业分布情况，其中有2所本科院校的经济学科专业分属两个以上二级学院；同时，学院内部专业间关联度小，完全处于并行结构，比如，某校二级学院的专业设置横跨8个专业类。不利于专业建设和学科管理，造成学校整体师资、实验实训平台等教学资源的共享和整合困难，办学效益低下。

三 应用型院校专业结构调整机制

（一）构建适应产业结构变化的政校联动、动态调整专业机制

高校专业结构受到区域经济社会发展制约。产业结构的发展变化对产业专门人才提出相应要求，必然引起高校内部专业结构的变化和调

---

[1] 董立平：《应用型院校转型发展与建设应用技术大学》，《教育研究》2014年第8期。

整。高等学校是人才培养的主阵地,与产业结构不相适应的高校专业结构的弊端会在毕业生就业市场充分显露,失去办学活力。[①]

首先,构建区域产业人才需求预测、本科专业预警机制。高等教育、人力资源、经济与信息、发展改革等政府主管部门协同参与,根据区域社会经济发展总目标、人才资源的现实状况、人才市场的供需状况等,加强社会各产业、行业的人才需求预测;实施区域本科专业布局年度报告制度,向社会公开区域本科高校专业设置情况,根据各专业布点数、在校生规模、就业率、毕业生就业反馈等信息结合产业人才需求,明确优先发展、限制发展和淘汰发展的"绿、黄、红"牌专业。

其次,实施宏观调控,引导高校突出产业特色错位发展。结合专业预警分析,高等教育主管部门通过开展院校评估、专业评估、专业备案审批等手段加强宏观调控,引导高校突出地方性的服务面向,主动加强与地方行业企业的联系,及时准确掌握产业结构以及引起的劳动力需求结构的变化趋势。结合地方经济结构增设支柱产业、战略性新兴产业相关专业,控制布点较多、在校生规模较大、就业率低的专业。

最后,坚持应用型定位,调整校内专业结构。通过调整招生专业及招生数量,转换专业培养方向等方式进行校内专业结构调整,形成面向区域的应用技术型专业为主的校内专业结构体系,增强为区域经济社会发展服务的能力。

(二)构建适应区域产业链发展需求的新专业增设机制

根据区域社会经济发展的总体趋势、产业结构调整与转型的需要,依据产业集群规划建设相应专业集群,促进专业集群与区域产业体系的良性互动。在认真分析研究学校专业结构的基础上,根据所服务区域产业链对人才培养的需求,按照集群发展的思维,通过"新增、改造、合并、淘汰"等方法,申报增设新专业,逐步调整专业结构布局,不断加强专业之间的关联等,使专业集群布局体现面向区域、契合定位、发展特色、优化结构的思路,使之与区域经济发展及产业结构调整相适应,构建特色优势专业与区域支柱产业深度对接的专业集群。

---

① 于洪霞:《毕业生就业情况与高校专业调整——基于教育的经济价值与社会价值的分析》,《高等教育研究》2010年第12期。

四　应用型院校专业结构调整策略

（一）以专业集群破解高等教育专业结构性矛盾

进入"十三五"发展新时期，结构调整成为质量提升主题下我国高等教育新的历史特征。结构指组成系统的各要素及要素间相互关系，专业结构作为高等教育结构宏观分类形式之一与特定历史时期社会政治、经济、科技、文化、人口等诸多外部因素相互联系。经济层面，当经济产业结构发生重大调整时，产业人才需求结构随即改变。在开放竞争状态下，通过市场对人力资源重新配置，社会就业结构重新布局。就业结构的变化必然要求高素质人力资源重要供给的高等教育重新调适人才培养结构，并通过专业结构调整具体显现。

社会经济产业结构对高等教育专业结构有决定性作用，同时专业结构又反作用于区域经济社会发展。当前我国高校就业市场供给与需求的专业结构性矛盾突出：部分经济社会发展急需的新兴专业产能不足与部分同质化严重的传统专业供给过剩共现，劳动力现有知识技术水平不能适应经济结构变化而产生的新工作岗位的需要。大学生结构性就业问题背后蕴含着高等教育人才培养的专业结构性矛盾，社会人力资源供需双方就人才培养的结构与质量存在偏差，一方面，高等教育专业结构与社会经济产业结构不相适应，专业结构调整滞后于产业结构巨变生成外部结构性矛盾；另一方面，高等教育前期规模快速扩张，专业内涵建设不足，发展过程中积累大量"尚未消化"的内部结构性矛盾。人才培养的专业结构性矛盾正成为影响我国社会经济产业结构转型升级和高等教育事业健康发展的重要问题，专业集群发展是当前我国高等教育人才培养结构改革的战略选择，也是应用型院校专业结构调整的战略选择。预计应用型院校转型发展与专业结构调整的理论研究与应用研究将从局限于关注高校自身专业设置与结构调整，转向并聚焦国家和区域经济社会发展战略、区域行业产业结构与专业结构的相互影响、专业结构与新业态新技术新变革的关联、产业（行业）学科专业课程建设一体化，等等。

（二）以专业集群应对高等教育发展的新变化新要求

一是顺应普及化带来的新变化成为专业结构调整的关注点。我国进入高等教育普及化阶段，普通教育将融入终身学习体系，普及化高等教育的学生构成更加多元、复杂，包含不同年龄、不同知识储备、不同学习方式的普通高中毕业生、职业教育毕业生及在岗工人等。生源的多样性和民众对高等教育的个性化需求要求高等教育专业结构更加多元、灵活，其专业课程结构和授课方式更具多样化。作为高等教育普及化阶段人才培养的主力军，应用型院校要基于生源多样性及民众对高等教育的个性化需求以及教育部规定进行专业设置或进行专业结构调整，普及化背景下应用型院校专业结构内涵和应用型人才培养质量提升，将成为今后实践与研究的重要课题。

二是推进高质量发展成为专业结构调整的对标点。高质量发展是当下和今后很长时间内我国高等教育发展的追求。对应用型院校来说，推进高质量发展首当其冲是要紧密对接区域产业集群、产业链体系，调整优化专业结构。构建契合国家、区域经济社会发展与产业结构，适应服务区域社会对人才类型、规格、知识、能力、素质等要求和符合学生成长与发展需求的专业结构体系。双一流建设、教学评估、专业认证等都指向专业结构这一关键问题，也都对标高质量发展目标。如，《关于加快建设高水平本科教育全面提高人才培养能力的意见》（新时代高教40条）第22条"动态调整专业结构"中，明确指出要"深化高校本科专业供给侧改革，建立健全专业动态调整机制，做好存量升级、增量优化、余量消减。主动布局集成电路、人工智能、云计算、大数据、网络空间安全、养老护理、儿科等战略性新兴产业发展和民生急需相关学科专业。推动各地、各行业、各部门完善人才需求预测预警机制，推动高校形成就业与招生计划、人才培养的联动机制"。

（三）以专业集群构建与优化专业结构体系

一方面，"专业为王"时代已经来临，高校专业建设的警钟已经敲响，以"专业+学校"的高校招生并轨改革催逼高校专业结构优化，以专业质量为核心的内涵建设成为应用型院校建设的重中之重。应用型院校促进教育资源向优势专业集聚，以集群思维整体布局专业结构体系，这成为高校新时期专业内涵建设的首要任务。另一方面，服务区域经济产业发展是应用型院校专业结构布局、调整与优化的主要考量因素之一，专业集群正好回应了应用型院校专业结构布局、调整与优化的需求，就是强化专业间联系，实现要素聚集和资源共享，发挥集聚效应，达成专业集群建设的价值向度。即专业集群可以更好地对接地方经济社会发展，提升服务地方支撑度；专业集群可以更好地促进学生成长成才，提升人才培养契合度；专业集群可以更好促进学校集约发展，提升资源配置的有效度；专业集群可以更好彰显学校特色优势，提升品牌影响的美誉度。

在专业结构形态上，针对服务区域产业集群结构形态和劳动力需求特点，打破专业间的单打独斗，根据产业链条岗位需求，组建相互关联、有机聚合的专业集群，实现专业设置与产业集群对接，形成紧密对接产业链、创新链的专业体系；在人才培养体系上，应对现代产业集群跨领域技术交叉融合与产业链环节高度关联的特点，要求增强人才培养的复合性和对产品全生命周期的关注，不断提升人才培养对产业需求的针对性；在人才培养模式上，要求以各方共同利益为基础建立"人才培养共同体"，形成政校行企合作培养人才的长效深度合作机制，人才培养与产业技术进步紧密融合，实现区域内高等教育与产业集群协同发展。

（四）以专业集群促进人才培养结构调整与转型

专业集群发展是应用型院校转型发展的重要突破口，转型发展的实质是高等教育供给侧改革，最终是为了更好地为地方经济社会发展服务。

首先，从人才培养基本职能看，人才培养是高等学校的第一要务，当前"人才培养结构与质量不适应经济结构调整和产业升级要求"是国家实施应用型院校转型发展战略的重要缘由，人才培养类型的转变是应用型转变的根本。高校人才培养结构通过专业结构具体显现，某种程度上，高校专业结构的外延和内涵也直接映射着人才培养结构的质量诉求。构建符合地方社会经济发展需要的应用型专业结构是应用型院校转型发展的首要任务。

其次，从转型发展基本路径看，产教融合、校企合作、集群发展是应用型院校的基本战略。产教融合与集群发展的关键是产教、科教等方面密切协同，互利共赢。对于行业企业而言，通过校企合作供给更符合需求的人力资源及产业技术创新，形成价值增长是其基本现实考量。因此，提升高校自身的服务能力，为行业企业形成更多的价值创造成为构建产教融合、校企合作、集群发展长效机制的必由之路。产教融合要求转型发展高校的学科专业发展方式按照集群发展的战略和思路，从原本规模增长的"全而弱"转变为结构提升的"精而强"，聚焦到某几个主要的核心领域（创新链和产业链具体环节），在有限的教育资源下形成优势资源集聚效应，这既是区域经济结构调整、产业技术创新对高素质应用人才需求的外在要求，也是应用型院校提升学科专业价值创造和服务创新能力，形成自身特色发展的内在需求。

作为高校现代治理体系中专业结构的一种组织形式，专业集群适切回应了应用型院校转型发展的类型定位和转型路径的基本要求，集中体现了竞争日益激烈的高教生态下提高资源利用效率，增强服务区域经济和产业集群的发展能力的应用型院校专业建设策略，成为应用型院校转型发展的必然选择。

第三节　产业集群与专业集群的相互影响

一　集群发展与产业集群

集群发展是指大量专业化的企业及相关机构在一定地域范围内的集聚，形成产业链条各环节的既独立自主又彼此依赖、既有专业分工又相互协作的发展方式。集群发展有两个基本特征，一是集聚性，即一定数量的组织或机构及各种资源要素在一定空间地域的聚集，形成如产业园区、专业市场、大学城等发展形态；二是协同性，即集群内的各个组织或机构既相互依赖、相互合作，又相互竞争，注重集群内的资源配置的优化和最大化效益，以形成集群发展的竞争优势。

集群理论在经济领域的典型应用就是产业集群。迈克尔·波特提出："产业集群（Industrial Cluster）是由与某一产业领域相关的、相互之间具有密切联系的企业及其他相应机构组成的有机整体，是基于地缘、技术、价值链、同业交往等关系在特定领域形成的产业群体。"产业集群是一个共生体，有巨大团体创新能力和市场竞争力，在经济全球化背景下占据着全球越来越大的市场，被认为是产业质量较高、竞争力较强的标志。

产业集群的形成可以使群内企业享用共同的基础设施，产业分工更细、更专业，相互之间的交易更方便，合作更有效，信息和技术传递更快捷，更便于激发新思想和新方法等。

产业集群的类型一般可分为：①生产型产业集群，②纵向的产业集群与横向的产业集群，③创新型产业集群与传统型产业集群，④商业业态集群，⑤产销混合型产业集群。

产业集群是经济社会发展到较高级阶段的产物，发育成熟的产业集群具有以下特征：一是"群"特征，即相关产业的企业在特定地理区域内相对聚集；二是"链"结构，即以一个或几个企业为龙头，聚集了一批分工明确、在业务上具有上下游关系的供应商、制造商和销售商，形成了完整的产业链条和极强的配套能力；三是"网络"形态，即除主体的企业之外，还包括政府、大学和科研院所、金融、科技服务中介等能够提供政策、研究与技术、资金、信息支持的相关机构或组织，与主体集群企业形成相互交织的网络关系，并形成能够满足各种公共服务需求的公共服务平台和一系列集群共享的规则、程序和制度；四是依靠创新，创新是产业集群发展的根本动力。

二 产业集群对专业集群的影响

产业集群是专业集群的外部生态。专业集群是教育与经济深度融合后产生的现象，需要对应并契合区域产业集群的发展。专业集群的布局、建设、发展与优化，主要受到产业集群的影响。其影响表现在几个方面：一是如果没有专业集群对应于某个产业集群的产业链，将通过专业布局的调整、新增专业及专业集群的新设来弥补；二是对于产业集群中某个产业链如果有过多的专业来适应，这些专业中的一部分将会被淘汰，因为市场容纳不了那么多的人才；三是专业集群如果培养的人才与产业集群所需要的人才有偏差，专业将通过自我调整人才培养方案、改革人才培养模式与教学方式方法等形式，来主动适应产业集群的需要。因此，这一过程可用适应、竞争、淘汰、匹配、新生予以概括。[①]

以桂林旅游学院为例，该校按旅游产业发展和旅游市场需要重组人

[①] 李忠华、李新生：《基于系统动力学的产业集群与专业集群耦合发展》，《中国职业技术教育》2019 年第 8 期。

才培养结构和流程，努力构建紧密对接旅游产业链、创新链的学科专业体系，初步形成旅游管理、酒店管理、会展经济与管理、工艺美术、旅游外语、旅游交通、旅游演艺等七个特色专业集群，设置本科、专科专业41个，涵盖了旅游"吃、住、行、游、购、娱"六大传统要素。在经济新常态下，旅游要素不断拓宽，产生了"商、养、学、闲、情、奇"等新六要素，孕育催生了一大批知识密集型、技术密集型的旅游新业态、新企业。学校适应新变化积极向外拓展与旅游业相关的新要素，围绕"互联网+""旅游+"，深入旅游行业、企业调研，与企业共同研究调整传统专业，开发休闲服务与管理、高铁乘务与管理、国际邮轮、养生等新兴专业。当前和今后一个时期，学校将集中力量办好旅游管理、酒店管理、会展经济与管理、旅游工艺、旅游英语、旅游演艺等广西和全国旅游业急需、优势突出、特色鲜明的旅游类专业。

又如，许昌学院主动对接地方产业，按照"融入产业、集群发展"的指导思想，2017年启动了专业集群建设工作，确定了与许昌市首席产业链、优势产业链和新兴产业链等对接的4个首批重点建设专业集群和4个后续培育的"4+4"专业集群，即电力装备与制造、信息技术、食品医药与健康、商务服务4个重点建设专业集群，土建园林、新能源与材料、文化创意、教师教育4个后续培育专业集群，初步建立了适应专业集群发展的运行机制，使一批初具特色的核心专业渐露头角。其中电力装备与制造专业集群主要对接许昌市电力装备、先进制造等行业，信息技术专业集群主要对接河南省大数据产业和许昌市工业机器人、信息技术等产业，食品医药与健康专业集群主要对接食品与冷链、生物医药、生态健康养老基地等产业，商务服务主要对接河南省航空经济、服务与会展以及许昌市现代物流、文化旅游、金融等产业。未来两年，许昌学院将围绕上述8个专业集群，结合教育部"六卓越一拔尖2.0"相关文件要求，以新工科、新文科、新医科等为重点，谋划开展卓越工程师、卓越法治人才、卓越新闻人才等项目，探索卓越人才培养新模式，系统推进教学组织模式、学科专业结构、人才培养机制等方面的综合改革。

专业建设要紧密对接产业，与产业结构相适应，为区域产业培养应用型人才。以服务产业集群为目标，应用型院校应逐步完善专业随产业发展动态调整的机制，研究和把握产业结构的调整态势和发展方向，紧密围绕区域支柱产业和优势产业，培育与产业集群建设需求相适应的优势专业集群，以提高专业的对接适应需求能力与技术协同创新能力。以 2016 年 12 月发布的《制造业人才发展规划指南》为例，该文件指出推进制造业人才供给结构改革，要求促进学科专业设置与产业发展同步，建立学科专业动态调整机制，围绕产业链、创新链调整专业设置，强化行业特色学科专业建设。可以说，区域产业集群发展催生了高校专业集群建设，产业集群的链状结构催生了高等教育的链式服务，进而影响着高等教育的学科专业布局和科研组织结构。这种链式结构和多学科、专业需求，使行业企业的技术攻关，不仅需要高校内部突破原有的单一学科、单一专业、单个项目的单打独斗现象，建立跨学科、跨专业的交叉融合机制，培育形成与产业链紧密结合的学科专业集群，更需要所在同一城市的多所应用型院校之间紧密配合，形成大跨度的学科汇聚和专业协同，形成交叉优势和群体优势。

三　专业集群对产业集群的影响

产业发展对人才需求和高校专业布局优化提出了新的要求，产业集群呼唤并催生专业集群。同时，高校专业集群也会反作用于区域产业集群。

产业集群与专业集群的互动，可以从下面两个方面来理解：一是专业集群使得人才聚集，为产业集群打下坚实基础；二是人才的聚集可以使产业集群不断发展，带来越来越多的工作机会，从而带来崭新的专业集群内涵建设。基于地域特色的产业集群所构建的专业集群一旦充分发挥集群效应，就能够在人才供给、技术服务和产业转型升级的超前引导等方面反哺产业集群，有力地促进与驱动产业集群的进一步发展成长。当然，专业集群并不只是亦步亦趋地追随区域产业经济的发展。从某种角度而言，专业集群的适度超前发展可以对区域产业经济的发展起到引领作用，有效地促进产业的转型升级。如，浙江国际海运职业技术学院在船舶工程专业集群建设过程中，基于对船舶产业发展趋势的预测，整合既有教育资源，及时新设了代表产业发展新趋势的海洋工程装备等专业，为船舶企业由修、造船向技术含量更高的海洋工程装备这一产业链条前端上溯拓展时提供人才支持和技术服务，以促进船舶产业的转型升级。①

应用型院校专业设置与产业发展相互支撑，专业因产业需求而建，产业因专业人才而兴，服务产业经济发展始终是其专业设置定位、构建特色专业的价值追求。专业以集群方式对接产业集群，可以更加有针对性地服务于产业链上的各个环节，从产品研发、工艺革新、技术升级等全链条为产业发展提供应用支持和人才支撑。②

专业集群可以促进产业集群的转型和创新③，主要体现在以下三个方面。

首先，专业集群的发展能够增加产业集群的竞争优势。人力资源的集聚发展给产业集群和专业集群的融合发展提供了动力基础，人才集聚是专业集群与产业集群建立关联、互动的重要纽结，人才集结是由专业集群产生，促进产业集群的创新效应④。一方面，专业集群带来了大量的、各个方面的人才，可以使产业集群中企业的人力资源成本大大降低，经济效益得到提高；另一方面，专业集群中人才集聚的同时也会出现人才相互竞争发展的现象，人才的竞争性发展也必然带来产业集群相关企业竞争能力的迅速提高，进而带动产业集群持续发展。

其次，专业集群的出现可以间接提高企业经济效益。一是专业集群的出现使人才聚集在一起，方便企业寻找自己所需要的人才；二是在专业集群的推动下，各种资源得到最大限度的利用，许多理念、创意、新技术、产品层出不穷，能够保证企业经营和管理的稳定发展，不断提高企业效益；三是专业集群下人才的聚集，有利于各种技术和知识的利用，从而使企业的竞争优势得到提高。⑤

最后，专业集群可以促进人才素质提升。通过实现专业、技术的融合，促进人才不断提高自身的综合能力和创新能力，以在竞争中保持优

---

① 孙峰：《专业群与产业集群协同视角下的高职院校专业群设置研究》，《高等教育研究》2014年第7期。
② 聂强：《专业群引领下的"双高计划"学校建设策略》，《教育与职业》2019年第13期。
③ 聂强：《专业群引领下的"双高计划"学校建设策略》，《教育与职业》2019年第13期。
④ 李忠华、李新生：《基于系统动力学的产业集群与专业集群耦合发展》，《中国职业技术教育》2019年第8期。
⑤ 陈锋：《实施"大舰战略"：加快建设学科专业集群超级平台》，《中国高等教育》2016年第23期。

势，进而有利于调整产业结构，推动产业向技术和知识方向发展。

第四节 产业集群与专业集群的耦合发展

一 产业集群与专业集群耦合发展的演变

（一）"一头热"时期

为贯彻落实《国务院关于大力发展职业教育的决定》精神，提高高等职业教育质量，2006年，教育部、财政部颁发《关于实施国家示范性高等职业院校建设计划加快高等职业教育改革与发展的意见》（以下简称《意见》）。《意见》中明确提出"坚持'以服务为宗旨，以就业为导向，走产学研结合的发展道路'的办学方针，坚持导向性、协调性、效益性、创新性的原则，中央引导、地方为主、行业企业参与、院校具体实施，重点支持100所国家示范性高等职业院校"；"重点建成500个左右产业覆盖广、办学条件好、产学结合紧密、人才培养质量高的特色专业群"的具体建设任务；"形成500个以重点建设专业为龙头、相关专业为支撑的重点建设专业群，提高示范院校对经济社会发展的服务能力。"[①] 提升高等职业教育自身的整体水平与教学建设、推进教学改革进度以及增强服务社会的能力，则是这一时期"专业群"发展建设的重中之重。由此，高等职业院校开始了专业群建设的探讨，但以劳动密集型产业为主的产业界依然在享受人口红利的巨大便利，企业缺乏成熟的合作意识、企业参与校企合作的动力和能力不足、企业对工学结合的积极性不高，[②] 再加上政府层面法律依据缺乏、宏观调控不力等因素的影响致使企业、行业、产业的参与度不高，而呈现出教育界的"一头热"。

（二）国家层面的推动时期

2014年，国务院发布《关于加快发展现代职业教育的决定》，强调"推进专业设置、专业课程内容与职业标准相衔接"，"深化产教融合、校企合作、工学结合，推动专业设置与产业需求对接、课程内容与职业

[①]《教育部财政部关于实施国家示范性高等职业院校建设计划加快高等职业教育改革与发展的意见》，http://www.moe.gov.cn/s78/A07/zcs_left/moe_737/gzjy_qt/201001/t20100129_109734.html，2016年11月3日。

[②] 丁金昌、童卫军：《关于高职教育推进"校企合作、工学结合"的再认识》，《高等教育研究》2008年第6期。

标准对接、教学过程与生产过程对接、毕业证书与职业资格证书对接、职业教育与终身学习对接"①；教育部等六部门联合印发《现代职业教育体系建设规划（2014—2020 年）》，提出"根据各主体功能区的定位，推动区域内职业院校科学定位，使每一所职业院校集中力量办好当地经济社会需要的特色优势专业（集群）"。2015 年，教育部出台《关于深化职业教育教学改革全面提高人才培养质量的若干意见》，指出"围绕各类经济带、产业带和产业集群，建设适应需求、特色鲜明、效益显著的专业群"。这一时期的专业群建设，在国家重大战略的推动下，在相关政策的引领下，行业、产业、企业参与校企合作的意愿、积极性、主动性得到了显著提高，教育界的专业群建设突出了"服务需求"的明确导向，强调基于外部需求建设特色优势专业群，引导学校科学定位。由此可见，国家宏观政策引导有力推动了高职专业群的建设与发展。2015 年 10 月，教育部、国家发展改革委员会、财政部印发了《关于引导部分地方普通本科高校向应用型转变的指导意见》，提出转型发展的主要任务之一是"按需重组人才培养结构和流程，围绕产业链、创新链调整专业设置，形成特色专业集群"。自此，"专业集群"这一概念被正式提出，其作为地方高校转型发展的重要突破口成为共识。

（三）新时代的融合发展

2017 年 10 月 18 日，习近平总书记在十九大报告中指出"经过长期努力，中国特色社会主义进入了新时代，这是我国发展新的历史方位"，"深化产教融合、校企合作"。②十九大报告是新时代我国各项事业推进的行动指南，是各领域建设的精神纲要。十九大以来，教育部提及"深化产教融合、校企合作"的各类公开文件、政策法规达 69 项，超过以往任何一个时期。《国务院办公厅关于深化产教融合的若干意见》中指出，"深化产教融合，促进教育链、人才链与产业链、创新链有机衔接，是当前推进人力资源供给侧结构性改革的迫切要求，对新形势下全面提高教育质量、扩大就业创业、推进经济转型升级、培育经济发展新动能具有重要意义"。"深化职业教育、高等教育等改革，发挥

---

① 《国务院关于加快发展现代职业教育的决定》，《辽宁省人民政府公报》2014 年第 13 期。
② 《中国共产党第十九次全国代表大会文件汇编》，人民出版社 2017 年版，第 837 页。

企业重要主体作用,促进人才培养供给侧和产业需求侧结构要素全方位融合","促进教育和产业联动发展,推动学科专业建设与产业转型升级相适应,建立紧密对接产业链、创新链的学科专业体系"[①]。《国务院办公厅关于深化产教融合的若干意见》的出台,可以看到产教融合不再仅仅是教育界和产业界的双重互动,而是国家多部委、多领域、多主体共同参与的协同式互动,既有中央政府的高度重视,亦有各级政府的积极响应;既有政府机构的责任担当,亦有企业重要主体作用的凸显;既有工作任务的部署,亦有相关政策的支持与保障,这无不彰显了教育与产业的紧密联系以及产教融合的重要性。2019年9月国家发展改革委、教育部等六部门印发《国家产教融合建设试点实施方案》指出,"深化产教融合,促进教育链、人才链与产业链、创新链有机衔接,是推动教育优先发展、人才引领发展、产业创新发展、经济高质量发展相互贯通、相互协同、相互促进的战略性举措","促进教育和产业体系人才、智力、技术、资本、管理等资源要素集聚融合、优势互补,打造支撑高质量发展的新引擎","健全需求导向的人才培养结构动态调整机制,建立紧密对接产业链、服务创新链的学科专业体系"[②]。时代乃思想之母,实践是理论之源,新时代背景下我国社会发展、教育实践发生了深刻变革,产教关系也发生了巨大转变,由过去的校企合作、产学研结合,到全方位的产教融合,再到产教深度融合。人才培养供给侧和产业需求侧结构要素全方位的融合与发展即为产教融合的实质,当前高等教育人才培养主要依托的是专业体系和学科体系,专业是高等教育联系产业经济最主要的渠道和纽带,也是高等教育发展的核心。因此,产教融合在一定层面上就是专业集群和产业群的深度融合与对接。一所院校单一的专业的开设与发展往往无法应对变动不居的产业结构的调整及人才规格的变化,于是专业集群与专业集群便应运而生。教育界专业集群概念的提出和构建是产业集群理论应用于高等教育的延伸。[③] 专业集

---

① 《国务院办公厅关于深化产教融合的若干意见》,http://www.gov.cn/zhengce/content/2017-12/19/content_5248564.htm,2017年12月19日。
② 《关于印发国家产教融合建设试点实施方案的通知》(发改社会〔2019〕1558号),http://zfxxgk.ndrc.gov.cn/web/iteminfo.jsp?id=16431。
③ 李忠华、张翠莲:《专业集群与产业集群耦合途径研究》,《广东职业技术教育与研究》2019年第4期。

群产生、优化和发展的逻辑起点在于产业集群的发展，其与专业集群的融合发展既是时代的要求，也是二者科学发展的内在必然。

二 产业集群与专业集群耦合发展的意蕴

（一）集群的意涵

"集群"（Cluster）尽管作为代表一种新型的产业组织形态的专业术语在 1990 年由有"竞争战略之父"之称的迈克尔·波特（Michael E. Porter）首次提出，但正如其所述："'产业集群'很难说是一种新事物，近代英国最著名的经济学家阿尔弗雷德·马歇尔（Alfred Marshall）早在 100 多年前就提到'在特别的地方，专业化的产业集群。'"[1] 迈克尔·波特指出："一国的生产率和竞争力要求专业化。在《国家竞争优势》一书中，我引入了'集群'的概念，集群即指在某一特定区域下的一个特别领域，存在着一群相互关联的公司、供应商，关联产业和专门化的制度和协会。"[2] 集群的概念最初起源于生态学或生物学领域，意指生物界的生物群落现象。20 世纪 90 年代以来，世界范围内的产业格局、城市格局、竞争格局以及社会分工、国际分工、专业分工发生了深刻变革，产业在地理位置上的集中、相关产业的聚集化程度得到前所未有的发展，产业集群已然成为世界范围内经济增长的重要引擎和区域竞争力提升的源泉。

在理论界，集群已然成为经济学领域的一个重要概念，产业集群理论已然成为经济学界一个重要的理论流派。迄今为止，各学科对"产业集群"有着许多不同的称谓，诸如产业集群（industrial cluster）、产业群（cluster of enterprise）、集群或簇群（cluster）、新产业区（new industrial districts）、产业集聚（industrial agglomeration）、产业综合体（industrial complex）、区域创新系统（regional innovative system）等。虽然具体的名称不同，但其含义大同小异，都从不同侧面反映了产业集群的地理特征、产业联系特征、经济外部性特征和社会文化特征。目前，最为认可的、

---

[1] 郑健壮：《基于资源整合理论的制造业集群竞争力研究》，武汉理工大学出版社 2005 年版，第 16 页。

[2] ［美］迈克尔·波特（Michael E. Porter）：《国家竞争优势》，李明轩、邱如美译，华夏出版社 2002 年版，第 2 页。

最有代表性的还是波特（Porter）的定义，他将产业集群界定为：在某一特定领域内相互联系的，在地理位置上集中的公司和机构的集合，包括一批对竞争起重要作用的、相互联系的产业和其他实体。此外许多集群还包括提供专业化培训、教育、信息研究和技术支持的政府和其他机构——例如大学、标准制定机构、智囊团、职业培训提供者和贸易联盟等。[①]

由此可见，集群虽然是经济学中的一个概念，也是产业发展的一个重要模式，但其本身也包括高等教育的支撑，高等教育是产业集群中的重要一环，专业集群建设是产业集群理论在高等教育领域的延伸与拓展，二者属于同根共源的范畴。如果像波特那样把整个国家作为一个集群来讲，产业集群、高等教育领域的专业集群以及其他社会集群，共同构成了国家竞争优势的核心要素。简而言之，所谓集群就是将多个系统有机连接到一起，共同构成一个"生态系统"或者"场"，多个子系统之间耦合发展能够像一个系统那样工作或者看起来好像一个系统，以实现集群的发展优势。组成集群的单个系统则被称为集群的节点，只有每个节点有机衔接方能实现自身优势的最大化。显而易见，集群的核心技术是任务调度，只有调度得当才能实现各个节点的最优整合，而这无疑是国家、政府的责任与使命。国家和政府极力推进产教融合，从国家层面重视专业集群和产业集群的耦合发展就是通过集群技术打造高性能、高可用性、高扩展性、高稳定性等"集群化"发展优势。

（二）专业集群与产业集群的耦合发展

耦合原本属于物理学的概念范畴，是指两个或两个以上的体系、系统、事物或运动方式之间通过各种相互作用而彼此影响以至联合起来的现象，是在各子系统间的良性互动下，相互依赖、相互协调、相互促进的动态关联关系。[②] 推而广之，将这一物理学概念应用于专业集群与产业集群的共生关系，可以把专业集群的不同领域、不同层次、不同结构和产业集群的产业布局、产业结构、产业升级等通过相互关联、相互协调、相互作用而实现有机结合的现象，称为专业集群与产业集群耦合发

[①] 巨荣良、王丙毅：《现代产业经济学》，山东人民出版社2009年版，第272页。

[②] 史宝娟、郑祖婷、张立华等：《京津冀生态产业链的构建及优化研究》，冶金工业出版社2018年版，第119页。

展。专业集群对应产业集群而生，在二者耦合发展的途径上表现为宏观、中观、微观三个层面的不同方式将在下文阐述。

专业集群与产业集群是分属于不同学科领域研究的范畴，专业集群与产业集群在形成路径、主体特征、结构功能、运行机制等方面有明显差异，两者之间最根本区别在于构成集群单位的主体独立性，即大学里的专业并没有企业的主体独立性，不是一个法人单位，它没有企业的主体独立性，因而不能简单将产业集群理论套用到专业集群建设中来。[①] 同时，专业集群与产业集群之间既是如上述一般相互影响、相互关联，又是耦合发展、共生共进的。

第一，集群的目的一致性。产业集群是社会分工和生产力发展的必然结果，是产业经济发展到特定阶段的内在规律；是在特定区域、地理空间中形成的大量企业及相关配套机构基于专业化分工、以群集为特征的一种经济社会现象；是在全球化进程、区域经济发展一体化、市场竞争中不断演进的、有效率的产业组织形态；是区域经济发展的新思维、新模式、新实践，也是一国社会经济发展、国家竞争优势形成的关键影响。产业集群突破了企业和单一产业的边界，打破了各自发展、割裂发展、孤立发展的藩篱。它们更多地着眼于特定区域中抑或全球视野，形成的具有竞争和合作关系生产主体、利益主体的良性互动，是从整体利益出发、大局发展出发充分挖掘各自的优势和专长从而形成整体的竞争优势。许多地方本科高校在专业建设上面临同质化发展的严峻挑战，所培养的毕业生难以满足社会的需求，且自身的专业建设存在专业散、能力弱、体系不合理等诸多问题，因此，高等学校在发展进程中应当强化专业之间的学科关联性，力求形成围绕区域内某一支柱产业与重点行业的专业集群布局，从而形成大学科布局，产生集成优势，增强对共性技术或关键技术以及重大问题的解决能力，地方新建本科院校要"围绕区域产业发展的新趋势新需求，坚持有所为有所不为，以优势专业为龙头，强化建设具有产业、行业背景的专业集群，形成专业集群乃至学科优势"[②]。因此，无论是产业集群，还是专业集群，集群建设的目的是提高整体的竞争优势，二者在目的上具有一致性。

---

① 吴仁华：《应用型本科高校专业集群建设探究》，《高等工程教育研究》2016年第6期。
② 吴仁华：《应用型本科高校专业集群建设探究》，《高等工程教育研究》2016年第6期。

第二，人才培养的互融共生。大学与社会系统本质上是多种形态互为依存的耦合共生系统。[①] 曾经大学作为人才培养与科学研究的精神高地游离于社会系统之外而自成体系，是以学术性为本质属性的人才培养机构，教育性、研究性、学术性是其自身存续和发展的依据和根本，随着社会的发展、技术的进步、科学在大学发展和社会发展中的双重推动，社会与大学的互动日益频繁，在共生依存中大学已然从"象牙塔"的精神高地逐步演变成"变成沟通生活各界、身兼多种功能的超级复合社会组织"[②]。作为社会大系统中的一个子系统的大学一方面要坚守知识活动的内在逻辑和理想价值以保证自身的发展延续性、独立性、自主性；另一方面大学作为一个社会组织必然与其他社会子系统、与社会大系统相互依存，这就要求大学在恪守自身逻辑的同时又要遵循知识活动的外部规律和共生路径。这种系统的共生耦合原理则构成了产业集群与专业集群在人才培养方面的互融共生前提，综观产业革命的发展，每一次产业革命的兴起与推动，都离不开科技变革与人才培养模式的转型与突破。知识经济时代，社会经济快速发展，新技术不断催生新产业新业态，社会发展、产业转型升级、技术创新运用急需大批创新型、应用型、复合型高端人才，"互联网+产业+教育"跨界融合成为教育新生态，人才培养更加注重产教融合、科教融合、通专融合，大学教育重构知识传承（学）、生产（研）、应用（产）深度融合的协同创新体，走向更加多样化、智能化和个性化时代[③]。综上所述，新形势下专业集群与产业集群存在着互融共生的耦合关系。尽管面临社会转型的种种危机和挑战，大学的专业建设总在学术性与社会性、独立性与共生性、松散性与紧密性之间摇摆不定，但最终在与产业发展的结合点上，大学的专业建设既恪守边界，培育精英，同时又按照知识活动规律，不断重塑自我，努力寻求协同育人的大格局和大舞台。

第三，构建方式的对应性。高等教育所培养的人才不可能游离于社

[①] 刘欣：《走向工业4.0时代的大学人才培养耦合机制》，《国家教育行政学院学报》2017年第7期。

[②] ［美］德里克·博克：《走出象牙塔：现代大学的社会责任》，徐小洲、陈军译，浙江教育出版社2001年版，第17页。

[③] 刘欣：《走向工业4.0时代的大学人才培养耦合机制》，《国家教育行政学院学报》2017年第7期。

会之外，最终要在社会中寻求安身立命之所，这就要求高等教育的人才培养要满足社会经济的需求，要适应产业的发展、行业的发展、企业的发展，这就使得高等教育的专业结构与产业结构有很高的关联度。当前，我国大多数高校的专业结构都是以产业的职业结构、就业结构为依据，与产业群中的产业结构、职业结构、就业结构具有一致性。① 因此专业集群的构建方式对应了产业集群的布局方式，以专业集群的方式来对应产业集群的某一产业链。几个专业集群的组合共同对应产业集群下的不同的产业链，就组合成了专业集群。专业集群表现为两种方式：一种是在同一所学校内，以校内的几个专业集群，分别对应于产业集群中的几个产业链，从而构成专业集群。另一种是由一所院校的某个条件好的专业集群牵头，其他院校的专业或专业集群配合，分别对应于一个专业集群的几个产业链，从而形成校际间的专业集群。②

（三）高校专业与产业的融合发展

当前，我国经济发展新常态背景下，社会经济发展由高速增长转变为高质量发展，产业结构调整的步伐加快，生产方式发生了深刻变革，地方政府的政策导向与产业布局随之转向侧重绿色环保、高新技术、特色产业链的发展，相关行业企业对高层次应用型、创新型、复合型人才的需求随之扩大；高等教育大众化发展意味着高等教育系统的分化、高等学校的特色化发展，地方本科高校的应用型转型发展是高等教育发展的内在规律，建设路径是从由受研究型大学影响的理论导向的办学模式转型发展为以应用学科主导的应用型大学在产教深度融合中实现特色化发展，是地方本科高校的主要转型路径；党中央、国务院作出引导部分地方本科高校向应用型转变的重大决策部署，其内涵是推动高校转变办学思路为服务地方的经济社会发展，转变办学模式为产教融合、校企合作，转变人才培养重心为应用型技术技能型的人才培养，教育部等三部门在《关于引导部分地方普通本科高校向应用型转变的指导意见》中明确提出了转型改革的主要任务和配套措施，加强应用型高校建设是国家教育事业发展"十三五"规划作为高等教育分类管理与特色发展的

---

① 聂瑞芳：《高职院校校际专业集群建设探究》，《教育与职业》2015 年第 25 期。
② 李忠华、张翠莲：《专业集群与产业集群耦合途径研究》，《广东职业技术教育与研究》2019 年第 4 期。

重要举措，《国务院办公厅关于深化产教融合的若干意见》中进一步提出强调深化产教融合。因此，应用型本科转型发展和产教融合是社会经济发展的必然要求，是高等教育发展的内在规律，是党和国家的重要举措。党的十九大报告提出建设包括实体经济、科技创新、现代金融、人力资源等产业在内的多产业行业协同创新发展的产业体系，与此同时，推动互联网、大数据、人工智能和实体经济的深度融合发展，从而建立产学研深度融合的技术创新体系。在报告中同时强调，要建设教育强国，必须把教育事业摆在优先发展的战略位置，要深化产教融合发展与校企合作建设实现高等教育的内涵式发展。从产业体系和创新体系建设的角度出发，党的十九大精神对于融合发展模式的创新和复合型人才的培养提出了新的需求；从高等教育的角度思考，教育内容是内涵发展的核心，也是包括课程、教师、机制及学科等教育全要素在内的创新，深究其内涵可以发现，产教融合人才培养模式和融合发展机制的创新是其一切发展的源头。供需对接、资源转化、价值交换和利益共享及其资源、平台与机制等要素的系统化是其深化产教融合发展的关键，唯有此，教育链、人才链、创新链和产业链才会形成贯通融合发展新形势，才能实现教育、产业的协同发展。

产教融合本身不是目的，其目的在于通过实施产教融合实现人才培养质量和企业生产效率的双重提升。因此，产教融合并不是要求学校和行业企业在组织上融为一体，而是要求学校与行业企业在业务上应相互补充和融合。从职业院校的角度出发，产教融合可以概括为专业与产业、学校与企业、课程内容与职业标准、教学过程与生产过程、学历证书与职业资格证书这五个方面的相互对接。

在应用型高校转型发展的实践中和相关的理论研究中，研究者逐步意识到实现转型发展，其中的关键就是建立产学深度融合的人才培养模式。虽然国内学者对于产教融合的内涵界定尚未形成统一认识，但对产教融合的意义和价值、产教融合的内容上逐步达成了共识。就产教融合的模式而论，柳友荣等（2015）提出，应用型本科院校产教融合包括产教融合研发、产教融合共建、项目牵引、人才培养与交流四种模式。贺星岳等（2015）认为国内产教融合的模式有"项目"模式、"订单式"模式、"顶岗实习"模式和"引企入校"模式。应用型本科高校围绕产教融合所进行的改革主要是以产教融合校企合作为主线深化人才培养模式改革。在应用型技术技能型人才培养模式改革方面取得了重大进步，人才培养方案和课程体系改革渐趋深化，人才培养模式在产教融合、协同育人方面实现了多方面、多层次的探索，案例式教学与项目式教学广泛发展，实践教学体系日臻完善，创新创业教育蓬勃向上，校企合作建设深入。产教融合推动了学校学科专业结构的优化发展，同时促进了人才培养模式的改造与内部治理结构的再造，为国家培养了急需领域的复合型人才，其自身也成为高校产教融合发展的改革"试验田"。围绕产业链、创新链调整专业设置，形成特色专业集群，是许多应用型高校产教融合机制探索的成功经验，并引起了学界的关注。当前我国学者对专业集群的探讨主要集中于专业集群的概念界定、专业集群的布局、专业集群的课程设置、专业集群的师资队伍建设、专业集群与地方产业发展等几个方面。相关研究方兴未艾，正处于逐步完善、逐步深化阶段。

三　产业集群与专业集群耦合发展的途径

（一）宏观层面的集群耦合：以集群理念统摄产业专业集群对接机制

工业 4.0、经济全球化、知识经济等大的时代背景使产业革命、人才培养并不局限于某一特定知识活动领域，而是集成新技术、新产业、新业态的群体性智能革命，无论对产业发展还是高校的人才培养都提出了新的挑战；旧有的经济发展模式已经难以满足当前区域经济的发展、国家核心竞争力的提升、产业竞争优势提升的需要，集群式发展因其具备典型的集成创新特征而带来的集聚效应、效率效应、规模效应和扩散效应，已然成为国家及区域竞争优势的重要引擎、产业发展模式的首选；并使人才供需结构及职业集群内涵发生深刻变化，为大学专业的集群对接提供了全新视角和优化空间，催生出与产业集群关联紧密的相邻专业集群化发展。[①] 因此专业集群建设首先要在宏观层面树立集群耦合的理念与视野，紧紧围绕高校专业人才培养进行顶层设计，纵向结构上包括招生计划的拟定、人才培养方案的制订、就业工作的开展、教学活动的实施等各主要环节加强与社会部门的联系、沟通与交流；横向上以

---

① 刘欣：《走向工业 4.0 时代的大学人才培养耦合机制》，《国家教育行政学院学报》2017 年第 7 期。

专业链接为纽带，联合与专业人才培养核心相关的同类院校专业，在人才培养定位、人才培养层次上实现错位发展，避免人才培养的同质化，同时也可以使关联密度较高专业实现优势互补，从而构成相互连接的专业集合群体；此外，专业本身的布局、调整与发展还需要与地方的经济运行、产业发展、行业企业优势、人才需求情况等整体的市场动态信息相连，专业集群的建设思路、目标、模式要有来自区域社会的经济基础、技术实力、品牌效应、重要信息和统计数据的支撑，而专业集群整体架构的形成和运行更需要政府机构的管理与统筹（如图4-1所示）。[①]

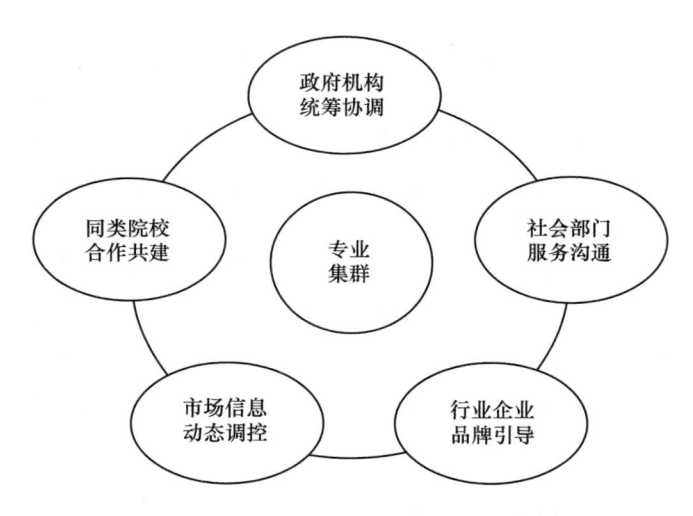

图4-1 集群理念统摄产业专业集群对接机制

（二）中观层面的资源耦合：资源与平台整合机制"资源耦合"

专业集群与产业集群的实质对接，离不开人力资源、物质资源、财力资源的共同支撑。在各种资源要素配置中，人力资源因其所内含的智力资源和创新资源的独特性和稀缺性，成为要素配置的关键性资源；物质资源因其承载的信息、技术、教育经济与管理"集群耦合"设施等一切可利用的物化资源，成为要素配置的基础性资源。随着物联网技术、云服务技术以及大数据等新技术的广泛渗透，极大地促进了资源配置与利用方式的改变，各类资源借助平台机制，实现稀缺资源向知识活

---

① 魏明：《集群思想下区域职业教育专业建设逻辑》，《教育与职业》2014年第18期。

动链的耦合共生体转移，成为耦合双方资源要素转化为互补发展优势的首选路径。因此，整合知识活动资源，共建战略协同机制、共享平台机制、组织再造机制，成为专业集群与产业集群耦合发展的重要匹配性条件。① 专业集群与产业集群的资源耦合发展，一方面要优化现有资源的配置，围绕专业集群建设目标调整现有的资源，既包括校内资源、校际资源的整合优化（教学组织、师资队伍、实验（训）基础设施、教学资源等），又包括产业资源利用的整合优化（包括物力资源的支持、实训资源的共享、创新资源的共用）。另一方面，要围绕专业集群面向的技术（服务）领域，以核心专业为依托，完善专业集群人才培养模式、课程体系，开发专业集群课程平台。同时，要打破制度壁垒，形成校内外、群内外共建共享各类资源的体制机制。系统论的核心思想是系统的整体观念，强调整体与局部、局部与局部、整体与外部环境之间的有机联系。在分析评判专业与产业合作双方内外条件、优势劣势基础上，找准双方需求接口和"利益—风险"平衡点，协调双方价值取向和共同利益点（产学研活动链的目标价值取向），确定差异化战略、专业化战略及价值创新战略等，并实现双方的目标匹配、要素匹配和路径匹配，继而选择合作方式和平台建设模式（产教融合联盟、教育集团、行业学院、专业实体、协同创新中心、工程实践中心、知识迁移中心、科研成果转化平台等），经过战略实施、战略调控和战略评价，来有效盘活资源要素，释放创新活力，最终达成战略目标，形成协同育人效应和互补共赢优势。② 因此，发挥专业集群整体优势的关键在于"资源"和"机制"，这两者成为专业集群建设的支撑要素。③

（三）微观层面的模式耦合：人才培养模式与产业模式的深度融合

对于专业集群建设而言要紧密结合地区、产业和行业特点，积极引进、消化、吸收先进的教育思想，重视学生学习积极性、主动性的充分调动和潜能挖掘，重视学生基础知识的掌握、动手和创新能力的培养，

---

① 刘欣：《走向工业4.0时代的大学人才培养耦合机制》，《国家教育行政学院学报》2017年第7期。

② 刘欣：《走向工业4.0时代的大学人才培养耦合机制》，《国家教育行政学院学报》2017年第7期。

③ 周桂瑾：《高职院校专业集群建设模式的研究与实践》，《职业技术教育》2017年第29期。

重视学生综合素质的普遍提高。不断优化专业结构,提升专业建设的整体水平,提高人才培养的质量,在教学条件、师资队伍、人才培养模式、课程体系与教学内容、教学方法与教学手段等方面,专业集群具有不可比拟的竞争优势和特色。第一,要构建产业需求导向的人才培养方案制订体系,积极调整优化专业建设指导委员会的结构,专业建设指导委员会由国内其他高校专家、实习基地企业负责人和总工程师、产业管理人员、专业负责人和教师代表组成。制订适应产业发展需求的人才培养方案。探索完善适合产业需求的专业培养体系,把实践环节融入企业工程现场,建立行业、企业、社会共同参与的人才培养质量评价体系。执行过程中,定期收集企业、行业协会、社会对专业培养质量的反馈意见,作为修改人才培养方案、提高人才培养质量的重要依据,构成人才培养的闭环系统。第二,加强对接产业的课程体系建构。坚持以就业为导向的原则,根据产业、专业领域人才规格需求及学校人才培养定位,按照产业应用与创新能力要求的变化,构建具备一定弹性的课程体系。课程体系以应用为主旨,以能力培养为核心,以相对完整的现场工程师培养为目标,同时注重新技术、新能力的选择与整合,准确把握行业企业对应用型本科人才在知识、能力、素质等方面的具体要求,通过校企合作、工学结合等途径,突破以课堂为中心的教学模式,融理论教学、实践教学、产学研、技术服务等内容为一体,采用模块项目化教学模式,增强学生的实践技能培养、职业素养生成。第三,构建贴近业界的实践教学体系。根据产业、行业、企业对人才专业能力的要求,以及人才成长所必经的发展阶段,设置多层次的集中实践教学体系。以先进的理念和教学理论为理论遵循,根植于社会、企业与行业的人才需求,以人为本,研究和探索适合应用型本科人才培养的教学模式,构建适合应用型本科人才培养的教学体系和管理体系;提高学生的学习能力、实践能力与创新能力;使其在掌握较为扎实的基本理论知识的基础上,通过接受一系列专业实践教学训练,成长为富有创新精神的应用型高级专门人才。将理论教学与实践教学深度融合,科学合理设置先进性与开放性并举的实践项目,在形成适应学科特点、产业需求及自身要求的系统、科学、完整的实践教学体系的同时,培养学生的科学精神,提升学生的分析问题、发现问题和解决问题的实践能力。

四　产业集群与专业集群耦合发展的案例

产业集群与专业集群的耦合发展程度主要通过区域产业集群与高校专业集群匹配度、支撑度与贡献度等方面来体现。限于篇幅，以六盘水师范学院、许昌学院为例，从专业集群与地方产业链、创新链匹配关系，专业集群对地方经济社会发展的参与度、贡献度以及产业（行业）—学科—专业"三位一体"建设专业集群的情况来概要说明产业集群与专业集群的耦合发展。

（一）打造与地方产业链、创新链匹配度高的专业集群

六盘水师范学院以服务地方经济社会发展为导向，立足学校实际，依托优势学科、特色学科，着力优化专业结构，打造与地方产业链、创新链匹配度高的专业集群，专业集群与地方产业链、创新链形成了良好的匹配关系，如表4-1所示。

表4-1　六盘水师范学院专业集群与地方产业链、创新链匹配关系

六盘水师范学院专业集群	六盘水市产业链创新链	六盘水市产业链、创新链重点任务
教师教育专业集群	基础教育	中小学教育、学前教育
能源矿产专业集群	发展以煤炭精深加工为主的循环经济新兴产业链	加大煤炭就地转化，推进煤炭精深加工，建立"煤—电—焦—气—化"相互融合发展机制，打造循环经济模式的煤电化基地，整合煤焦油资源，推进全市煤焦油加工基地建设，引导煤化工、建材、物流、金融、科技、循环经济等关联产业发展
	发展以煤层气综合利用为主的新能源产业链	发展清洁能源等节能环保产业，拉动煤层气资源勘探和开采等技术服务行业，推进压填技术发展，延伸煤层气制下游化工产品发展，形成集煤层气"开采—提纯—输送—利用"为一体的产业集群
	发展以节能环保为主的新型建材产业链	推动玄武岩纤维材料发展；大力发展"资源—产品—消费—再生资源"的物质闭环流动的循环经济；吸纳工业废弃物，形成以凝土外加剂、高强度管桩、高性能混凝土、新型建筑节能材料、新型墙体材料为主要产品的新型建材产业集群

续表

六盘水师范学院专业集群	六盘水市产业链创新链	六盘水市产业链、创新链重点任务
装备制造专业集群	发展以能矿装备为主的机械制造产业链	发展适宜现代物流的密封件制造业；发展智能工程机械、智能装备、智能数控机床、智能家居等智能制造业；发展生物制造业；推进高端装备制造业；发展煤层气装备制造产业，适度发展节能环保、汽车零部件及电子产品制造产业，逐步形成以矿山装备制造为主、新能源装备制造为辅的装备制造产业集群
信息技术专业集群	发展以精密电子为主的电子信息产业链	推动电子产品制造企业商贸、制造、服务一体化发展，提升企业软件开发和系统集成能力，培育高端软件、移动互联网、云计算、大数据等新兴业态
	发展以信息技术为主的大数据应用产业链	引导钢铁、煤炭、建材、煤化工、装备制造业等重点行业建设第三方电子商务服务，推进"互联网+传统产业""互联网+旅游业""互联网+商贸流通企业""互联网+农产品加工业"等
环境生态专业集群	发展以山地特色大健康旅游为主的现代服务业链	培育山地大健康旅游产业，引进山地户外运动、酒店管理、度假村等，打造国内一流山地型大健康旅游目的地
	发展以山地特色为主的现代高效农业链	大力发展猕猴桃、刺梨、茶叶、核桃等产业，发展农产品加工业，因地制宜发展乡村旅游和休闲农业

六盘水师范学院在优化专业结构、构建专业集群的探索中，有以下几点值得肯定。

一是关注专业集群对地方经济社会发展的契合度、参与度与贡献度，在集群布局时，充分考虑与六盘水市产业链、创新链的匹配关系，建立了匹配度、契合度、参与度和贡献度都较高的五大专业集群。

二是在优化结构与布局集群上，根据学校办学定位、专业集群的各专业基础和资金投入等方面的权衡，在构建的以上五个专业集群中，坚持重点突破、整体推进的思路，采取了重点建设与逐步培育相结合的推进策略。集中力量重点建设"教师教育""能源矿产"两个参与度高、贡献度高的专业集群。

教师教育专业集群。在教育科学与音乐学院加挂教师教育学院牌子；借助"六盘水市教师发展中心"平台，从中小学聘请一线教师到校讲学，共同指导学生；根据教育部教师专业标准重构教师教育课程体系；按照《教师教育课程标准（试行）》创新课程内容模块；根据《普通高等学校师范类专业认证实施办法（暂行）》逐步开展师范专业认证试点工作；营造师范文化，实施职前职后一体化教育，弘扬优秀传统文化和民族民间文化，为六盘水和贵州基础教育事业发展培养优秀师资。

能源矿产专业集群。通过校企合作、产教融合，推动学科专业建设，培育了省级一流学科（矿业工程）和一流专业（采矿工程）。该专业集群有省级以上重点学科4个，特色重点实验室和重点实验室2个，工程中心5个，市级以上创新团队4个。

三是注重突出办学优势与培育办学特色，在师范院校教师教育的传统优势与"新师范"发展形势在布局上，注意保持教师教育的特色，确定了重点建设教师教育专业集群；根据学校地处能源矿产资源比较丰富的六盘水的实际，为更好地对接地方主导产业和支柱产业需求，适应传统企业转型升级、新旧动能转型的发展要求，基于学科专业基础等方面的考虑，决定将能源矿产专业集群另一大优势和特色进行打造培育。目前，教师教育专业集群和能源矿产专业集群已具备一定优势和特色。

（二）建设产业（行业）—学科—专业"三位一体"专业集群

许昌学院高度重视专业集群建设，2017年学校专门制定了《许昌学院关于产教融合专业集群建设的指导意见》，在文件中明确提出进一步适应河南省尤其是许昌市的产业发展需求，以专业对接产业为主线，以培养高素质应用型人才、提升专业服务产业能力为根本任务，坚持深度融合、差异发展、资源整合的原则，调整优化专业布局，着力打造深度融入产业链的专业集群。

同时，在该指导意见中还明确提出产教融合专业集群的建设目标是：到2020年，立项建设8个产教融合专业集群（含重点建设、计划培育），逐步形成服务方向明确、社会效益明显、具有自身特色和优势的专业集群人才培养体系，满足地方经济社会发展对多样化、多类型和紧缺型人才的需求，提高学校人才培养质量。许昌学院通过产教融合专业集群建设，积极探索适合学校实际、满足产业需求的专业集群建设机制。在推进专业集群的探索中，有以下几点值得学习与借鉴。

一是坚持以产教融合驱动专业集群建设，将专业集群建设置于产教融合发展的国家战略背景下，通过产教融合专业集群建设，进一步推进学校转型发展，加快构建与地方主导产业、特色产业和战略性新兴产业衔接的特色专业体系，促进产业、学科、专业等方面一体化建设与协调发展。

二是坚持将"专业结构优化调整"作为专业集群建设的首要任务。深入开展区域产业（行业）发展现状、趋势和技术技能人才需求调研，在此基础上，制定专业结构调整规划。按照"优化结构、提高效益、示范共享"的要求，进行专业结构调整。建立健全适应产业优化升级的专业动态调整机制，提高人才培养的适应性和针对性。

三是坚持产业（行业）学科专业一体化发展。统筹学科建设与专业建设，促进学科专业的有机融合，促进学科专业一体化发展，以高水平的学科支撑高质量的专业。科学把握学科专业未来发展趋势，促进学科专业交叉融合，彰显学科专业特色，提升人才培养质量。通过学科与专业的一体化发展，强化重点特色专业的学科基础，以重点学科为基础，围绕地方经济社会需求拓展专业建设的增长点，提升专业服务地方的能力。邀请发改委、工信局、科技局等部门负责人和产业界专家进行答辩论证，按照产业（行业）—学科—专业三位一体确定立项 4 个重点建设专业集群和 4 个培育建设专业集群。如图 4-2 所示。

四是坚持参照专业集群的战略思维进行二级教学科研单位设置调整。学校为完善内部治理体系，深化教育综合改革，优化学科专业布局，增强资源配置效益，增强二级教学科研单位内生发展动力，促进学院、学科、专业、产业一体化高质量发展，提升整体办学水平，加快建设富有特色的高水平应用型大学，制定了《许昌学院二级教学科研单位设置调整方案》。在该方案中提出了明晰的工作思路和明确的目标方向：首先着眼长远、多科支撑、协调发展。利用现有的文、理、工、医、史、法、经、管、教、艺十大学科门类架构，促进形成多学科相互支撑、交叉融合、协调发展的学科专业格局，向综合性应用型大学迈进。其次集聚资源、突出优势、特色发展。根据学科专业实际和地方产业优势，集中办学资源，重点建设 4 个左右优势学科专业品牌，短期内进入全省全国前列，争取新增硕士学位授权。最后产教融合、服务地

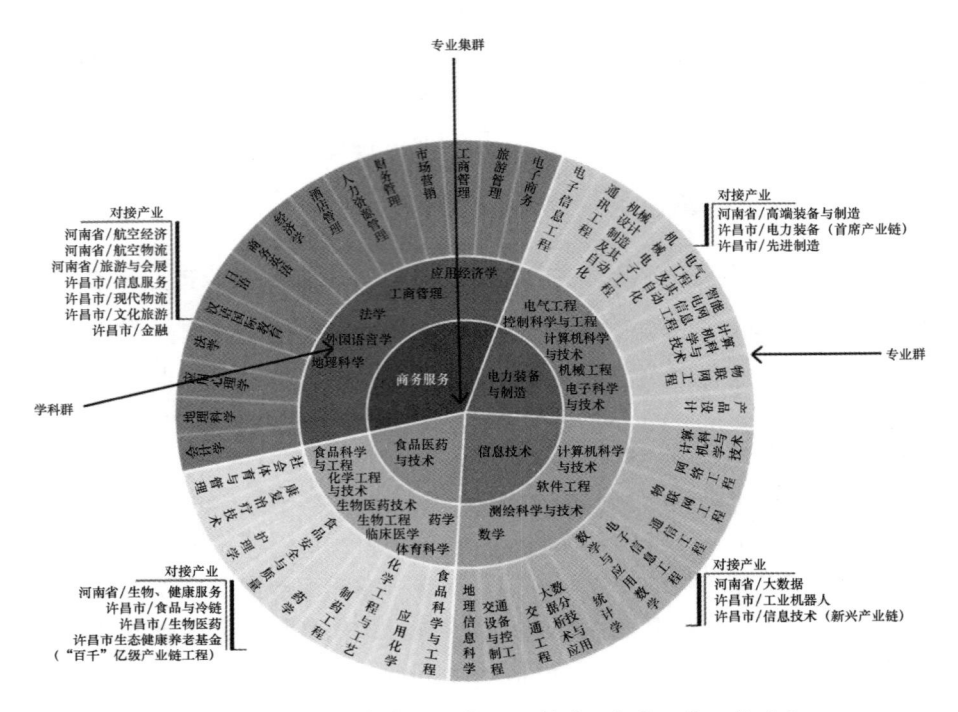

图 4-2 许昌学院产业（行业）—学科—专业三位一体示意

方、集群发展。准确把握学科专业之间的关联度，按照学科门类和专业大类重新组合相近专业，使调整后的二级教学科研单位的学科建设、人才培养及服务面向更加明确，形成集中度较高的优势特色学科专业。按照学校制定的"产教融合专业群建设方案"，围绕地方重点产业构建"产业（行业）—学科—专业"一体化专业集群或产业（行业）学院，提高服务地方经济社会发展能力。

第五章　专业集群的顶层设计

专业集群是事关应用型院校全局性、关键性和长远性的问题。应用型院校专业集群建设"整体上呈现顶层设计缺失下的繁荣"[1]，需要认真做好专业集群的顶层设计，从战略思维的高度、顶层设计的全局，精心做好谋篇布局和科学架构。专业集群的顶层设计涉及高校内外多方面因素的影响和众多内容，是具有"牵一发而动全身"意义的重要工作，直接决定专业集群与产业集群的定位与契合，直接决定专业集群的内涵建设、机制保障与建设成效。参照当代高校战略规划分析"战略承诺、战略选择和战略行动"三因素论。在制定战略时要做出高瞻远瞩的战略承诺，并拥有兼具共性与个性的战略选择，同时制定具有可操作性、周全、具体的战略行动。战略承诺、战略选择与战略行动三者有机结合，各司其职而形成一个集价值坚守与实践导向的开放循环系统[2]。做好专业集群的顶层设计对应用型高校来说，需要把握三个重点，即确立专业集群的战略思维，作出战略承诺；研制专业集群的建设规划，明确战略选择；制定专业集群的实施方案，采取战略行动。

第一节　专业集群的战略思维

一　重视专业集群的顶层设计

什么是顶层设计？顶层设计是运用系统论的方法，从全局的角度，

---

[1] 张君诚、许明春：《应用型院校专业群建设的思维和路径选择分析》，《国家教育行政学院学报》2017年第5期。

[2] 宋永华、伍宸、朱雪莉：《世界一流大学建设战略规划制定：英美顶尖大学的经验和启示》，《高等教育研究》2017年第10期。

对某项任务或者某个项目的各方面、各层次、各要素统筹规划，以集中有效资源，高效快捷地实现目标。顶层设计是自上而下的系统谋划，要自上而下，但必须要有自下而上的动力，要通过社会各个利益群体的互动，让地方、社会及各个所谓的利益相关方都参与进来。顶层设计的主要特征有：一是顶层决定性，顶层设计是自高端向低端展开的设计方法，核心理念与目标都源自顶层，因此顶层决定底层，高端决定低端；二是整体关联性，顶层设计强调设计对象内部要素之间围绕核心理念和顶层目标所形成的关联、匹配与有机衔接；三是实际可操作性，设计的基本要求是表述简洁明确，设计成果具备实践可行性，因此顶层设计成果应是可实施、可操作的。

专业集群的顶层设计是什么？专业集群的顶层设计是一个由学校事业发展规划、学科专业建设发展规划与专业集群建设规划、专业集群实施方案、专业集群行动计划、专业集群年度计划、专业集群专项工作计划等构成的顶层设计体系。这一体系及其各个组成部分与学校办学定位、办学理念、发展战略、总体规划设计等顶层设计密切相关，包括了系统构建专业集群的主要依据、指导思想、主要理念、总体目标与具体目标、集群基本架构及其建设任务内容、思路举措、保障措施等方面的内容。

如何进行专业集群的顶层设计？需要在认真研判形势、开展广泛深入调研、深刻领会专业集群建设的意义、把握专业集群建设的基本原则的前提下，主动融入地方战略布局，服务区域发展规划，精准对接关键技术领域和重点行业，构建以关键技术为核心，以核心骨干专业为引领，对接区域产业发展的专业集群。围绕地方支柱产业发展规划，各专业集群根据对接的核心技术及应用领域，聚焦主要就业岗位面向和专业核心能力培养要素，调整优化群内专业结构。[1] 建设专业集群关键是要发挥关联专业协同培养人才的优势，这既需要深刻的经济社会研究与产业分析，在宏观层面上把握大局；又需要有力的校内平台协调与资源统筹能力，保证知识技术在各专业间共享，创新要素在各专业间贯通；还需要有力的开展产学研的协调能力，实现产教融合资源共享。

---

[1] 胡俊平、顾京、吴兆明：《高等职业教育"双高"建设的要义、表征和策略》，《江苏高教》2019 年第 11 期。

二 确立专业集群的战略思维

（一）将专业集群作为学校发展的战略选择

《应用型本科"双一流""常熟共识"》提出：应用型本科院校要牢固确立"专业为王"的战略地位和专业集群的战略思维，提升专业内涵建设水平，推进专业跨界交叉融合。集群战略、集群思维是新时代地方高校领导干部推动落实高等教育内涵式发展应当确立的思维品质。确立专业集群的战略思维，作出专业集群战略承诺，要求高校领导者自觉地强化专业集群发展理念，将专业集群作为地方高校转型发展的战略选择，将专业集群建设作为学校综合改革的重要抓手深入持续地推进。

聚焦战略规划，加强顶层设计已经成为高校发展的自觉共识。战略承诺是一所大学办学目标与价值追求的集中体现，也是高校组织长期坚守的价值取向。有学者研究指出，具有志向远大、目标明确的战略承诺是世界一流大学的普遍特征。无论高校组织所处的环境如何变化，也无论高校自身内部如何变革与发展，只有那些持之以恒、目标明确、愿景高远的大学才能最终成为世界高等教育体系的领导者。在高校的战略体系中，高校管理者必须依据自己的价值判断和选择对本校的发展目标、发展方向做出长远的承诺，且以发展愿景的方式将战略承诺在校内外进行广泛宣传，使得其他利益相关者了解，从而达到价值认同并进行监督，最终实现寻求合作与支持的目的。[①] 高校通常的发展战略有人才强校、科研强校、学科强校、质量立校、开放活校、文化润校等发展战略，这些战略都针对高校职能的某个方面。随着国家产业转型升级、高等教育教学综合改革、区域经济战略转型和社会发展变革升级，应用型院校全面深化教育教学综合改革，加快向应用型大学转型发展，建设具有地方特色的高水平应用型大学，越来越多的高校认识到集群发展、创新创业、校地互动、城校融合等发展战略对实现应用型院校人才培养质量、学科科研水平、服务社会能力、国际合作开放度等方面全面提升的重要影响，应用型高校决策者应当从学校层面将专业集群建设作为发展

[①] 宋永华、伍宸、朱雪莉：《世界一流大学建设战略规划制定：英美顶尖大学的经验和启示》，《高等教育研究》2017年第10期。

战略的一个重要组成部分,着力于主导推进与统筹发展。① 明确将专业集群作为学校发展战略之一,并为落实专业集群发展战略,专门将"实施应用型专业集群建设"作为学校若干转型发展工程项目或行动计划来实施推进。

(二)借鉴"学科专业集群平台"的"大舰战略"

确立专业集群的战略思维需要理论指导、理念引领。教育部学校规划建设发展中心主任陈锋认为:"学科专业集群平台"的"大舰战略"决定未来高校竞争的主要格局。要从战略上解决问题,高校首先是要树立集中资源建设有竞争力的"学科专业集群平台"的思路,并以此来推动人才培养体制的系统性改革。"小舢板"再加固也出不了远海,再多也打不了科技创新的胜仗。很多高校几十个甚至上百个专业,个个都是近海作业的"小渔船",经不起风浪,出不了远海,进入不了产业革命和科技创新的主战场。要用现代化的远洋渔轮替代小渔船,用现代化大舰替代旧舰船,用新型学科专业体系替代传统学科专业体系,用学科专业集群超级平台替代小而全、大而全的离散型专业结构,只有代际更替,才能真正实现质量提升。② "大舰战略"对确立专业集群战略思维,推进专业集群建设具有重要启发意义与借鉴价值。因为学习借鉴"大舰战略",可以更好地体现校地互动、产教融合理念,更多注重学科专业结构与社会需求的耦合关系,更加突出对接产业集群对人才培养的需求。我们认为一些高校专业布局自然生长、野蛮生长的状态必须改变,一些高校片面满足学生招生志愿而不顾实际专业办学条件的状况必须扭转,这都需要用专业集群的战略和思维来统揽专业布局调整与专业招生计划确定。地方高校要结合学校"十四五"改革与发展规划的研制,将专业集群建设作为规划研制的重要内容;要按照"立足地方、面向行业、对接产业、集群发展"的专业建设思路,研制"十四五"专业建设(专业集群建设)规划;要结合制定深化转型发展方案或推进产教深度融合方案,制定深度推进专业集群建设的实施方案。

应用型院校要不为学校传统优势、不为已有办学基础、不为校领导

---

① 吴仁华:《应用型本科高校专业集群建设探究》,《高等工程教育研究》2016 年第 6 期。
② 陈锋:《实施"大舰战略":加快建设学科专业集群超级平台》,《中国高等教育》2016 年第 23 期。

个人学科归属所左右，在广泛调研服务区域经济产业结构，深入分析产业集群的产业链、创新链，深刻分析区域高教生态，以及学校自身学科专业发展基础的情况下，自觉确立专业群发展战略，构建与地方产业结构匹配的应用专业集群。专业集群的发展战略、建设目标与专业格局，可以充分体现高校决策者有限卓越、特色发展的办学思想，也可以充分体现高校决策层在谋篇布局上的战略思维。

（三）遵循专业集群的建群与建设原则

专业集群的建群与建设原则是开展与推进专业集群的方针指南与基本遵循，是专业集群发展战略与专业集群行动实施的中间环节，也是对发展战略实施的方向性、着力点、路径的要求，也是对行动计划或实施方案的原则性、指导性要求。专业集群的建群与建设应当把握遵循"服务区域、需求导向""保证重点、优势引领""一群一策、特色发展""渐进发展、动态调整"等基本原则。由于各校校情不同，各校专业集群建群与建设原则的提法也可以各有侧重、各有特色。在对专业集群进行规划设计时，大庆师范学院明确提出了"突出应用，集群建设，凝练特色，错位发展"的学科专业定位原则，提出"主动跟踪区域经济社会发展和石油石化行业需求，巩固传统优势学科专业，大力扶持应用型学科专业，构建以应用型学科专业为主体的学科专业体系，实施学科专业一体化策略，促进工、教、文、理、管、法、艺等学科专业协调发展"，"实施学科专业优化工程"的主要任务明确提出要"推进专业集群发展。优化整合服务同一产业链的关联专业，围绕地方和行业企业产业链、创新链，建设地方（行业）急需、优势突出、特色鲜明的应用性专业集群，重点建设石油石化类、机电信息类和生物工程类专业集群，巩固提高管理经营类、文化艺术类、教师教育类专业集群。实现集群内专业之间的互为支撑，优势互补，协调发展"。其专业集群建群及建设原则的关键词就是聚焦"应用""产业"，强调"集群""特色""发展"。

三 落实专业集群战略的举措

（一）广泛深入地对专业集群进行调研分析

区域产业集群发展需求是高等教育结构调整的重要依据，专业集群建设是高等学校专业结构调整的重要手段。当前，国家应用型院校产教融合发展工程将专业集群建设作为重要建设内容，充分体现了专业集群在高校转型发展的重要地位。作为高等学校宏观层面的建设内容，专业集群建设需要综合分析外部环境与学校发展基础，站在学校发展的全局和整体推进学校工作的层面来进行顶层设计。

在专业集群建设的顶层设计阶段，应高度重视调查研究，主要是调研"校"情摸清家底、调研"地"情了解需求、调研"产"情研判形势。专业集群建设的调研一要广泛，包括区域或地方产业结构及变化趋势，同类院校、区域性大学专业集群建设情况，学校学科建设、专业建设体系、优势特色及支撑条件等，行业企业用人需求，在校学生、毕业生代表及第三方专业满意度调查，等等；二要深入，通过对区域产业结构、劳动就业结构、岗位技能结构以及行业企业、机关事业单位用人条件、招考要求及方式等进行专业集群人才需求调研，系统梳理学校已有专业的分类组合和核心（主干、优势、品牌、特色）专业，确定以产业链或产业链相关环节（如研发设计、生产经营、管理营销等环节）为主线构建专业集群。调研结束后，应对调研结果进行分析、论证，在此基础上，确立本校专业集群建设与发展的目标、任务、路径及支撑条件等。[①]

如，广西财经学院在调研基础上确定重点建设"大经管专业群"，即优势专业群（会计、财政、金融专业群）和特色专业群（经济与贸易、工商管理、管理科学与工程专业群），努力发展支撑专业群（文法与艺术、电子商务与信息技术专业群）和交叉衍生专业群（农林经济管理专业群），使校企合作的专业集群实现全覆盖。

又如，南阳理工学院为推进转型发展和专业集群建设，2015年暑期学校领导组织相关职能部门和各二级学院，按照行业分类组建若干调研组，对南阳及周边区域经济社会及产业、行业发展情况（历史、现状、趋势等）进行了专项调查，系统地了解与所属专业相关的区域经济社会、产业布局、行业分布、发展状况及需求等情况，在比较全面深入调研的基础上，进行产业归类，梳理出特色产业、行业集群，厘清本

---

① 顾永安：《应用本科专业集群——地方高校转型发展的重要突破口》，《中国高等教育》2016年第22期。

学院所属专业对应的产业集群，提出与产业链或其关联节点（技术、设备、产品、销售、服务等）对应的专业建设调查报告和建设意见，提出重点建设南阳地方经济发展需求的先进制造、土木建筑、生物医药等六大专业集群，通过几年建设取得初步成效，打造了一批服务地方产业发展的科技创新高端平台，组建了一批服务地方产业发展的科技研发服务团队，推介了一大批服务地方产业发展的科技研发项目，助推了一批地方产业的发展，培养了一批产业发展急需的创新型技术人才。

（二）基于学科专业一体化和交叉发展布局专业集群

专业建设与学科建设是地方高校特别是地方本科高校内涵建设与发展的两个重要内容，基于地方本科高校专业建设与学科建设的具体情况，越来越多的高校摒弃孤立的学科观、孤立的专业观，按照学科专业一体化的思路，统筹专业建设与学科建设，构建与产业集群紧密对接的、学科与专业交叉发展的学科专业集群。《江苏省本科高校重点产业学院建设点认定指标》在"5.1 产学合作专业建设"二级指标中明确提出"跨业界、跨学科、跨专业整合资源，打破学科专业壁垒，打造应用学科交叉专业或专业群"的要求。

例如，河北传媒学院构建以传播学和影视艺术学为学科支撑的、与文化产业紧密对接的学科专业集群，重点建设两个主学科专业集群：一是以传播学为支撑，涵盖广播电视、播音主持、编辑出版、广告传播等专业的传播类学科专业集群；二是以影视艺术学为支撑，涵盖音乐、舞蹈、表演、编导、摄录、动画、艺术设计等专业的艺术类学科专业集群。同时，将传播学、艺术学分别与 IT 技术、管理学、语言文学类专业融合，构建三个融合发展的学科专业群，使计算机类、管理类、语言类专业不再是工具性的、单一的"纯专业"，成为与学校传播学、艺术学这些优势特色学科相融合的能够更好地服务区域文化产业发展的新型专业。在对接产业集群的同时，凸显了学校学科特色与优势，较好地体现了按照学科专业一体化和学科专业交叉发展建设集群的思路。[①]

又如，哈尔滨金融学院对接现代服务业产业体系，依托学校办学优势，构建了以金融经济类专业集群和工商管理类专业集群为主的专业布

---

① 顾永安：《应用本科专业集群——地方高校转型发展的重要突破口》，《中国高等教育》2016 年第 22 期。

局，其中金融经济类专业集群着力强化金融特色，工商管理类专业集群积极尝试"专业+金融"改革，涂抹金融底色，赋能若干门金融特色课程，培养金融行业、上市公司、政府机关、事业单位、国有企业、股份公司所需要的金融配套业务人才，取得了良好成效。

（三）基于有限资源整合与共享构建专业集群

地方高校专业集群具有学科性和亲产业性两大特征。其一，专业集群内的专业是对接区域某一行业、产业或产业集群逐步形成的具有一类专业共性的专业形态。各专业具有相同的工程对象和相近的技术领域，有利于基于集群内各专业相同的工程活动对象和相近的工程技术领域建立可以共享的实验实训基地、平台。其二，专业集群内的专业可能是学校依托某一学科基础相对优势或特色的专业衍生而成的一类专业，群内大多数专业具有相同的学科基础，也必然会形成基于相同专业理论基础课程的师资队伍专业团队，有利于共建共享有限的师资队伍。其三，地方高校在办学中面临着由校、系向校、二级学院、系内部管理体制转型的问题，在调整二级学院设置时，可以基于专业集群构建相应的二级学院。

例如，洛阳理工学院基于学校传统优势与特色的建材专业，构建了建筑材料专业集群，集群内相关专业方向从建筑材料成型到建筑材料机械加工，从建筑材料施工及后期的建筑材料回收再利用，支持了该行业全产业链升级改造的人才需求。

第二节　专业集群的规划设计

一　规划之于专业集群建设的意义

应用型院校事业改革与发展规划是学校顶层设计与内涵发展的重要内容之一。专业集群是应用型院校事业改革发展的重要战略，是转型发展的重要突破口和事业发展的重要内核，专业集群思维也是领导者应当具备的思维品质。因此，专业集群需要科学谋划、整体布局、系统推进，其中研制专业集群规划对于地方高校具有特别重要价值，我们认为在地方高校办学定位体系、办学理念体系、办学目标体系等顶层设计明确的同时，最先要确定的就是专业集群建设规划，因为专业集群建设规划要明确未来五年专业布局与专业结构调整优化，要明确重点建设与逐步培育的专业集群，这些将影响和左右高校师资队伍、资源配置、条件支撑及成果产出等方面的规划。

一些高校在制定五年学校发展规划时，将专业集群发展作为学校发展战略之一；一些高校在制定五年专业建设规划时，将专业集群作为专业建设的重要内容与举措来谋划。这些做法都对推进专业集群建设有所助益，但容易失之于笼而统之、大而化之甚至不了了之。从更好推进建设与发挥效益的角度来看，还是需要对学校一段时期内的专业集群建设进行专门的规划设计。从学校层面上专业集群的整体布局来说，应着眼长远，立足当前，留够发展余地，从一开始就应根据学校的发展规划，设计出合理的布群结构，为学校的发展构筑良好的框架。具有全局性、前瞻性的顶层设计已经成为应用型院校推进转型发展、建设具有特色高水平应用型大学的"四梁八柱"。加强顶层设计，需要从发展战略、建设原则、规划设计、目标举措、实施工程、行动计划等方面精心谋划与设计。

二 专业集群的规划设计环节

组织制定战略规划不仅受自身组织发展目标的影响，还受所处环境的影响，准确把握当代高等教育所处社会环境的特征是制定和分析高等教育战略规划的前提[①]。"规划设计"涉及多个方面的问题。就制定规划的依据来说，就有同学校的特定定位结合、同学校的发展目标结合、同学校的区域优势结合、同学校的特色优势结合等问题；就规划的制定本身来说，就有调查研究、分析研究、形势研判、错位发展、内部整合等问题；就规划执行来说，就有动态平衡、分步实施、趋向完善等问题；就规划落实来说，就有规划分解、规划保障、规划评价等问题。

做好专业集群的规划设计，需要学校在充分研究应用型专业集群概念内涵、生成逻辑、集群发展特征和学科专业发展规律的基础上，对区域或地方产业集群和相关高校应用型专业集群建设现状进行全面调研、深入分析，基于学科属性和产业属性构建应用型专业集群的基本思路，

---

① 宋永华、伍宸、朱雪莉：《世界一流大学建设战略规划制定：英美顶尖大学的经验和启示》，《高等教育研究》2017年第10期。

对专业集群建设情况进行具体规划。

三 专业集群的规划文本研制

这里需要强调的是对专业集群建设规划,最好是进行"研制",而不是"编制"。"研制"基于专业集群建设,是地方高校转型发展的重要而崭新的课题,是基于专业集群建设规划甚至对于学校事业改革与发展规划来说也有着举足轻重的地位。因此,专业集群规划需要更多地强调对高等教育、区域产业集群等方面的发展规律与形势的研究与判断,更多地强调对专业集群自身以及专业集群建设的利益相关者全面广泛深入的调研,只有基于研究与调研制定的规划,才能既有理论指导又有实践探索,才能既有宏观全局的总体调控又有中观微观的局部落实,才能既有立足专业集群建设当下探索又有基于专业集群这一转型发展重要突破口的中长远发展谋划。

专业集群建设规划需要符合并具备一般规划的要求,需要明确规划的制定依据、指导思想、建设意义、建设目标、建设任务、实施举措、保障措施等内容。

第一,明确规划研制的上位文件。这些文件是规划研制的政策依据,一般包括国家、省区市产业发展、转型发展、产教融合、一流专业建设等方面的文件,地方或区域经济社会事业发展规划,特别是产业发展政策与规划以及学校发展规划与转型发展文件。要围绕推进人才培养结构调整,围绕服务领域或产业链,建成紧密对接产业链、创新链的应用型人才培养专业体系,促进专业链与产业链对接,努力实现建设高水平应用型大学的目标,这些都需要研制专业集群规划。

第二,明确规划研制的指导思想。指导思想中要体现贯彻国家与省的重大决策部署,依据学校发展目标与办学愿景,立足服务面向定位,符合区域和地方产业转型升级对高素质应用型人才的需求,结合学校自身办学特色优势等内容。同时,还可以明确专业集群生成组建的逻辑与模式、基本原则与建设目标。

第三,明确规划建设目标。建设目标可以设定总体目标,即通过专业集群建设为实现学校专业建设目标和发展目标奠定基础;也可以明确专业集群的具体目标,如规划期内将主要建设哪些专业集群,哪些重点建设、哪些培育建设，建成多少省级集群；同时，要通过专业集群建设达到以下建设目标，如调整专业结构优化专业布局，加强集群内涵建设提升人才培养质量，达成专业集群内在要求以适应产业链需求，培育专业办学特色，提升核心竞争力。

第四，明确规划建设任务。专业集群规划建设的任务主要依据指导思想及建设目标而定，从人才培养层面来看，主要包括以下几点。

一是人才培养模式改革。各专业根据"专业需求"，深化产教融合、协同育人的应用型专业人才培养模式改革，促进专业与产业链关键环节、关键要素的对接，课程内容与职业标准对接，教学过程与生产过程对接，学历证书与职业资格证书对接，打造具有专业集群特点的专业文化，强化学生职业能力与创新创业能力的培养；各专业集群根据"共性需求"，提出针对"共性需求"的共同培养人才模式的改革方案并加以落实；专业集群根据专业之间的"相互关联要求"，提出专业之间在人才培养上的相互衔接、协作、渗透、交叉融合等模式的改革方案并加以落实。

二是课程体系重构。通过课程群的底层（共选课程）共享，中层（各专业课程体系）分立，高层（互选课程）互选，凸显专业集群对产业链需求的适应性。通过构建各专业课程体系、共选课程体系、互选课程体系进行应用型课程体系重构，实现专业课程运用真实任务和真实案例教学的覆盖率达100%、主干专业课程用人单位参与率达100%、实践性教学课时比例大于30%、学生在校期间参加实训实习的时间多于1年等。

三是实践教学条件建设。各专业根据"专业需求"，提出实验教学条件建设方案；专业集群提出校内实训实习中心的建设方案，包括创新能力培养的实验、实践教学条件建设加以落实；专业集群提出校外实训实习的建设方案，建设相对稳定的校外实训基地，满足生产性实训和学生实习需要。

四是师资队伍建设。各专业根据国家级专业认证评估要求（或其他国家级专业标准或要求）、"专业需求"、产业链"共同要求"、各专业之间的"相互关联要求"，提出师资队伍建设方案，加强专业集群内各专业间师资队伍共享；构建一支具备应用型本科人才培养理念、教学经验丰富、学术能力与实践能力并重发展的专业化"双师双能型"队伍与教学团队，满足专业集群各专业教学需要和产业链的发展需要。

五是产教融合平台建设。建设产教融合、开放共享、资源集聚的专业集群实践教学基地和教学服务平台。系统设计实践教学体系，统筹编制专业集群实践技能标准。集成核心专业与相关专业的实践教学资源，建设融实践教学、技术服务、创新创业于一体的产教融合平台。

六是服务发展能力提升。明确定位和服务领域，通过技术开发、技术转让、技术咨询、技术服务等方式加强与企业合作，提升专业集群服务产业发展能力。构建以内生动力、激励评价、风险分担和利益分配为核心要素的校企协同成果转化运行机制，推进科技成果转化与创新创业有效衔接。

七是质量保障体系建设。建立专业集群内部各专业在教学质量监控上的协同机制。制定相关制度，由委员会成员或聘请其他专家定期对专业集群整体服务产业链的能力、人才培养工作对产业链需求的适应度进行自我评估，并根据评估结果改进专业集群的整体工作。同时，通过互评或统一组织评估等方式，定期开展对专业集群内部各专业教学质量的评估与检查，并及时向相关专业集群建设委员会或负责人进行反馈，提出改进建议，并在改进工作中提供必要的协作与支持。

第五，明确规划保障举措。主要包括：一是完善配套措施。建立学校专业集群产学研建设与管理委员会、各专业集群产学研建设与管理委员会并明确各自的职能；学校出台支持专业集群建设的指导意见，注重绩效奖励，加强建设过程检查；推进制度化建设和规范化管理，制定专业集群产学研建设与管理委员会章程、专业集群建设与管理工作条例、专业集群提高人才培养对产业链需求适应度的若干意见、专业集群加强服务产业链工作的若干意见等制度和文件；调整优化学生、学籍、学分等管理制度。实施按专业集群招生，允许学生在专业集群内自主选择专业，鼓励学生自主学习和个性化发展，鼓励学生根据兴趣爱好跨专业集群学习。二是加大投入保障。在经费保障上，加大专业集群建设经费投入，多渠道筹措建设经费，合理分配和使用建设资金。应根据专业集群建设需要设立专项资金，保障专业集群的建设。鼓励相关行业、企业配套投入，形成多元投入、协同建设模式。三是强化质量监控。建立专业集群建设质量管理制度，坚持过程管理与结果评价相结合，制定专业集群数据采集规范，实现专业集群评估指标数据的实时采集和动态更新。

2015年国家发改委、财政部、教育部遴选应用型高校产教融合工程项目的100所高校，笔者应教育部学校规划建设中心之邀，对入选的100所高校的申报材料，特别是转型发展总结、实施方案以及专业集群建设规划或方案进行了审读。

其中，《福建工程学院专业群建设与发展规划》是入选的100所高校中为数不多的对专业集群既有研究理念又有明确目标任务措施的规划文本。这个规划明确了以下七个方面。

一是特色与目标定位明确，学校明确根据专业特色开展专业群建设工作，提出打破学科界限、学院管理壁垒，构建建筑类、装备制造类、城市建设与管理类等八大专业集群，并将专业群建设作为实现2020年基本建成国内高水平的示范性应用技术型大学目标的主要内容；二是建设指导思想明确，按照"优化结构、培育优势、资源共享、产教融合"的原则，依托现有专业，以品牌专业为核心，以专业人才培养适应社会行业需求来科学规划设置专业群，形成以核心专业为主、教学资源共享、专业方向明确但又联系紧密的专业群；三是建设意义或价值指向明确，聚焦专业办学特色、专业办学效益、服务地方经济社会发展，即"推动专业设置集群化，形成学校专业办学特色""提升各专业协作共享，提高学校专业办学效益""促进人才培养适应产业链需求，提升服务地方经济社会发展"；四是建设目标明确，主要聚集"突出学校专业办学特色，组建八大专业群""加强专业群内涵建设，提升服务能力""达成专业群内在要求，适应产业链需求"；五是建设任务明确，突出了专业内涵建设的五个重点，即培养模式改革、课程体系重构、实践教学条件建设、师资队伍建设和质量保障体系建设；六是实施举措明确，强调要优化专业布局、构建专业群课程体系、建设开放共享的专业群实训基地和"双师双能型"师资队伍；七是保障措施明确，强化了专业集群建设的组织、政策、制度和经费等四个方面保障。

当然，值得关注的有以下几点。一是该规划中有不少创新的理念、思路、举措，体现了规划有理论高度能够"连天"且切合实际能够"接地气"；二是福建工程学院在专业集群推进中，学校主要领导善于谋划集群建设的顶层设计，并进行了具有一定水准的理论探索与思考。① 当然，该专业集群规划也有一些缺憾与不足，如更多是从人才培养视角考虑研制的专业集群规划，缺乏从学科专业集群超级平台角度的整体谋划，也缺乏产教融合、校企合作的组织机制保障，成立了八类专业集群产学研建设指导委员会，明确了牵头单位，没有明确包括企业在内的参与单位及其职责等要求，等等。总体而言，在当时情景下，福建工程学院研制的专业集群建设与发展规划仍不失为一个专业集群注重顶层设计的优秀案例。②

第三节　专业集群的实施方案

一　专业集群实施方案：集群战略行动

战略行动主要包括与战略选择相关的具体推进手段和实现方式。在高校所处环境呈动态化特征的情况下，只有有效地策划和推进一系列重大行动，高校的战略选择才能够得到真正有效的实施，这就需要管理者事前制定主动和理性的行动方案。③ 专业集群建设规划是学校对五年或更长时间专业集群如何布局、建设与发展的总体性谋划与设计，落实与执行规划则需要学校实施专业集群的战略行动，精心制定针对某个高校或某个高校某一专业集群建设的实施方案。如果说，一所高校提出专业集群发展战略是作出了战略承诺与选择，研制专业集群发展规划是作出了整体性战略安排与总体性谋划设计，那么，制定专业集群实施方案则强调战略承诺、战略规划的可落地推进、可实施操作、可检查评价。

二　专业集群实施方案的基本要素

一般来说，一份较好的专业集群建设的实施方案可以包括以下几个方面。

---

① 该校党委书记吴仁华、校长童昕分别在《高等工程教育研究》《教育评论》等期刊发表了专业集群建设的研究论文。

② 该资料来源于2015年国家"十三五"产教融合发展工程规划项目入选的全国100所应用型本科院校项目材料。

③ 宋永华、伍宸、朱雪莉：《世界一流大学建设战略规划制定：英美顶尖大学的经验和启示》，《高等教育研究》2017年第10期。

一是指导思想明确。在充分领会国务院办公厅《关于深化产教融合的若干意见》，教育部、国家发展改革委、财政部《关于引导部分地方普通本科高校向应用型转变的指导意见》及省区市、办学所地政府和学校转型发展等相关文件精神基础上，坚持深度融入"产业链、人才链、创新链、落实链"，以产教融合为驱动，以特色专业为核心，以重要专业为支撑，以相近专业为延展，以重点学科为依托，以集群平台为抓手，建立校校、校地、校企、校所以及国际合作的协同育人新机制，建立跨学院、跨学科、跨专业交叉培养复合型、应用型人才新机制，构建人才培养、技术创新、科技服务、文化传承、继续教育、行业智库、创新创业各项功能高度集成的超级平台。

二是建设目标清晰。从专业集群价值实现来说，需要通过实现其自身提高应用型人才培养质量，培育学校办学特色，提升学校办学水平，提升学校服务区域经济社会发展和国家战略需求的贡献度等方面的价值来实现专业集群建设目标。从专业集群建设愿景来说，可以通过"四个构建"来实现专业集群建设目标，即构建并形成产教深度融合、校企紧密合作的专业集群格局，构建并形成符合学校发展目标和人才培养要求的学科专业集群体系、集群平台体系、集群教育教学体系和集群质量监控和评价体系，构建并形成与高水平复合型、应用型人才培养相适应的集群管理体制和运行与保障机制，构建并打造出彰显特色的学科专业集群超级平台，促进创新要素积聚和系统集成，提高平台服务区域经济社会的承载力和人才团队的聚合度，进而构建起高水平应用型大学的核心框架体系。还可以将总体目标细化，具体化成师资、课程、平台、资源等若干具体目标。

三是思路举措务实。充分发挥专业集群管理委员会谋篇布局、顶层设计的作用，充分发挥各专业集群建设委员会组织实施、落实目标任务的作用，形成学校顶层设计—专业集群组织实施—二级学院具体落实的专业集群建设三级链式纵向主线。同时，学校相关职能部门要密切配合支持、协同推进，完成学校专业集群建设顶层设计的各项任务。分阶段推进专业集群建设工程，抓好起始建设阶段的广泛调研（包括区域产业结构及变化趋势，区域高校专业集群建设情况，学校学科建设、专业建设体系、优势特色及支撑条件等，行业企业用人需求，在校学生、毕业生代表及第三方专业满意度调查等）、深入调研（对区域产业结构、劳动就业结构、岗位技能结构以及行业企业、机关事业单位用人条件、招考要求及方式等进行专业集群人才需求调研，系统梳理学校已有专业的分类组合和核心专业，确定以产业链或产业链相关环节为主线构建专业集群），完成组织架构设计，厘清解决理念认识问题，拓展思路凝聚共识；抓好全面推进阶段的学校发展战略引领、教改重点项目研究、各方专家把脉问诊、规划方案科学设计、集群核心要素重点建设（推进产教融合引领的校地、校校、校企、国际合作，推进课程、协同创新、创新创业、实习实训平台建设）；抓好持续提升阶段的评价体系研制、建设效度评估、集群载体空间拓展、激励评价机制建立、持续改进与深度推进。

四是推进计划落实。根据专业集群建设规划、实施方案，制度专业集群建设分年度推进计划，进一步明确专业集群启动建设年、深化建设年、总结评估年的重点工作任务，明确时间节点、工作要求，确保规划、实施方案的目标任务全部落实。

三 专业集群实施方案的个案简介

2016—2017年，笔者对河北民族师范学院专业集群建设给予了指导[①]，其间，与教育部学校规划建设发展中心专家团队对该校专业集群建设实施方案进行了研讨与论证。

该校专业集群实施方案具有以下几个特点。

一是将专业集群置于推进转型发展、深化产教融合和推动综合改革的背景下，并自觉地将专业集群与转型发展、产教融合、综合改革紧密结合。

二是专业集群建设指导思想具有全局性、前瞻性和开放性，明确提出"坚持深度融入产业链、人才链、创新链、落实链，以特色专业为核心，以重要专业为支撑，以相近专业为延展，以重点学科为依托，以应用研究为支撑，以集群平台为抓手，以产教融合为驱动，以集群委员会建设为保障，建立校校、校地、校企、校所以及国际合作的协同育人

---

① 笔者作为教育部学校规划建设发展中心专家多次参加了该校专业集群建设专题研讨与指导。

新机制，建立跨学院、跨学科、跨专业交叉培养复合型、应用型人才新机制，构建集人才培养、技术创新、科技服务、文化传承、继续教育、行业智库、创新创业各项功能高度集成的超级平台"，还明确提出了"需求导向、优势引领、稳步发展、动态调整"四条原则。

三是专业集群建设总体目标、具体目标、推进思路、保障措施等清晰明了，具有创新性、可操作性，"四个基本"的总体目标、五个具体目标描绘了学校专业集群建设的愿景与目标，特别是创新性地提出基于产教融合驱动的专业集群建设工程，可实施性与操作性强，颇具特色。

三年来，该校专业集群建设与推进转型发展、深化产教融合和建设高水平应用型大学紧密结合，形成了学校党政"一把手"高度重视、教学副校长亲自谋划推进，教务处、转型办等职能部门密切配合、校内外办学利益相关方协同协作及各专业集群建设委员会敢闯善试、真抓实干的良好局面。该校应用本科专业集群建设得到了教育部本科教学合格评估专家组的一致认可与好评。

第四节 专业集群顶层设计的院校实践

一 专业集群顶层设计的基本要素

基于某一个专业集群进行顶层设计，一般应当具备以下几个方面的要素及要求。

一是需要明确该集群的生成构建逻辑、基本特征、主要模式类型和基本原则等内在机理并符合相应建设的要求。

二是需要全面分析专业集群建设的建设背景，了解和把握国家政策与地方高校转型发展背景、区域或地方支柱或主导产业的现实背景和全国应用型院校转型发展与专业集群研究与建设的背景。

三是全面调研和了解专业集群建设的基础条件，梳理学校专业布局特别是与拟建设的专业集群产业相关的专业数量、水平及其与产业链对接情况等，梳理与拟建设专业集群需要的核心与支撑、延展专业及其相互之间的逻辑关系，拟建设专业集群的区域或地方支持条件以及政校行企的合作平台基础，等等。

四是具有先进科学的专业集群建设理念、清晰明确的建设思路与目标、务实可行的实施战略与建设举措。

二 专业集群顶层设计的个案概要

以河北民族师范学院文化旅游专业集群的顶层设计与具体探索为例[①]来说明。文化旅游专业集群是该校基于"以核建群"集群建设模式重点建设的特色专业集群，在诸多集群建设模式中，"以核建群"集群建设模式本身具有极大的挑战度和较强的创新性。该专业集群的规划设计具有以下要素与特征。

（一）以"产业跨界融合""专业大舰战略"为建设理念

所谓产业跨界融合是指国家战略性新兴产业的跨界融合创新决定了高等教育已不是单一专业可以对接需求，只有学科专业跨界交叉，专业链对接产业链，形成互动耦合、共享耦合的协调关系，才能提供更多的复合型人才，同时每个专业找到自我位置，精耕细作实现供需有效联结。所谓"专业大舰战略"是参照了教育部学校规划建设发展中心陈锋 2016 年提出的"大舰战略"，即升级小舢板建造大舰，把人才培养、科技创新、技术转移、智库建设、创新创业等功能集成作为学科专业集群的重要特征[②]，推动资源聚集共享，实现开放融合发展。

（二）以构建基于"文旅+"产业的"大舰战略"为建设思路

在国家文旅融合与全域旅游的产业背景下，积极对接承德国际旅游城市建设与文化旅游第一主导产业的地方需求，优化专业布局，遵循开放融合、集成化、体系化的大舰战略特征，以专业集群集成"文旅+"产业，以文化夯实集群内涵与外延，以包容性理念扩展集群思路，在文旅全产业链条上寻求突破方向，重点对接文旅创意、文旅运营、文化传媒、文化交流等领域，构建以旅游管理类专业为核心专业集群。搭建文化旅游协同创新中心（承德文化旅游研究院）跨界平台，专业上借力互助创新培养方式，学科上协同创新打造行业智库，加强校政企产教融合，共同打造交叉跨界、立体支撑、聚焦攻坚、优势明显的"专业大舰"。

---

① 该案例由河北民族师范学院提供。作者简介：王强，1988 年 11 月生，山西临汾人，河北民族师范学院旅游与航空服务学院副院长、文化旅游专业集群负责人，主要研究方向为区域旅游规划与文化旅游。

② 陈锋：《实施"大舰战略"：加快建设学科专业集群超级平台》，《中国高等教育》2016 年第 23 期。

（三）以构建"四个格局"为集群建设目标

一是实现专业集群与产业相对接的格局。专业集群立足承德，服务京津冀。凭借京津冀协同发展之势，承德市"十三五"规划围绕"京津冀水源涵养功能区、国家绿色发展先行区、环首都扶贫攻坚示范区、国际旅游城市"发展定位，突出发展现代服务业，打造十大绿色转型产业，优先发展文化旅游与健康养生产业，以此为出发点构建专业集群。

二是实现专业集群与培养目标相适应的格局。在专业人才培养方案的合作互通下，从人才培养导向、面向行业岗位能力进行全盘考虑，通过专业间互选课程、互设方向、互进工作室、互认学分进行融合培养，通过实践环节项目导向进行共同合作，在产业引领下实现培养中的交叉交融。培养服务地方社会经济的复合型、应用型人才，实现模式可复制目标。

三是实现教学、科研与服务地方良性互动的格局。地方需要学生形成的专业人才，更需要教师构建的专业智力团队，文化旅游专业集群实现校内相关专业师生跨学院资源整合，在教学与科研两方面发力，夯实人才培养与智力创新基础，在协同育人与协同创新基础上进而实现服务地方的要求。

四是实现校内外差异化与特色化发展的格局。在专业细分与行业融合的背景下，通过专业集群构建，突破各自为营，通过人才培养创新，与学校其他五大专业集群实现差异化发展；在国内率先实现旅游相关教育多学科集聚发展、特色发展；在新建本科院校中践行专业集群式发展，其他同类院校实现错位发展。

（四）以"2626战略"为集群实施战略

该集群的战略实施如图5-1所示，首先明确两个宗旨，即协同育人、协同创新；重点实施六大任务，按照搭好框架、组建机构、制定章程、做好规划、联合政企、突破项目的实施步骤前行；为实现集群目标，重点组建两个机构，包括文化旅游专业集群委员会、文化旅游协同创新中心（承德文化旅游研究院）；短期内主要推进六大抓手，包括整合集群公共课程、整合集群工作室、整合实训基地、整合专业竞赛、整合研究机构、服务地方决策。

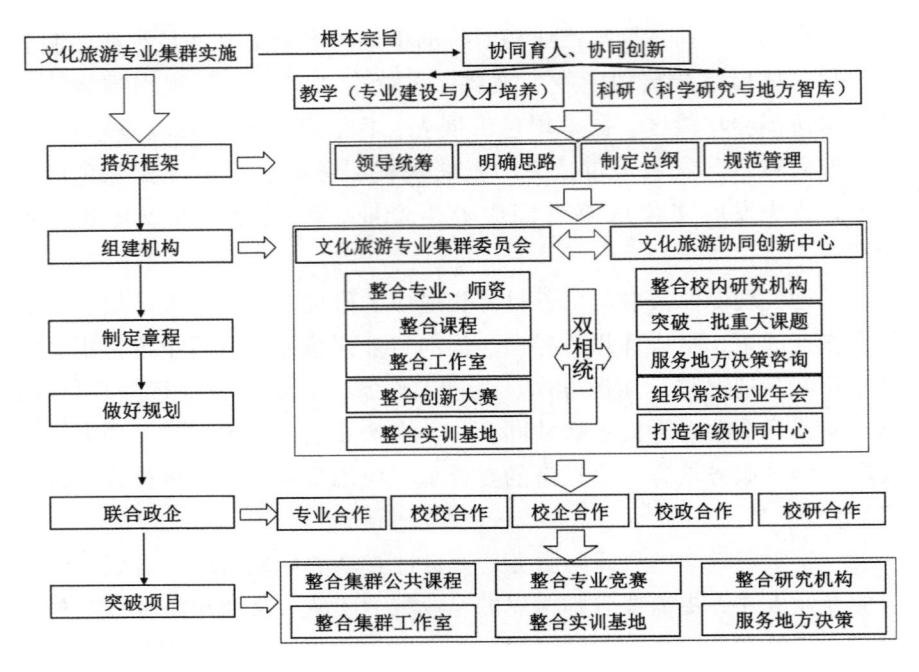

图 5-1 文化旅游专业集群"2626 战略"

（五）以"精、融、共、聚"为集群建设举措

1. 精

（1）精选专业：围绕地方文化旅游与康养产业需求，以产业中某一细分行业需求服务为原则，根据学校专业总体概况，选择了 12 个相关专业列入专业集群建设。

（2）精建机制：一是成立校内管理虚拟机构（文化旅游专业集群委员会）、校内政产学研机构（文化旅游协同创新中心《承德文化旅游研究院》），打破部门分割，统筹在全校专业集群管理委员会之下。其中集群委员会主任由学校召集人与主体合作企业负责人共同构成，副主任由各学院负责领导与合作企业负责人构成，委员会设立秘书长，集群成员为各专业负责人与教研室主任。二是加强任务式、项目式集群团队建设，强化人员管理与激励制度。推进首席专家负责制，服务于项目需要，实行横向协调的项目管理。完善课程学分置换与认定方法，课程采用"套餐"组合模式，运行课程互选交叉培养模式；以"学分银行"

理念，鼓励并认定置换学习获得的学分。推进工作成果报告及常态年会制度，发布年报、分享年度成果，制定年度计划。实施相关成果挂名制度，教师申报与文化旅游相关教改项目、承担课题论文、社会咨询项目，在单位署名中加挂"文化旅游协同创新中心"。

2. 融

（1）融合专业——"文旅+"：各专业间以"文旅+"为核心，挖掘文化精髓，打造有机整体，不做拼凑杂糅。形成以旅游专业为核心引领，以文化与体育类专业为支撑，以设计、传媒与翻译类专业为延展的有机格局。

（2）融合资源：融合各专业软件与硬件资源，融合师资，组建集群师资库、培养双师型队伍；融合基地，包括校内实训室、校外实践实习基地共享；融合工作室，进行集群内不同专业工作室共享；融合平台，包括校内合作、校地合作、校企合作、校校合作、中外合作平台等。

3. 共

（1）共改专业：推进集群人才培养模式改革，其一为模块设置型，设置培养方向课程对接文化旅游。各相关专业设置能紧密围绕服务文化旅游与健康养生产业集群的培养方向，建设相关课程，培养适销对路的拥有岗位能力的从业人才。其二为项目驱动型，通用能力上进行文化旅游项目实践。各相关专业培养自己专业通用能力基础上，以工作室或者项目形式实现集群对接，共同承接文化旅游与健康养生服务项目，培养学生服务地方能力。

（2）共推双创：各专业瞄准文化旅游领域，共同组织学生推进创新创业和专业竞赛，跨专业联合指导，以赛促练，以赛促学。如大学生创新项目（互联网+双创、大学生双创训练项目），参加文旅竞赛（河北省文创大赛、避暑山庄文创大赛等），组织竞赛平台（文化旅游微创意大赛、皇城雅趣文化创意设计大赛、微视频大赛）。

4. 聚

（1）聚拢课程——三级课程模块：按照以课程模块为串接点的纵向布局和以工作室为贯通线横向贯通聚拢课程，形成纵横交织、点线融合的三级课程布阵。一级为集群共享课程，融入学校选修课程体系之中，限定年级和专业。从专业集群角度给予申报、汇总、审核及上报开设。二级为专业本位课程，分别融入集群内各专业方向课程之中，即集群内各专业专门围绕地方文化旅游设立一个相关方向开设相关课程，由本专业学生选修、本专业教师任课。三级为岗位直通车课程，以能体现文化旅游特色的各工作室为平台，直接与地方产业挂钩，在工作室中实施学校和企业联合"双导师制"，对加入工作室的学生开设与岗位直接相关联的课程，该类课程可融入学生实践学分之中。

（2）聚焦课题——打造承德文旅智库：聚焦承德地方文化旅游产业链薄弱环节，以文化旅游协同创新中心（承德文化旅游研究院）名义开展横纵课题突破，承接承德市重大研究项目，以标志性成果打响声誉，以大型项目带动学生培养，带动教师发展，打造行业智库。重点突破三类项目。其一为教学质量工程项目，如跨专业教学团队建设、跨专业教学成果培育、跨专业教学改革项目。其二为科研攻关项目，如承德市民族区域旅游扶贫、水源涵养地的绿色文旅、遗产旅游保护与开发、承德产业转型与可持续发展等。其三为服务地方横向项目，如承德市或县文化旅游规划开发、省市旅发大会吉祥物与旅游形象标识设计、市特色文创产品设计等、从业人员年度培训、特色文旅宣传电影纪录片等。

据笔者跟踪调研了解到，该专业集群自2016年启动建设以来，以协同育人、协同创新为目标，在课程体系与培养模式、实践基地与产教融合、双创与竞赛、研究平台与服务地方等方面都迈出了坚实的步伐，并取得了显著的阶段性成效。同时，由于该专业集群是基于"学科专业集群超级平台"的"大舰战略"理念和"以特建群"的集群生成逻辑构建的，在建设探索过程中，受制于专业集群这一虚拟学术组织与二级院系办学实体在发展定位、目标方向、决策机制、资源配置、利益分配等方面的分歧与差异；受制于集群平台机制初步形成、激励约束机制尚需完善；受制于欠缺高学历高职称专家引领、重点学科基础支撑、高层次产教融合项目支撑，在一定程度上影响了该专业集群方案的执行力度与实施效度。但是，值得充分肯定的是该校不回避专业集群建设中的矛盾、困难与不足，专门召开深度推进专业集群建设工作研讨会，以强烈的问题意识、反思精神和务实举措进行了再研讨、再部署与再探索。总体而言，这是一个在顶层设计与探索实践相结合方面做得较好的典型案例，值得学习和借鉴。

第六章 专业集群的内涵建设

本章首先将基于对我国高等教育进入内涵式发展时期和应用型院校进入"专业为王"时代的重要研判,分析内涵建设对应用型院校建设的新要求,阐述内涵建设与专业、专业集群之间的关系,厘清专业内涵与专业集群内涵建设的主要内容,提出要实施若干专业集群内涵建设的推进工程,从校领导等层面为专业集群的内涵建设提供有力保障;其次,从专业集群内涵建设的角度,择要阐述如何加强专业集群的培养方案研制、师资队伍规划建设、学科与实践及创新服务平台建设、人才培养模式改革、课程体系建设、集群的特色发展等若干主要着力点;再次,鉴于课程之于专业集群内涵建设的特别重要性,将专节阐述如何推进基于专业集群的课程群建设;最后,将分享两个在专业集群的内涵建设方面有较好探索与实践的院校案例。

第一节 内涵建设与专业和专业集群建设

一 内涵建设对应用型高校的新要求

新时代我国已经进入高等教育内涵式发展的新时期。《一流本科教育宣言》("成都宣言")之五"我们致力于提升内涵",提出"我们将着力建设高水平教学体系,提升专业建设水平,建设面向未来、适应需求、引领发展、理念先进、保障有力的一流专业推进课程内容更新,将学科研究新进展、实践发展新经验、社会需求新变化及时纳入教材;推动课堂革命,把沉默单向的课堂变成碰撞思想、启迪智慧的互动场所,建立学生中心、产出导向、持续改进的自省、自律、自查、自纠的质量文化,将质量要求内化为师生的共同价值和自觉行为"等方面的要求。

内涵建设不仅是目前我国高校发展的主题，也是新时代我国高等教育内涵式发展对应用型高校的新要求。将来应用型高校的竞争是内涵建设及其实力的竞争，也是以专业集群为核心特色的竞争，过去较长一段时间内，应用型高校往往处于规模扩张期和转型发展的阶段，这有其特定历史阶段发展的必然性与合理性。但随着高等教育进入内涵式发展新时期和应用型院校进入"专业为王"新时代，专业建设处于"王者为尊"之位，具有"纲举目张"之用。一些应用型高校依然保持着规模扩张的冲动与思维、缺乏内涵建设的思路与行动，就与发展形势及趋势极不合拍了。因此，我国应用型高校亟须牢固树立"内涵式发展"理念，走出发展困境，在提升内涵建设、凸显办学特色上下功夫，切实加强高校以专业和专业集群建设为主要内容的内涵建设，强化内涵建设的各项保障，致力于建设一流专业和高水平专业集群建设。

二 内涵建设与专业、专业集群的关系

内涵建设与专业和专业集群的关系包括两个相互对应的方面。

第一，专业和专业集群是高校内涵建设的基本方面，是高校内涵建设的核心内容，是高校人才培养质量和高校办学水平的重要标志。2018年11月1日，教育部高等教育司司长吴岩在国家专业教指委成立大会报告中指出要以"一流本科、一流专业、一流人才"为目标，形成覆盖全部学科门类的中国特色、世界水平的一流本科专业集群，全面服务于竞争力中国、健康中国、幸福中国、法治中国、形象中国、教育中国、科学中国建设……"，其意就强调了一流本科专业集群是实现一流本科、一流专业、一流人才目标的重要内容。

应用型高校内涵建设强调基于办学定位，要重点解决两大问题，即什么是应用型高校和如何办好应用型高校、什么是应用型人才和如何培养应用型人才的问题，其涉及的内容很多，包括专业建设、人才培养、学科建设、队伍建设、制度建设和文化建设等六个重要方面，其中，专业建设是基础，人才培养是中心工作，学科建设是龙头，队伍建设是关键，制度建设是保障，文化建设是软实力。[①] 因此，高校的内涵建设必

---

① 顾永安等：《新建本科院校转型发展论》，中国社会科学出版社2012年版，第8页。

须夯实专业建设这一根基，围绕专业建设这一核心开展其他方面的内涵建设，将高校内涵建设落实到专业和专业集群建设上去。

第二，专业和专业集群本身需要加强内涵建设，解决其本身内涵发展中的种种问题，切实提升高校专业集群的内涵建设水平，提升高校自身的核心竞争能力。专业是本科培养的基本单元，专业建设直接关乎人才培养质量、大学办学水平的提升。高校专业和专业集群自身的内涵建设有很多工作抓手，如专业学位授权评审、本科教学工作合格评估、审核评估、专业综合评估，重点学科建设、硕士学位点建设、"双一流建设"、"双万计划"、品牌专业、特色专业、示范专业建设，专业建设行动计划、专业（内涵）建设年活动……因此，专业集群内涵建设的任务繁多而艰巨。

同时，专业内涵建设、专业品质提升已经成为高校及其教师必须面临的重要课题，成为家长、考生、社会以及利益相关各方的关注点和聚焦点，加强专业内涵建设可以抓好"七个一"，即实施一个战略，积极推进专业集群战略；执行一个标准，以《普通高等学校本科专业类教学质量国家标准》作为开展专业内涵建设的主要标准；落实一个体系，参照国际标准和理念的三级专业认证体系，开展专业认证；推进一个行动，按照教育部主导的新工科、新农科、新医科、新文科建设行动的理念要求进行专业建设；抓好一项评估，无论是以"三基本"为主要内容要求的合格评估，还是以"五个度"为主要内容要求的审核评估，其评估重要指向都是专业布局、建设及其人才培养质量与相应的条件保障、质量保障等，着力推进以评促进专业建设、管理与改革；立足一流建设，国家推进"双一流"建设，推出"金专""金课"建设及"双万计划"，其建设目标更是直指专业内涵建设的质量与水平；呼应一项改革，国内大多数省区市陆续取消本二本三批次，推行按专业招生的同步招生并轨的高招改革，更是通过招生改革的杠杆引导或迫使高校将专业设置、布局、建设以及专业的质量、水平与特色放在重中之重的位置。

三　专业和专业集群建设的基本内涵

内涵即教学过程中诸要素的齐备性、丰富性和层次性，主要教学过程元素包括：师资、课程、教学、实训与制度，均为专业类国家标准所强调的关键评价维度；建设即进行改革创新的规划、行动，以达教学过程诸要素完善和提升之目的。[1] 专业集群建设的基本内涵包括专业建设的基本内涵和专业集群建设的基本内涵两个方面，专业建设的基本内涵是专业集群建设的基本内涵的前提和基础，专业集群建设的基本内涵是专业建设的基本内涵在专业集群发展阶段的新的呈现方式，两者密切相关、相辅相成、不可分割。专业集群建设是一项复杂的系统工程，从高校内涵建设要求及其与专业和专业集群的关系出发，阐述专业和专业集群内涵建设的主要内容，需要构建专业和专业集群内涵建设的体系框架，进而为下文具体论述专业集群的内涵建设张目提纲。

（一）专业建设的基本内涵

近年来，在参加本科教学工作评估深度访谈中发现：一些新建本科院校的校领导、教学管理干部、二级学院和专业负责人或带头人对什么是专业、什么是专业建设等常识性的基本问题一知半解、认知模糊，也导致工作指导与推进存有较大的偏差。专业建设的基本内涵非常丰富，我们认为应当包含但又不限于以下25个方面的内容。

1. 专业设置与建设的调研论证；2. 专业人才培养方案的制定（修订）；3. 专业人才培养的理念、目标定位与人才培养模式；4. 专业建设规划的（3年）研制；5. 专业的师资队伍建设与发展（专业带头人、负责人配备）；6. 专业的课程体系重构及应用型课程建设与改革；7. 专业的教材建设：国家规划、应用型、自编教材等；8. 专业的实验、实训、实践、实习平台或基地建设；9. 专业的教学内容调整与教学方法、手段、考核方式改革；10. 专业的教学档案管理常态化与长效机制；11. 专业的基层教学组织建设与创新；12. 专业教学质量保证体系构建与运行；13. 专业的主要建设教学环节质量标准与执行；14. 专业自我评估与认证；15. 教学质量工程及专业建设项目的申报与建设；16. 专业与产业的关系：亲近业界、融入业界，对接产业集群的专业集群建设；17. 专业与职业的关系：契合职业岗位群，重视学生职业迁移与可持续发展能力培养；18. 专业与学科的关系：推进学科专业一体化

---

[1] 逯长春：《新政策背景下职业技术师范教育的使命与改革创新任务》，《中国职业技术教育》2020年第10期。

建设，凝练学科与科研方向；19. 专业与开放的关系：专业集群的城校共生，专业在地国际化的若干问题；20. 专业与文化的关系：专业文化建设是大学学术与质量文化的核心、专业文化服务与引领行业文化；21. 专业的特色培育与凝练；22. 专业教学理论与实践的研究成果；23. 专业的标志性成果：《江苏高校一流本科专业建设任务指南》为例，国家级成果包括：国家教学成果奖、教育部一流课程（5类金课）、教育部基础学科拔尖人才培养基地、未来技术学院、特色化示范性软件学院、"四新"实践与改革项目、"互联网+"大学生创新创业大赛国赛奖项、国家级规划教材或奖项等，省级成果包括：省教学成果奖、省一流课程、省级重点产业学院、省重点教材、省教改项目、省级大学生创新创业实践教育中心、"互联网+"大学生创新创业大赛省赛奖项等；24. 专业的人才培养质量与效果；25. 教学成果奖培育与申报，等等。

为推进专业建设和进一步开展相关研究方便，可以将以上专业建设的基本内涵归类为5个不同的层面。其中，第1—4可归于专业建设的顶层设计层面，第5—9可归于专业建设的主要内涵层面，第10—15可归于专业建设的管理与工作抓手层面，第16—20可归于专业建设的重要关系层面，第21—25可归于专业建设的特色与成果呈现层面。

明确专业建设的基本内涵是有效推进专业内涵建设、提升专业建设水平的重要前提。提升专业内涵建设水平，需要理清基本思路。[①]

其一，把准专业建设的基本要素。包括人才培养方案制定、课程与教材建设、师资队伍建设、实验实习实训基地建设、主要教学环节质量标准研制、教学方法与手段改革、本科教学质量工程建设、日常教学运行及其质量监控、教学档案管理、基层教学组织建设等。

其二，突出专业的核心内涵。从众多专业建设的抓手来看，核心内涵主要是师资队伍、课程体系、平台条件、质量保障等。

其三，培育打造专业特色。特色就是质量，就是水平，专业特色应当是高校办学与人才培养的核心特色和主要竞争力。

（二）专业集群建设的基本内涵

2006年以来，国家陆续出台了宏观政策引导高职专业群、本科高

---

① 顾永安：《"专业为王"的时代：高校如何应对》，《教育发展研究》2018年第19期。

校专业集群建设，但只是提出了专业群、专业集群的概念，对于专业群、专业集群的意蕴、内涵等并没有具体阐释。

有研究者认为：专业集群内部机理的构成要素、集群内各专业的结构关系、人才培养模式、课程体系、实践教学条件、师资结构与水平是专业集群建设的基本内涵。① 有研究者指出：在提升专业人才培养质量的诉求下，以集群思维整体布局专业结构体系，积极促进教育资源的顶层设计、系统开发、综合应用，形成集聚效应，已经成为新时期专业内涵建设的首要任务。② 有研究者认为专业集群常态建设的要素包括专业结构布局、课程体系建设、实训体系建设、培养模式改革、师资队伍组建、组织机制设计等要素。③ 还有研究者认为国家示范性高职院校专业群项目是一项综合性的发展建设项目，包括了与专业建设相关的师资队伍、实训条件、课程改革甚至教学组织结构等一系列改革。其建设方案中关于"建设内容与措施"部分，明确要求重点建设内容包括"人才培养模式、改革课程体系与教学内容改革、实验实训条件建设、师资队伍建设、社会服务能力建设"④。广东省高职院校高水平专业群建设项目申报主要从"人才培养模式创新、课程教学资源建设、教材教法建设改革、教师教学创新团队建设、实践实训教学基地建设、技术技能平台建设、高质量社会服务、国际交流合作提升、持续发展保障机制、专业群特色内容"等十个方面提出了专业群内涵建设的引领性要求。

笔者认为专业集群的内涵建设既包括了专业内涵建设的要素要求，也包括了作为专业集群的内涵建设的特有要素与要求。专业集群的基本内涵也内在地包含了专业的基本内涵，目前关于专业集群建设的内涵或要素的研究观点，大多数是突出了专业建设的主要内涵或重要方面，并没有特别突出强调体现专业集群逻辑、特征的内涵或要素。综合已有研究与实践，在本书中，笔者认为专业集群内涵建设的基本要素，可以概

---

① 张新民、罗志：《高职专业群建设的机理、理论、动力和机制》，《职教论坛》2016年第27期。
② 胡俊平、钱晓忠、顾京：《基于智能制造系统架构的高职专业集群建设》，《中国职业技术教育》2019年第17期。
③ 张栋科、闫广芬：《高职专业群建设：政策、框架与展望》，《职业技术教育》2017年第28期。
④ 孙毅颖：《高职专业群建设的基本问题解析》，《中国大学教学》2011年第1期。

括为三个方面的要素体系。

一是可以包括专业集群的结构布局优化、战略规划设计、组织结构调适、体制机制变革、评价体系构建等体现集群生成逻辑与特征内容的，这是具有专业集群特质的、以外在方式呈现为主的要素体系；二是可以包括专业集群的产教融合、科教融合、政校行企合作以及学科专业集群超级平台的新理念新内涵，这方面的要素体现了专业集群内在要素与外在要素的结合与融合，符合今后应用型院校集群建设的主要方向；三是可以包括专业集群的人才培养模式改革、集群内专业的课程体系重构、教学内容方式方法改革、实验实训条件与实习实践基地建设、师资队伍与教学团队建设等专业的主要内涵方面的内容，这是专业集群与专业内涵建设紧密关联的内在要素体系，也是本章论述的重点内容。

四　专业（集群）内涵建设的保障

专业（集群）的内涵建设必须强化顶层设计、系统整体推进，特别是高校领导应该为专业（集群）的内涵建设提供有力保障。[①]

（一）实施校院"一把手"领航专业工程

专业的王者地位决定了专业建设必然是"一把手"工程。陈宝生部长强调指出"不抓本科教育的校长不是合格的校长"，抓本科教育抓什么？当然，首先应当抓专业。校长们应当更多地谋划和决策学校专业建设中长期规划、专业布局调整和专业集群规划，更多地推出落实专业集群发展战略的举措，更多地提供专业集群建设的体制机制与人财物等方面的保障；二级教学单位的院长或系主任，是落实专业布局调整、专业集群内涵建设的第一责任人，应当明确其全面负责二级教学单位工作的同时，分管"专业建设"这个主业，以及与此密切相关的专业集群建设、学科建设、师资队伍建设，并积极主动地支持和保障分管教学的副院长或副主任开展专业与专业集群内涵建设的各项工作。

（二）实施专业（集群）负责人能力提升工程

专业（集群）负责人应当是所在高校某个专业领域的学术权威和灵魂人物，同时，也是该专业（集群）建设的具体负责者。目前一些

[①]　顾永安：《"专业为王"的时代：高校如何应对》，《教育发展研究》2018年第19期。

高校专业（集群）负责人配备上偏弱，待遇上偏低，工作专业性程度不高；专业（集群）负责人陷于大量具体事务，工作负荷重；对专业（集群）负责人指导与管理上缺位。专业与专业集群的建设与发展，首先是要确立"用专业的人做专业的事"的理念，同时校院领导真正重视专业（集群）负责人自身能力与水平的提升。因此，迫切需要通过有针对性的培训、研修促进专业（集群）负责人能力提升与发展，并通过专业（集群）负责人带动专业教师的能力提升与发展。

（三）实施全体教师的责任担当工程

专业是专业人的专业，专业人要用心、用情、用智致力于专业建设。全体专业教师要强化对专业建设与专业集群建设的责任担当，积极参与投入到专业与专业集群建设中去。根据笔者作为一线教师、研究者和教育部本科教学评估专家，以及曾经在二级学院担任教学副院长、学生工作副书记、党委书记和院长的经历与经验，提出高校全体专业教师应当有这些责任与担当，将其梳理概括为：加强理论学习研究，深入理解应用型的内涵；落实教书育人责任，积极落实以生为本理念；提高课堂教学质量，呈现精彩高效优质课堂；梳理教学工作思路，熟悉所教课程性质价值；规范教学档案材料，确保论文（设计）试卷质量；服从院系工作安排，参与材料、基地建设等工作。同时，笔者还曾经对教师们提出了工作底线的"四不"：不怀与已无关的心态、不违背师德法规、不呈现水课、不游离于专业和教学（有组织人意识、团队归属感）。

（四）实施专业跨界交叉融合推进工程

专业与高校办学的各个要素及人才培养的各个环节密切关联。"就专业办专业"的孤立专业观已经很难有好的出路，甚至是没有出路。以专业集群的战略思维，以学科专业集群超级平台的理念，以开放、互联、整合、融合、融通、跨界、交叉等方式，实现各相关专业之间相互借力、资源共享、课程共享，做强专业、做特专业已经成为新常态、新范式。比如，学科专业一体化建设、学科专业集群建设、"互联网+"专业、优势特色专业+工具性专业复合、专业与思政融合、专业与创新创业教育融合、专业与现代教育技术融合、围绕专业的公共课程教学改革、基于"行业产业企业—专业—创业就业职业"的链式应用型人才培养，等等。这些都是建设一流专业和高水平专业集群的可能路径与举措。

(五) 实施各项专业(集群)抓手整体推进工程

面对当下众多的专业(集群)建设抓手,一些高校领导和专业(集群)负责人叫苦不迭、穷于应付、顾此失彼。校、院二级领导及专业(集群)负责人要在方法论上和策略上学会统筹兼顾,强化系统化思维,整体性推进专业(集群)建设工作。一要明确建设目标愿景,以对专业(集群)的高站位谋划、高起点建设、高标准要求,实现专业(集群)的特色化建设和高水平发展。二要把握建设基本规律,善于研究分析并厘清合格评估、审核评估、专业综合评估、专业认证、品牌(优势、特色)专业、高水平专业集群建设等共性指标与个性要求。三要理清建设基本思路,努力做到对接产业发展,布局专业集群;遵循专业规范,达到专业标准;开展专业评估,对标专业认证;培育专业特色,提升专业质量。

(六) 实施专业(集群)建设的保障工程

专业(集群)建设需要强化保障,包括人力资源保障、财力资源保障、资产设备保障、空间资源保障、支持改革的政策保障以及绩效激励为主的评价机制保障,等等。

第二节 专业集群内涵建设的着力点

一 达成专业集群的内在要求

产业集群及产业链对专业集群及专业人才培养提出了不同的要求,产业集群的要求是否能够达成专业集群的内在要求,将直接影响到专业集群建设的质量与水平。一般地,专业集群建设要达成三个方面的内在要求。[1]

(一) 达到专业需求

分析产业链关键环节、关键要素对所对应专业提出的人才培养(知识、能力、素养、素质)的需求、服务需求。参照工程教育认证标准和"卓越工程师教育培养计划"的人才培养标准,结合行业和产业对

---

[1] 参考《福建工程学院专业集群建设与发展规划》。

人才培养的要求，围绕培养目标、教学资源、教学过程、学生发展、培养效果、质量保证等个环节，联合行业企业不断完善专业集群内各专业建设标准并加以落实，让人才培养达到专业需求。如福建工程学院在 2015 年制定的专业集群建设与发展规划中，明确提出要着力建设 18 个优势特色专业并通过国家级专业认证与评估，学校 24 个专业在参评福建省 2016—2020 年的专业评估中取得较好成绩。

（二）达到共性要求

分析产业链对专业集群内部各专业的共性要求，满足专业集群的基本规格和全面发展的共性要求。根据各专业集群所服务产业职业标准的"共性要求"，建设面向产业链的相关课程群。如福建工程学院根据学校专业集群办学特色，建成数理类、英语类、计算机类等一系列公共课专业集群课程模块。争取建成精品开放课程国家级 3 门、省级 15 门，校级慕课课程 10 门。

（三）达到相互关联要求

适应产业链各关键环节、关键要素之间相互关联（包括相互衔接、相互协作、相互渗透、交叉融合等）的关系，在此基础上，服务对专业集群内部各专业之间相互关联（包括相互衔接、协作、渗透、交叉融合等）的要求。构建各专业集群与对产业链相关环节的关联图。如福建工程学院在规划中提出要建成与产业关联度强的应用型专业达到 90%。

福建工程学院基于这些要求，构建服务海峡西岸经济区建设的建筑类、装备制造类、城市建设与管理类、电子信息类、互联网经济类、交通运输类、文化产业类和生产性服务业类等八大专业集群，并推进专业集群从形态布局转入内涵建设，深化应用型本科人才培养模式改革，重构应用型本科课程体系，整合各类实验实训实践实习基地与平台资源，灵活调用、合理配置人力资源，推进教学信息化建设，实现集群内各种资源共享，真正把专业集群建设落实到专业建设、课程建设、教学改革等方面，机械设计制造及其自动化等八个专业获得福建省高校服务产业特色专业立项建设，取得了较好的成效。

二 专业集群内涵建设的着力点

专业集群的内涵建设是专业内涵建设的重要内容。基于专业集群推进情况的院校调研，从推进专业集群需要"加强"的方面以及专业集群的"集群"维度考虑，推进专业集群从形态布局转到内涵建设、从全面建设转到重点突破，需要着力做好以下几个方面。

（一）集群内的人才培养方案研制

人才培养方案是专业人才培养的总纲与指南，既是本科教育的"宪法"，也是教学环节组织实施和评价的依据，还是重塑教学的前提。[1] 专业集群有明确的服务面向定位和人才培养目标定位，集群内各专业仍是完整的人才培养单元，但都置于专业集群人才培养目标定位的统领之下，集群对群内专业起着定向或定性作用。所谓定向，是指确定总体的服务面向，把集群内专业界定在同一产业链（岗位群），而不能游离于此领域。所谓定性，是指确定主流的技术方向，把集群内专业统一到特定的技术方向（业态模式），而不能偏离此方向。[2] 专业集群的人才培养方案要体现"学生中心、产出导向、质量持续改进"理念，紧扣专业人才培养目标定位，发挥定向或定性作用，改变过去单纯就单一专业而研制人才培养方案的情况。学校要加强专业集群的人才培养方案研制的统筹与协同，因为专业集群的人才培养方案研制或修订，绝不是单个专业或单个二级院系或教务部门的事情，而是涉及大学管理理念、治理体制和资源配置方式、大学管理体系及组织方式等方面的调整。专业集群建设管理委员会、相关集群负责人要对集群内专业进行统筹分析，按照集群建设的要求，在充分调研区域产业结构、劳动就业结构、岗位能力结构的基础上，深刻分析产业链各环节或层次对人才培养的需求差异，明确专业集群的服务面向和集群内各专业人才培养的目标指向，同步研制集群内各专业的人才培养方案，使集群内的专业培养方案既具有集群专业的共性特征，又具有各个专业的个性特征。要围绕培养目标与行业、企业等办学利益相关方共同修订专业人才培养方案，以实现人才培养与产业需求的对接、课程体系与职业能力的对接、专业标准与资质认证的对接。

重庆科技学院根据应用型人才培养目标、各行业职业资格要求和

---

[1] 袁靖宇：《高校人才培养方案修订的若干问题》，《中国高教研究》2019年第2期。
[2] 吴升刚、郭庆志：《高职专业群建设的基本内涵与重点任务》，《现代教育管理》2019年第6期。

各行业职业标准，2016年全校提前部署研制专业教学标准，做到与国家专业教学质量标准同步研制，与国家专业教学质量标准同时发布，2017年研制了学校全部57个专业教学标准。同时，2016级人才培养方案中引入工程专业认证理念：通过能力实现矩阵关注学习产出，提出校企合作课程、专业导论课程要求。2017级人才培养方案中要求"1. 工科专业对应12条通用毕业要求，分解毕业要求指标点；2. 非工科专业参照执行；3. 编制课程大纲，要求学生课后学习工作量与课程学时比例达到1：2"。2018级人才培养方案中"1. 要求各专业创新创业实践必修2学分；2. 授课计划录入教务系统，落实学生课后学习量与课程学时1：2的要求；3. 进一步编制完善本科人才培养方案主要教学环节实施方案。"学校专门发文明确"全面梳理实践教学内容体系及学时学分构成；编制必修实践环节教学实施方案，编制实验课程、校内外实习实训、课程设计、综合设计、毕业设计、创新实践环节等实施方案，落实到考核指标应覆盖的毕业要求指标点，并做出达成度评价说明；制定公共理论课程教学改革方案，思政类、外语类、高数类、大物类、力学类、制图类、计算机类公共课程，以课程组为单位，形成教学模式、信息化手段运用、教学资源建设、提高学习挑战度、学生学业增负等方面的具体改革举措；编制校企合作课程实施方案，侧重明确企业专家承担的教学任务、参与形式、参与教学活动的审核流程等"。

（二）集群内的师资队伍规划建设

师资队建设于一所高校建设与发展的重要性是不言而喻的。对于专业及专业集群建设而言，师资队伍是专业建设的核心要素，是专业集群建设的主体力量。开展专业集群建设后，要改变过去单纯就一个专业而研制师资队伍规划的情况，专业集群建设管理委员会、相关集群负责人要对集群内专业师资情况进行统筹分析，摸清各专业师资队伍的家底，在生师比符合教育部本科教学评估要求以及专业认证要求的情况下，兼顾各专业师资的学历职称年龄结构合理、兼顾专职与兼职师资比例合理、兼顾一定比例的"双师双能型"师资、兼顾教师的教育智慧素养与人工智能素养要求，努力建设一支"双高双师双能双智结构型"的师资队伍；同时，按照集群建设的要求，力求做到"四个同步"，即同步研制集群内各专业的师资队伍建设方案，同步配齐配强集群内各专业高水平专业带头人与骨干教师（加强对专业集群负责人及各专业负责人的培养和引进，打造专业集群领军人物，以集群核心专业负责人为引领，群内其他专业负责人为支撑，各专业专任教师为骨干，行业、企业兼职教师为补充，建设一支"结构合理、分类多型、双师双聘、开放管理"的专业集群教师队伍），同步构建若干高水平教师教学创新团队、科研创新团队（整合专业集群内相关专业教师资源，鼓励教师打破专业、学院壁垒，以专业集群为平台，以共享课程、共享平台为依托，联合建设高水平教学和科研创新团队，通过团队合作机制，进一步促进学科专业的交叉融合），同步探索校政行企"互聘、互兼、互提升"的师资队伍双向交流与发展机制。特别要通过以上举措，在专业集群内打破专业之间的界限，改变传统专业教研室组织方式，面向不同职业岗位方向，根据不同课程模块组合，优化教师结构，共享共用现有师资，提高人力资源的使用效率。发挥稳定教师发展方向，提高教师业务水平，发挥教师团队协作优势，更加有效开展教育教学研究、技术创新和技术服务，从而提升教师队伍整体水平。

如，大庆师范学院加强"双师双能型"的教师队伍建设，打造专兼结合的优秀教学团队。充分利用企业资源，以混编教学团队形式，打造"双师双能型"的教师队伍，以此解决"双师双能型"教师短缺和建设周期长的问题。同时提高专业带头人跟踪产业和行业发展能力、资源整合能力、专业建设能力和服务社会能力。同时，通过校企合作，落实教师企业实践锻炼制度，提升个体教师"双师双能"素质，构建完善的"双师双能型"的教师队伍建设机制。

又如，泉州师范学院在专业集群建设中，高度重视强化高层次人才和"双师双能型"教师两支队伍建设，由国内知名专家带领石油化工专业集群、纺织鞋服集群、光学工程研发团队，建设省级环保与功能性鞋材工程研究中心、省级服装材料重点实验室、省级纺织服装产业公共服务平台、省级光子技术研发中心等，并获得科研经费一千多万元；同时，学校聘请200多名行业专家、企业能手担任专业兼职教师，到2017年底，"双师双能型"教师500多人，占比为57.8%，5年内在相关行业企业半年以上经历的教师437人，占比为50.4%，并以专业集群为基础，组建了40多个多种类型、多种结构、多种方式的应用型教学团队。

（三）集群内的学科、实践与创新服务平台建设

教育部、国家发展改革委、财政部《关于引导部分地方普通本科高校向应用型转变的指导意见》（教发〔2015〕7号）要求"建立行业企业合作发展平台。围绕产业链、创新链调整专业设置，形成特色专业集群"。其中的"行业企业合作发展平台"，就是要通过专业集群构建面向产业转型升级需要，主动融入产业链、创新链，产教双方供需对接、资源转化、价值交换和利益共享，政府、高校、行业、企业共同参与、合作治理的发展平台，这些共享的合作发展平台主要基于学生的课程体系、实践平台与教师的学科平台与技术研发平台所展开，是师生参与专业集群建设的内在动力源，也是专业集群形成的重要纽带和专业集群建设支撑点与落脚点。

1. 整合学科资源，系统构建学科平台

"在本科院校，学科发展对于专业集群建设具有引领与支撑作用"，"不同专业之所以可以围绕特定产业链或创新链构建成专业集群，核心在于同一专业集群中的专业之间存在学科关联性，即专业集群是围绕人才培养质量的一个知识共同体、资源共同体"①。地方本科高校在专业集群布局与建设时，不能忽视学科基础、学科属性与要求，要基于学科基础等相关因素，但又不局限于学科思维、学科逻辑体系来布局和建设应用本科专业集群。② 整合学科资源，系统构建学科平台，提高教师技术研发能力及服务社会能力，是促使专业集群发展到更高水平，并实现可持续发展的关键策略。

如，北部湾大学海洋生物与技术专业集群中的海洋科学、水产养殖学、生物制药、食品科学与工程所依托的二级、三级学科虽有不同，但也有相同或相近的学科。在推进专业集群建设中该校注重发挥学科的相对优势，积极构建、培育与打造学科平台，加大投入，强化建设，取得了比较显著的成绩。

---

① 吴仁华：《应用型本科高校专业集群建设探究》，《高等工程教育研究》2016年第6期。
② 顾永安：《应用本科专业集群——地方高校转型发展的重要突破口》，《中国高等教育》2016年第22期。

2. 整合实训资源，系统设计实践训练体系

以专业集群内各专业的岗位通用技能、职业特定技能训练为基础，分类组建专业集群实训基地，形成面向专业集群的实训教学大平台，实现优质资源的充分利用与高效共享。实训教学大平台是应用型人才培养的重要教学条件，是培养大学生实践能力与创新精神的关键。按专业集群人才培养需求，通过对现有多个基地整合与共建共享，建设具有开放兼容、设施完善、互通互用的高水平专业集群实训基地，建成体现专业集群特色的系列化实训基地，实现实践资源的共享，提升应用型人才创新精神与实践能力的培养。专业集群系列实训基地的建设原则：一是实现实习实训体系与产业链的对接；二是以生产、服务的真实技术和流程建设实验实训实习环境；三是以经济社会的发展及行业、产业技术进步为驱动，特别要关注新产业、新技术、新业态的需求。

如，广东白云学院获批 2020 年度省级民办教育发展专项资金本项目《新商科专业集群建设》，该项目针对现代产业升级、商业模式变革对商科专业人才需求的变化，打破传统商科专业各自为政的"壁垒"，对接广东省现代服务业，构建与产业链对接的新商科专业集群，按照产业链集群设计和实施相应的人才培养模式、重点建设包括跨专业企业经营仿真训练平台等八个子平台在内的智慧商科综合实验教学中心。项目建设突出"一个中心"，把握"两个关键节点"，着力实施"三个重构"和"三个打造"，努力达到"三个融入"。一个中心，即突出以学生为中心的理念，把握两个关键节点，分别是"新商科"和"专业集群"。以适应数字经济下新商业模式对人才需求的新变化，重构适应新商业模式的人才培养目标、人才培养模式和课程体系，打造适应新商科人才培养需要的教学团队、实训平台和校企合作平台，致力于将新商业发展要求融入专业建设，将新商业优秀文化融入育人过程，将新商业科学元素和先进理念融入教学资源，推进商科专业认证。

又如，广东科学技术职业学院新能源技术专业集群构建了融基础技能、岗位技能和职业技能实训于一体的三级新能源汽车技术专业集群实训体系；建设了功能完善的新能源技术专业集群应用推广中心和培训基地，涵盖了新能源汽车整车检测与维修、驱动电机及辅助系统、动力电池技术、汽车钣金、汽车涂装、汽车维修、增材制造（3D 打印）、机

械设计与制造、新材料研究等校内 20 多间校内实训室。广科先进制造技术公共实训中心为省级公共实训中心，被认定为国家级生产性实践基地。依托"珠海市汽车整容工艺及装备技术公共实验室"，跟踪国际钣喷新技术、新工艺、新设备的应用，对接行业标准，按照真实生产要求，建设了高水平新能源汽车技术的关键核心岗位综合技能实训基地，并成为广东省高职教育省级技能人才培养基地。与国际知名汽车钣喷企业及区域新能源产业协会合作建设了省级汽车整形与新能源汽车技术协同育人平台。校企深度融合，共建了集产品研发、工艺开发、技术推广、大师培育等功能于一体的省级"汽车与材料应用技术协同创新中心"。建设了新能源汽车技术融入"增材制造（3D 打印）"技术的校级新能源汽车应用技术研发中心。

3. 推进产教深度融合，打造技术创新服务平台

随着产业革命和信息技术的迅猛发展，以及全球科技发展的日新月异，高校需通过校企合作共建跨界、协调、互通、共享的技术创新服务平台：一方面，促进校企在标准、基地、队伍、资源、创新等要素上的深度融合，助力精准服务企业产品升级与技术研发；另一方面，精准对接产业链上相应岗位知识和技能需求点，明确技术研发和技术服务领域及具体方向，形成技术创新与服务优势。[①]

如，广东科学技术职业学院新能源技术专业集群"协同创新平台高，产教融合特色显"，拥有广科三一海工国家级协同创新中心、汽车与材料应用技术省级协同创新中心、珠海市材料成型与装备重点实验室和珠海市汽车整容工艺及装备技术公共实验室等科研平台。近 5 年，承担省市级纵向项目 10 项、企业横向课题 40 多项；为三一海洋重工等企业产生经济效益 2200 多万元。获得中国产学研合作创新成果优秀奖 1 项、广东省机械工业科技进步二等奖 1 项、珠海市科技进步三等奖 1 项，科研与社会服务成效显著。

（四）集群内的人才培养模式改革

如果没有带来人才培养理念和培养模式的根本性变革，就不是真正意义上的专业集群建设。在推进专业集群建设中，要优化专业集群人才

---

① 朱正茹：《错位发展：新时期高职院校高质量发展的战略选择》，《中国职业技术教育》2019 年第 31 期。

培养模式,加大集群内各专业人才培养模式改革的力度。从本科层次高等教育的一般规律来说,一个完整的人才培养模式应当包括培养目标、专业(方向)设置、课程体系、师资建设、实训保障、质量评价与保障六大要素。①各高校根据专业集群的实际情况,可以统一谋划、整体设计成一个专业集群的人才培养模式,也可以集群内的各专业形成各具特色与个性的人才培养模式。同时,要深化应用型本科人才培养模式改革,充分发挥核心专业在培养模式改革方面的引领作用,基于专业集群建设的课程体系,构建"平台+模块"的人才培养模式;要创新应用型人才培养模式,推进"3+1""订单式"培养、深度校企(校、地、所)合作等多种形式的人才培养模式改革;动态更新教学内容,实时引入行业、企业的新知识、新技术和新成果;改革教学方法和手段,积极推广"OBE 理念"的教学改革,推广"大班授课、小班研讨""嵌入式""任务驱动"等教学模式,深入开展项目教学、现场教学、案例教学、模拟教学和线上线下相结合的教学。

如,淮阴工学院产教融合试验区设立后,突破传统人才培养模式的专业壁垒,推进专业集群化建设。在专业设置上努力摆脱传统的"学科逻辑"划分的惯性,在认真了解和分析区域产业链情况和对本校人才培养层次精确定位的基础上,通过相关专业的整合和优化,构建了电子信息类、农业生物类、化工环境类以及先进制造业类四大特色专业集群;并突破原来专业之间的壁垒,根据产业需求和相关学科专业实际确定每一专业集群的目标定位和培养方案;同时,逐步建立集群内各专业之间的有效联系、衔接、融合机制,保证了专业集群内知识、平台和资源共享,最大限度地发挥专业集群的优势。这种专业集群化的人才培养,有效地服务了区域产业集群的需求,更好地适应了相关产业多种不同岗位的需求,提高了学校人才培养与社会需求间的契合程度。②

又如,泉州师范学院打造了"三重一造"人才培养模式,即重构人才培养体系,重构课程体系,重构协同育人体系,实现学生认知、合作、职业、创新等关键能力再塑造。六大专业集群形成各具特色的人才

---

① 吴升刚、郭庆志:《高职专业群建设的基本内涵与重点任务》,《现代教育管理》2019年第6期。

② 李北群:《产教融合试验区的创新与实践》,《中国高等教育》2017年第8期。

培养模式，以电子商务集群为例，该集群 2003 年在爱国侨领陈守仁先生的支持下，投入 1000 多万元创办了陈守仁工商信息学院，还联合晋江跨境电子商务园区、联泰国际集团等共建电子商务产业学院，经过多年探索，形成了"侨企注资、产教融合、跨专业协同""侨校企"合作的电商全产业链人才培养模式。

（五）集群内的应用型课程体系建设

如果说专业只是一组有内在关联的课程而已，那么专业集群就是多组课程之间的关系，如交叉、冲突、替代、重组、共享、融合等；形成专业集群的目的之一则是减少课程之间的冲突和重复，形成有效的连接，以覆盖产业领域对人才的知识和技术提出的新要求。当然，专业集群也会直接涉及围绕着这些多组课程之间的相应资源（教师，包括公共课教师、基础课教师、核心课教师、实习实训教师；多专业的学生、多个实验室、实训基地）以什么样的方式和机制进行协调或配置才能更有效地服务于课程的组合。这些课程的组合就需要重组专业集群内的应用型课程体系，可以通过建设集群通用课程模块和集群共享课程资源平台，构建集群内专业间彼此联系、相互渗透、开放共享的课程体系；同时，也可以根据专业集群所面向的特定服务域，深入分析专业集群内核心专业与相关专业以及课程之间的共性与差异性，以职业面向分析为基础，形成面向专业集群各专业的职业基础课程平台；以职业岗位面向各专业的工作领域分析为重点，形成依据工作内容和工作过程为主线构建的专业方向课程平台。

如，重庆科技学院加强专业集群的应用型课程体系建设，提出并实施了课程建设的五项工程，包括核心课程品牌化工程、课程资源网络化工程、通识课程在线化工程、教学方式信息化工程、考核方式多元化工程。

又如，常熟理工学院开展为期三年的"教学内涵建设年"活动，从培养方案修订、应用型课程建设、教学方式改革、考核方式改革、毕业设计（论文）改革等方面推进应用型课程体系建设。该校应用型课程倡导以能力为本的课程模块化设置，通过模块化课程设置，突破学科界限，加强各相关学科专业知识渗透与融合，加强理论与实践教学结合，进行教学内容重组，突出实践能力培养。该校自动化专业以服务区域信息产业与制造行业为中心，以先进自动化技术、柔性测试技术为主线，围绕电气信息类技术岗位群整合通识课程、集成专业课程、创新企业课程，形成"基础+专业"的平台化架构、"专业方向课程+跨专业任选课程"、"学校课程+企业课程"的模块化纵向化的培养体系。

（六）专业集群的特色发展程度

地方高校应围绕相关行业或产业链构建专业集群并进行相关学科专业建设，形成专业集群优势以及专业与学科互促机制，增强市场适应性，以专业集群彰显学校发展特色和品牌优势。[①] 要坚持"集中资源、保证重点、形成优势"的原则，将地方支柱产业、战略性新兴产业发展紧密相关的专业进行特色化培育，带动专业集群内其他专业协同发展，形成优势特色专业集群，引导优质资源向专业集群汇聚，支撑专业内涵建设的持续深化。

如，兰州文理学院主动服务区域经济社会发展，特别是甘肃文化大省旅游强省发展战略，直接聚焦区域文旅、传媒、艺术产业发展新业态，培育文化传媒类学科专业特色。以"文化+创意""旅游+演艺""旅游+金融""旅游+设计"产业、学科、专业交叉融合发展为导向，重点布局、培育和建设文创艺术、旅游管理、新闻传媒3大专业集群，3大专业集群所属专业占31个本科专业的62%。同时，主动对接文旅产业转型提升需要，强化应用型文旅人才培养特色。学校为满足对一专多能应用型文旅人才的需求，创新传统文化人才培养模式，强化专业跨界融合，将时代新技术和传统文艺人才培养深度融合，让陇剧、兰州鼓子、临夏砖雕等非物质文化遗产传承创新后继有人；依托数字媒体专业集群，培养文化、艺术、计算机技术相互融合的3D影片制作、VR技术人才，研发VR旅游平台，助力脱贫攻坚，成功孵化出以3D影片制作为主业的大乘影视公司；牵头成立甘肃省文化旅游产教融合联盟，深化与政府、文旅骨干企业、科研院所、乡创小镇合作，培养文创乡创应用型人才。学校以文化传承创新和社会服务为己任，坚持弘扬敦煌文化，以敦煌舞人才培养为基础，建成敦煌文献资源中心、敦煌文化研究中心，提升敦煌文化传承创新的水平。积极开展非遗文化的挖掘、保护

[①] 顾永安等：《新建本科院校转型发展论》，中国社会科学出版社2012年版，第219—220页。

和传承工作，成立丝绸之路非物质文化遗产智库，依托文旅部非遗传承人群研修基地，制定甘肃省国家级非物质文化遗产传承人第三方评估标准并组织完成第三方评估，承担区域文化人才培训、秦陇剧研修、甘肃省舞台艺术创作高级研修等培训任务，等等。2019年10月，教育部原副部长、中国高等教育学会会长杜玉波来校调研时充分肯定了学校办学成效与办学特色初步显现，要求学校要立足甘肃，突出区域区位特点，坚守奋斗，进一步强化办学特色，深化教育教学改革，服务区域经济社会发展。

又如，常熟理工学院计算机学院信息工程专业集群通过发挥双元（学校、企业）主体作用，构建双师（教师、工程师）队伍，利用双真（真实环境、真实数据）与双创（创新、创业）场景，借助双源（线上资源、线下资源）与双台（大数据平台、人工智能平台）系列资源，使专业集群真正成为集聚集成各方资源、培育应用型人才培养特色的新型教学组织，经过多年探索，构建了产业、学校、企业、政府、园区五位一体的"1+1+1+X"运行模式，即联合一批龙头企业，建立一个IT企业联盟，对接一个产业园，服务于多个行业，发挥多方优势，形成合力，进入了"构建—评估—改进"的质量管理的良性循环。

再如，重庆第二师范学院根据学科专业优势和对未来社会发展的判断，以服务0—12岁儿童成长需求作为学校人才培养的价值链和专业布局的主线索，以提供高增值服务为价值内核，基于产品（服务）三层次构建了教育服务（"核心产品"）、健康服务（"外围产品"）和营商服务（"延伸产品"）三环联动、链环联通的专业集群格局，初步形成了办学特色。

第三节　基于专业集群的课程群建设

课程是专业的基本单元和细胞，是人才培养过程中最基础、最核心的模块，课程体系是专业培养方案的硬核和重心，课程改革是专业建设的关键，也是教学改革的"最后一公里"。国家倡导双一流建设、工程认证、卓越工程师、拔尖人才、金课建设，均离不开课程建设和课程改革。课程建设和课程改革必须落实立德树人的根本任务，以提高应用型人才培养质量为核心，积极吸纳专业认证、产教融合、课程思政、"两性一度"、信息技术与教学融合等新元素，树立课程建设新观念，推进课程改革创新，建设适应新时代要求的一流本科课程。要对接区域产业发展的专业集群对于学校集聚专业资源、增强与产业界的合作、优化人才培养模式、提高学生的职业能力和发展能力等方面具有经济、社会和教育等方面的意义与价值，这些意义与价值的实现需要通过课程改革的进一步深入，以专业集群统整专业课程结构是其中的重要组成部分。[1]

专业集群需要通过课程体系的构建特别是集群内各专业的课程群构建来实现。专业集群的课程建设包含两个层次，一是专业的课程建设，二是专业集群的课程建设。需要注意的是，集群中的每个专业都是具有相对独立性的，有着自己的培养目标、培养规格、课程结构、课程体系等，这也是应该予以切实保证的，同时，进入专业集群的专业又要考虑专业集群层面的课程改革和建设问题，可以在新的层面上考虑课程整体的建设问题，这样才有了"系统设计""优化组合""共建共享""平台建设"等专业集群的课程建设（理论课程和实践课程）的话题。

一　系统设计专业集群的课程体系

集群内各专业课程资源的整合是立足专业集群课程体系框架和专业课程体系需求，从专业集群的共享平台中获取优质课程资源的过程。与单一专业课程体系构建相比，专业集群课程体系的构建更具复杂性和挑战性，必须妥当处理整体和局部、共性和个性、当前和长远的关系，深入研究专业集群课程组合的范围、类别和方式，分析专业集群内课程教学内容的共性和个性。[2] 课程体系包括理论课程体系、实践课程体系，或者通识课程体系、专业课程体系，专业课程体系又包括学科课程体系、专业基础课程体系、专业核心课程体系；关于产教融合的应用型课程体系又呈现新的特征，如行业课程、企业课程、校企合作课程体系，等等。

---

[1]　沈建根、石伟平：《高职教育专业群建设：概念、内涵与机制》，《中国高教研究》2011年第11期。

[2]　任占营：《新时代高职院校强化内涵建设的关键问题探析》，《中国职业技术教育》2018年第19期。

大多数应用型院校以产业链对应的技术链为标准形成互相紧密衔接的专业岗位群，进而构建面向产业的专业集群，基于共建共享的原则，对现有的教学资源进行整合重组，解构原有以专业为单元实施的课程体系，重构以专业集群为单元的以"平台+模块"为主的课程体系①，并配套实施模块化教学，实现教学资源共建共享。一些高等职业院校以职业岗位群能力要求为依据，融入职业资格标准，构建了"基础共享，核心分立，拓展分立，拓展互选，能力递进"的专业集群课程体系。

如，福建工程学院按照科技发展水平和职业资格标准调整优化专业集群课程体系，通过整合专业集群内相关专业的基础课、主干课、核心课、专业技能应用和实验实践课，形成突出实践能力培养的课程群或课程模块，建成一批体现专业集群所服务的产业链的校企合作课程和优质开放课程。学校加强课程共建共享，通过课程群的底层（共选课程）共享、中层（专业课程）分立、高层（互选课程）互选，凸显专业集群对产业链需求的适应性。一是构建各专业课程体系。各专业按照国家级专业认证评估或国家专业标准要求，设置公共和专业基础课程体系，根据产业链提出的专业需求，对接最新职业和行业标准、岗位要求，设置专业模块化课程体系。如设置装备式建筑、建筑信息模型、绿色建筑、智能制造、先进材料、微电子、大数据、云计算等模块化课程。二是构建共选课程体系。专业集群根据共性需求，进行共选课程的整体设计，构建适应专业集群基本规格和全面发展共要求的课程。三是构建互选课程体系。专业集群根据专业之间的相互关联要求，设置专业之间的互选课程，形成彼此联系、相互渗透、共享开放的课程体系。②

又如，东莞理工学院实施大类招生，深入开展学科专业集群的课程体系改革探索。学校贯彻新工科建设理念，通过实施大类招生，与华为共建华为信息与网络技术学院，开展深度产学合作，进一步做实了信息与网络技术学科专业集群的改革探索。

大类招生以"厚基础、宽口径"为原则，强化计算机学科基础，

---

① 有研究者调研显示：在58个有效样本中，专业集群的课程体系主要有三种，大部分专业集群构建的是"平台+模块（方向）"课程体系，占有效样本数的76%。

② 童昕、陈爱志：《专业集群化建设助推高校向应用型转变》，《教育评论》2017年第11期。

采用"低年级厚基础深化学科能力，高年级重技术强化产业应用"的大类培养思路。在计算机科学与技术、物联网工程、信息与计算科学、数据科学与大数据技术四个专业实施两年统一的"通识课程+学科基础课程"教育的基础上，开展两年分流的"专业课程"教育体系。具体做法详见图 6-1。

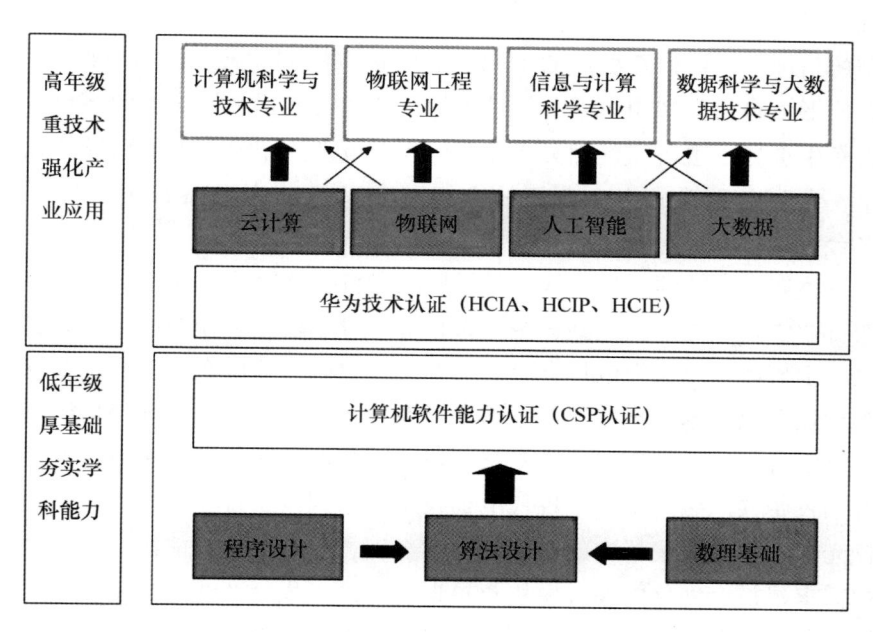

图 6-1　东莞理工学院信息与网络技术专业集群课程体系

（1）大学一、二年级，专注于强化数理基础和"两设计"（程序设计与算法设计）基本功，提高学生的大类专业能力，并以通过中国计算机学会的软件能力认证（CSP 认证）为目标。

（2）大学三、四年级自由选择分流专业后，将每个专业的培养与华为信息与网络技术学院的职业认证（HCIA、HCIP、HCIE 认证）相结合，通过合作共建实验室、引入华为培训和课程体系创新人才培养模式，提升服务支撑产业能力，以产业应用创新为导向。

实施大类招生是学校新工科人才培养模式改革的积极探索，也是专业集群建设的有益尝试，有利于实现学生可持续自主发展，体现高等教育"以本为本、四个回归"精神，将进一步强化学校产业应用创新型、综合型人才培养的目标和特色。

二 优化组合专业集群内的课程群

专业集群的形成最重要的是因为有面对的共同产业集群，有产业要求的共性的一些知识与技术，因此需要在服务相关产业集群的专业中体现出这种共性，为学生提供相应的课程平台，学生在以自己的专业为基础的情况下，可以在群内的不同专业中选取感兴趣或需要的课程模块，以便形成自己的知识体系，促进个性化的成长。这种模块化的课程既可由学生选择，也可以由相关专业明确规定或者给予选择上的引导。在这里，专业集群就成为专业间的多组可交叉可兼容可重新组合的课程平台。①

例如，常熟理工学院依托阿特斯光伏科技学院这一在国内最早探索的行业学院载体，积极推进企业课程群建设和校企合作的应用型教材建设，学校教师与康力电梯有限公司、上海电梯行业协会、电梯企业联盟等行业企业技术专家共建了电梯工程专业企业课程群，与阿特斯阳光电力有限公司等行业企业技术专家共建了新能源科学与工程专业企业课程群，校企共同编著出版了现代电梯技术等系列校企合作教材十多门。该校光电工程专业集群中的新能源科学与工程专业根据新能源产业岗位能力需求建设个性化的课程模块；根据新能源工程全产业链不同阶段对知识和技能的要求，由不同课程模块组成课程群；根据学生认知规律和循序渐进的教学原则，由学到用，建立理论教学、实践训练和企业项目实训的多层次课程体系和教学内容，满足新能源行业不同企业、不同岗位对应用型人才的不同需求。如图 6-2 所示。

又如，合肥学院以课程群建设夯实专业集群建设，人工智能与大数据学院组建了由计算机科学与技术、软件工程、网络工程、数据科学与大数据技术、智能科学与技术五个专业组成的智能与计算专业集群。为了有效支撑专业集群建设，将课程体系划分为通史类、数学与自然科学类、学科基础类、专业基础类和技术方向类课程群，如图 6-3 所示。(1) 所有专业均开设通史类、数学与自然科学类和学科基础类的课程。

---

① 引自郭建如教授专业集群的组织设计与地方高校的转型发展专题报告。

□ 应用型课程建设：课程群—模块化课程—产业链

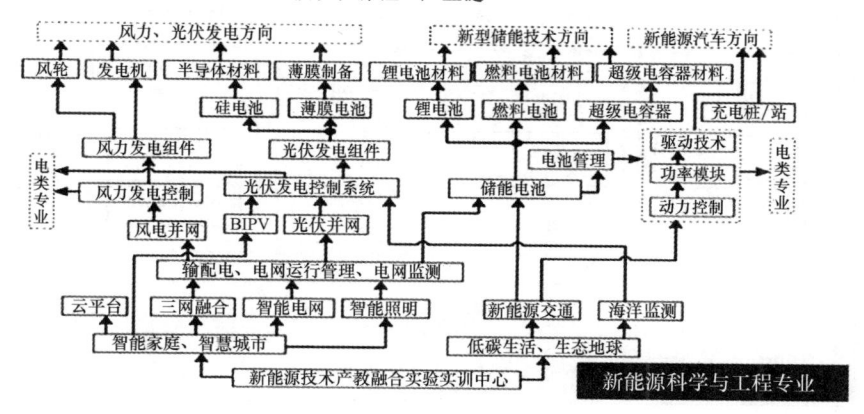

图6-2 常熟理工学院新能源科学与工程专业课程群

其中学科基础类的课程在各专业之间打通，形成课程群，统一编制教学文件和考试内容。（2）每个专业开设自己的专业基础类课程，按照专业建立课程群，不同课程之间统一协调教学内容，形成专业知识和能力训练的前后连贯。（3）每个专业的学生在高年级可以根据自己的职业发展方向，选择1—2个技术方向类课程，在专业群中进行交叉选择，按要求修满相应学分。技术方向类，每年根据主流技术的发展，实时更新教学内容，以达到与业界的无缝对接。

三 以模块化课程做实应用型专业集群建设

就专业集群建设而言，以核心专业为前提，构建一个既围绕自身专业同时又关系整个专业集群的"平台"，然后在整个"平台"的范围内进行课程资源的整合、开发、调配和创新。就每个专业而言，它们共同拥有这个大的"平台"，都可以从中获取相应的教学资源和课程体系资源，还可以根据自身实际划定各具特色的"模块"。就"模块"而言，各专业借助相同的"平台"和不同的"模块"来进行整合，每个专业都是各具特色、千变万化的，主要体现的是各专业的灵活性和多变性。通过"平台"与"模块"进行核心群课程的设计和开发模块化课程。以"平台"保证专业集群的基本规格和全面发展的共性要求，以"模

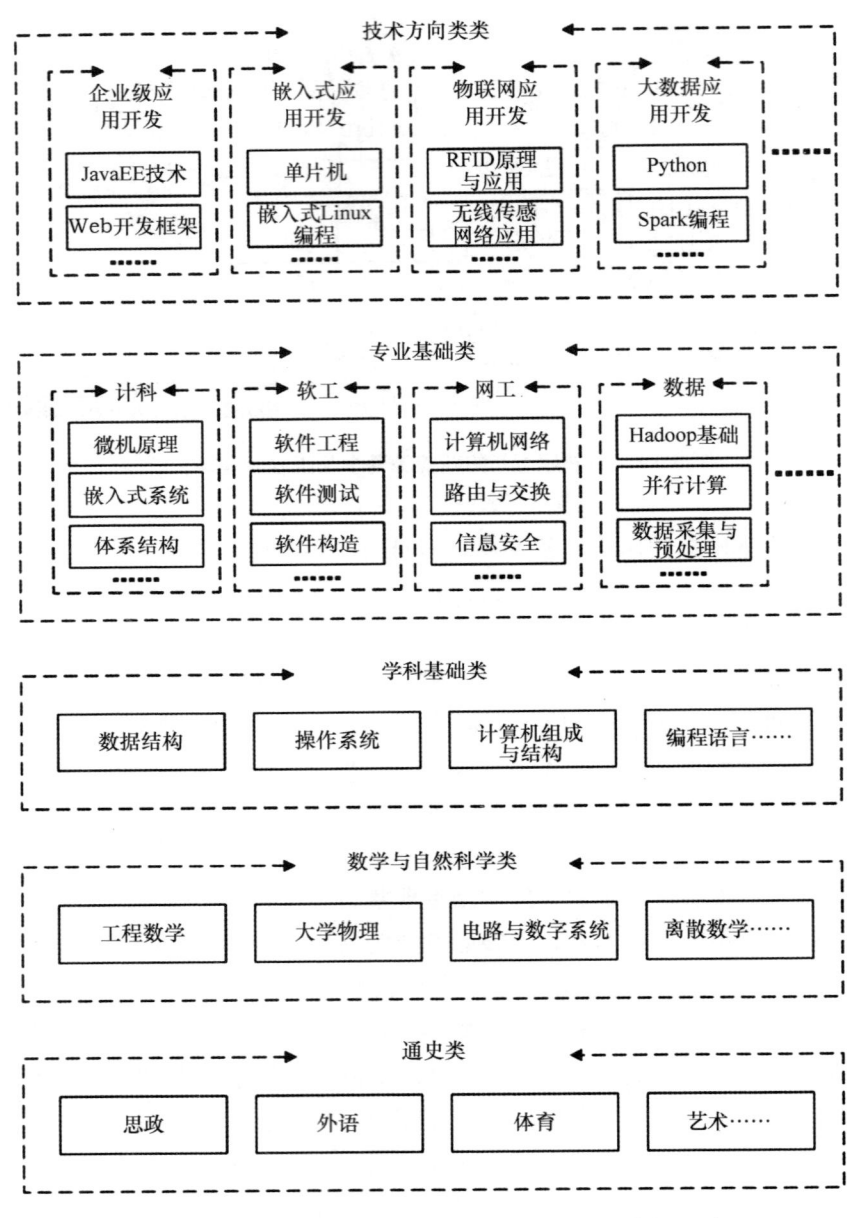

图 6-3 合肥学院智能与计算专业集群的五类课程群

块"实现不同专业（方向）人才的分流培养，实现不同专业的知识和能力培养目标，实现底层共享、中层分立、高层互选，使学生既有专业集群知识、技能的共性，又有不同专业的职业特定能力，提高学生综合职业能力与职业迁移能力，提高专业集群的适应性并有效利用专业集群在拓展新专业（或专业方向）方面的集群优势。①

如，河北民族师范学院经管类专业集群聚焦专业集群的内核建设，着力推进课程（模块）体系构建，构建了"新商科、模块化、自选式"经管类专业集群课程体系。该集群课程体系由通识必修课程群（52 学分）、专业通识必修课程群（设置专业通识必修课模块 12 学分和专业综合基础课模块 18 学分）、专业核心课程群（20 学分）、专长培养课程群（依据企业实践存在的具体问题以及经济社会对商科人才的专长要求，结合商学院现有基础条件与企业资源，集群内设置 12 个专长培养模块。具体包括：电子商务专业——网络营销模块、电子商务运营管理模块、互联网创新创业模块；人力资源管理专业——培训师模块、劳动关系管理模块、创新创业管理模块；经济与金融专业——商业银行模块、证券投资模块、保险模块；财务管理——财务分析模块、资产评估模块、投资理财模块等。各专业专长培养课程模块分别设置 3 个模块，每个模块 8 学分，共计 24 学分）4 个模块构成，如图 6-4 所示。注重理论与实践、通才教育与专才培养、学科与专业相融合。通过调整课程结构，丰富课程类型，明确课程定位，整合课程内容，增强课程的选择性、衔接

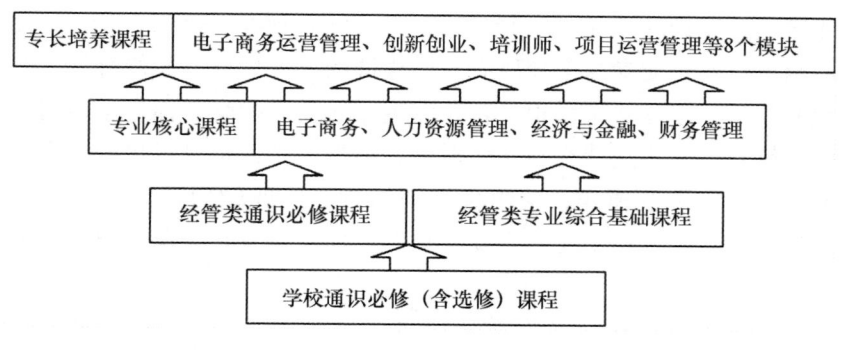

图 6-4 河北民族师范学院经管类专业集群课程体系

---

① 杨云：《高职教育专业群建设研究》，《教育与职业》，2016 年第 21 期。

性和融合性。

该校通过经管类专业集群课程体系构建，初步实现了2018级学生的大类招生。在专业集群建设中期阶段，聚焦经管类岗位群，对接岗位关键技术与能力要求，遴选与增设专长培养课程模块（标准化设计），实现专业内专长培养课程模块的自主选择。在专业集群建设完成期阶段，实现专业集群内各专业间专长培养课程模块的互选，实现学生自主选择从业技能，实现复合型人才培养的模式。

该案例院校的实践也说明了与此相适应的课程体系必须是科学的集成、有明确教育目的的复合，这种复合的课程体系围绕生产实际需要构建学生的知识、能力、素质结构，理论课程与实践教学的有效融合，在课程形态上表现为模块化结构，其课程具有灵活性、相对独立性、有效衔接性和工程应用特征。

第四节　专业集群内涵建设的院校经验

一　依托专业集群重构本土化应用型人才培养体系[①]

泉州师范学院借鉴德国应用科学大学办学经验，坚持贯彻"校地发展共同体"[②]的理念，深化产教融合，依托专业集群构建了具有本土化特色的应用型人才培养的新体系。

（一）改革人才培养方案

该校出台"四四制"应用型本科人才培养方案（2010年）、专业人才培养方案指导意见（2016年），进一步明确应用型人才培养目标，主动邀请行业企业参与全校所有专业集群的人才培养方案修订。一是打通专业壁垒，建立共享课程平台，实现专业交叉融合，促进学生对全产业链了解。二是推进课程与岗位对接，根据岗位需求设置培养方向，按培养方向设置课程模块，使学生知识结构、实践能力适应用人单位要求。如石油化工专业集群确定6个培养方向，设置6个课程模块，开设

[①] 该案例由泉州师范学院提供，主要内容参考：雷培梁《打造应用型本科高校建设的"校地共同体"》，《中国高等教育》2018年第20期。

[②] 泉州师范学院认为：校地发展共同体是指高校与政府、行业企业形成以校地定期会商机制、接地气的学科专业布局、产政学研用融合机制、校企合作育人、亲产业师资队伍、政校企资源共建共享为特征的社会契约集合体。

多门校企合作课程。三是提高实践教学占比，6个省级试点专业集群的实践性教学课时比例均在40%以上，学生在校期间参加实训实习时间累计达一年。四是融入创新创业教育，覆盖率达100%。设置创新创业及专业素质能力实践模块，开设创业基础、学科前沿等通识课程以及系列选修课程，构建依次递进、有机衔接的创新创业教育课程体系。

（二）重构应用型课程体系

该校加大专业集群的各个专业课程体系改革力度，重构应用型课程体系。一是改革通识课程，夯实培养基础。思政课实行"2+1"模式，加强大学英语听说训练（占比50%），增设闽南文化系列课程，引入博雅通识课程。二是改革专业课程，推行课程模块化。按照职业岗位对人才的要求，每个专业均开设4—6门与行业企业对接的课程，形成对接岗位的课程模块。三是改革实践课程，融入真实案例。将行业企业真实案例融入课程教学内容，构建"基础课程实训—专业实训—综合实训—实习实训"实践课程体系。如海洋与食品集群构建了"三融入、三递进、学训交互"的课程体系，电子商务集群构建了"双层实践课程+专业内向课程"的课程体系。同时，在课程资源建设上，该校坚持"引建并举，重在使用"原则，推进"互联网+"信息技术与教育教学深度融合。近年来，引进"福课联盟"及其他优秀课程平台的优质慕课45门，累计选读达10万人次以上。同时，建有省级在线开放课程17门、省级创新创业资源共享课7门、校级网络示范课200门，省级课程门数位居全省同类院校前列。学校建设的省级在线开放课程仅2017年就有校内外8763人次选修，有力促进了学生个性化学习，推动混合式教学模式改革。重点支持校企合作教材建设，2013年以来，已出版《室内装潢艺术设计与环境优化》《网络营销》等校企合作教材30多部。重视案例库建设，6个省级应用型专业集群建有29个案例库。

（三）重塑协同育人体系

根据学生能力的形成规律和应用型人才培养特点，依托产业学院和专业集群建设，充分利用校内外两种资源，积极引入华侨优质教育资源，探索实施了"校校企""政校企""侨校企"多元人才培养模式，促进了人才培养标准、主体、过程、方法、师资、机制等全程全方位的变革。

1. "校校企"人才培养模式

石油化工集群与河北工业大学、福建联合石化等合作办学，引进教育部创新团队带头人以及7名"闽江学者"、16名青年博士，聘请30名合作企业高管高工等为兼职教师，组成高层次应用型师资团队。组群以来，与企业合作获批省级产业技术开发基地、工程技术中心等4个；新建GMP药物制剂实训中心、创新环境检测中心等5个校企合作实训中心。化学工程与工艺专业获批省级服务地方产业特色专业，并通过IEET认证。纺织鞋服专业集群与东华大学、香港南益集团、安踏集团等合作办学，聘请香港南益集团总经理为纺织与服装学院名誉院长，引进国家重点学科带头人、教育部青年长江学者、教育部新世纪优秀人才等专家以及9名青年博士，聘请安踏、361度、海天科技等企业的高管高工，组成在国内有影响力的高起点应用型师资团队。组群以来，与企业合作获批省级纺织服装产业公共服务平台等4个，共建校外实践教学基地17个。学生获得各类赛事奖项达120多项。海洋与食品群与广东海洋大学、福建农林大学、盼盼食品、华宝生物等合作办学，组成一支由8名"闽江学者"、8名泉州"海纳百川"高端人才、22名青年博士、15名企业兼职教授等组成的应用型师资团队。组群以来，校企共建海洋生物活性物质提取中试生产线、食品饮料复合生产线等校内实训中心3个。获批省级实验教学示范中心和省级服务地方产业特色专业。与企业共建校外实践教学基地18个，获批国家级1个。校企合作开发课程11门，申请发明专利18项。以上专业集群通过引进国内知名高校的优质资源和办学经验，与企业深度合作，共同实施应用型人才培养全过程，合作育人取得明显成效。

2. "政校企"人才培养模式

交通服务集群联合海事管理部门，中泉集团等行业、企业共建产业学院。构建与公约接轨、课证融通，与行业接轨、校企融通，与岗位接轨、工学融通的"三接轨三融通"人才培养模式。智能制造集群联合一流科研院所（中科院、华中科大、哈工大等）以及嘉泰数控等知名制造业共建智能制造产业学院。联合市政府、华中科大智能制造研究院与合作校共建泉州市智能制造公共实训基地，服务泉州智能制造产业集群。形成"政府主导、企业参与、高校共建"的协同育人模式。

3. "侨校企"人才培养模式

2003年起与爱国侨领陈守仁先生的香港联泰国际集团建立深度校企合作模式，侨资投入1000多万元，创办陈守仁工商信息学院。2015年以来，以该学院为主体组建了电子商务集群，进一步加强与香港联泰国际集团合作，联合晋江跨境电子商务园区、连捷投资集团等共建电子商务产业学院。通过与侨企的深度合作，形成了"侨企注资、产教融合、跨专业协同创新创业实践"的电商全产业链应用型人才培养模式。

该校改革探索取得了良好成效。一是学校教学质量持续提高，社会声誉显著提升。获批国家级特色专业建设点、人才培养模式创新实验区、校企合作实践教学基地、专业综合改革试点等本科教学工程7项，获批省级公共基础课实践教学平台、服务产业特色专业、实验教学示范中心、精品在线开放课程等本科教学工程124项，学校在2017年省内招生录取分数线文理科均为师范类同类院校第一位。连续五年毕业生就业率达96.5%以上。二是学生的实践能力和创新能力不断提高。2013年以来，学生获得省级及以上学科技能竞赛奖项1200多项，其中，包括全国高校计算机大赛一等奖，全国大学生广告艺术大赛一等奖等。学生创业成效显著，入选"国家级大学生创新创业训练计划学校"，近5年来有506位毕业生创办各类企业，其中年产值超亿元2人、超千万元35人、超百万元120余人。获批省创新创业示范园区和省大学生创新创业基地。三是受到各级领导与行业专家的肯定。学校入选福建省示范性应用型本科高校建设单位，转型发展成果受到省教育厅领导和评审专家的高度评价。通过本科教学审核评估，教育部专家组一致认为，学校产教融合应用型人才培养模式与福建省和泉州市经济社会发展需求契合度高。省市领导对学校植根泉州、服务泉州，推进产学研用深度融合，培养德才兼备的应用型人才给予充分肯定。

二 创新基于专业集群的新工科人才培养模式[①]

作为南京理工大学泰州科技学院重点打造的机器人行业学院，以机

---

① 该案例由南京理工大学泰州科技学院提供。主要内容参考：温宏愿、孙松丽、刘超《工业机器人专业集群建设探索与实践》，《高等工程教育研究》2019年第3期。作者简介：温宏愿，南京理工大学泰州科技学院智能制造学院院长，博士，教授。

器人技术为抓手，以机器人专业集群为依托，紧密对接机器人行业运行链，在与北京华晟经世、GE、ABB等机器人行业领军企业合作的基础上，于2016年底获批为教育部"互联网＋中国制造2025"产教融合促进计划首批试点院校之一，在推进机器人专业集群的新工科人才培养模式改革等方面做出了探索。

（一）理一组关系

理一组关系，就是要梳理明确工业机器人产业链和专业集群的关系。工业机器人作为一种典型的多学科交叉融合的产品，是由主体、驱动系统和控制系统三个基本部分组成，其系统集成应用不仅需要机器人专业知识、一般学科知识，而且还需与特定领域知识深度融合，即具有明显的行业工艺属性，其技术应用很难从一个行业直接推广到另一个行业。因此，依托单独的专业仅能培养侧重于机器人产业链某一特定行业所需的机器人技术人才，仍然存在一定缺陷，必须基于工业机器人专业集群的应用型人才培养新模式，强化专业之间的联系和协同。工业机器人专业集群建设首先需要解决的一个问题便是梳理工业机器人专业集群与机器人产业链的对应关系，由于专业集群建设是为了更好服务产业链而打造的，所以顺序关系是要从工业机器人产业链入手，明确所属各专业的侧重方向和对接技术领域。工业机器人专业集群下设的各专业紧密围绕人才缺口极大的工业机器人系统集成应用领域，"工业机器人产业链"与"专业集群内各专业"已形成了清晰明确的一一对应关系。如图6-5所示。

（二）推一项变革

这是指在机器人专业集群建设团队全体成员的头脑中推一项工科本科教育在新工科背景下需要教育理念和范式的全新变革。一个人只有接受和认可某种文化、某个理念后才会去自发、自觉、主动甚至创新地去做某件事情。因为虽然专业集群建设团队成员是一个广来源学缘结构，但其二次学缘结构又相对单一，"985""211"高校毕业的背景，自身接受传统高校的教育方式，无论是否经历过企业工作，在他们成为教师这个身份后，面对学生教学过程中，其授课方式和教育理念都难以摆脱过去的影子，难以达到当前工程教育对教师的要求，这就需要让全体成员真正认识到当前需要做什么。因而团队提出了自己的"双一流"目

```
工业机器人          "系统集成与应用开发"——机器人工程
产业链
   ↕             "系统仿真设计"——机械电子工程
专业集群内
 各专业            "工业机器人控制"——自动化

               "机械设计"——机械工程

               "机器视觉"——电气工程与智能控制

               "电机技术"——电气工程及其自动化

               "系统质量管理"——工业工程
```

图 6-5　"工业机器人产业链"与"专业集群内各专业"对应关系

标：办出一流的应用型专业（集群）、培养一流的机器人技术领域"现场工程师"。在这一目标下，团队成员重新审视教学工作，审视新工科中的"新"的内涵及对当前工科本科教育的全新要求，逐渐接受和认可了从注重科学研究和技术应用的"科学范式""技术范式"需要迁移到以注重工程实践的"工程范式"为代表的新范式。面向未来自动化技术和工业机器人相关产业发展的新趋势和新要求，工业机器人应用型人才的培养，需要尽快实现从"传统学科导向"到"新型产业需求""能力本位"导向的培养理念转变，从"专业分割"到"交叉融合"的专业建设思路转变，从"封闭单一"到"开放共享"人才培养模式转变等一系列的全新变革。

（三）搭一个平台

这是指搭一个与机器人业界密切融合、"政校行企"四方联动的"协同育人、协同创新"的机器人大平台。这个平台即建成"三位一体"的智能制造技术中心：泰州及长三角现代智能制造产业的"现场工程师"培养中心、泰州企业智能制造技术服务中心、智能制造产业转型升级的人才培训中心。以"三步走"的形式来推进整体建设：①突破现有专业壁垒，寻求行业支撑，集成整合专业，以工业机器人为载体，构建机器人专业集群，培养智能控制和机器人集成应用方面的专业技术人才。②遵循"教室—实验室—生产线"一体化的建设思路，紧密对接政府重大发展战略，推行"以校为本、厂校合一"的建设模式，依托地方特色产业园区，推进与ABB等机器人龙头企业的合作、联合地方产业龙头企业，利用企业投资或捐赠、校企合股等多种方式，基于高水平的智能化生产线或智能化工厂，打造机器人工程技术中心，服务长三角。③组建高水平的智能制造技术中心和具有良好运行机制的机器人学院，吸引更多的机器人、无人机、自动控制等领域的国内外龙头企业，运用专业化经营的理念，共建集理论教学、实验实训、应用技术研发、创新创业训练于一体，在产学研等方面形成一定特色的双协同大平台；同时平台作为产业应用技术开发、技术服务和地方产业人才培训基地，实现自我造血的功能。

（四）建一支队伍

这是指建一支深度产教融合、专兼结合的双师结构的教师队伍。学校通过出台"引凤计划""领雁计划"等一系列文件，完善了引培结合、人才引进、培养标准及管理体制，建立符合学科专业建设需要的人才引进机制，在特殊急需人才上实施"一人一菜单"形式，更注重能力而不拘泥于职称和学历，通过实施从"引对人、育好人、留住人、用活人"四层次的师资队伍建设措施，逐步建设一支"懂教育、精教学、强实践、熟技能、善开发、能创新"专兼结合的"双师双能"教学团队。一是从"政校行企"多个领域聘请了既懂教育又懂业界的专家组成了机器人专业集群建设指导委员会，负责机器人专业集群及平台工作的组织、实施和业务咨询；二是依托机器人专业集群，构建学科合理的师资队伍，机器人专业集群内的各专业之间交叉共融性更强，围绕专业集群人才培养目标，单一以某一个专业是很难实现培养效果的，在组建教师队伍时，更注重教师的学缘结构、学科背景的差别，在团队中可形成优势互补；三是积极引进学科基础好、研发能力强，并掌握智能制造领域学科领域技术前沿的应用技术型高级人才，提升相关专业应用技术型人才培养师资队伍水平，在机器人行业学院中实行校方教学院长和行业运营院长的双院长机制；四是从合作企业每年选派实践经验丰富的技术工程师，担任相关专业应用型课程的教学，以及指导学生专业实习实训与毕业设计；五是鼓励教师将教学、科研和技术开发相结合，积极开展基于项目的应用技术人才培养，鼓励教师开展技术研发和专利申请，并参加行业技术资质考证，把"双师型"教师身份认定列入职称晋升的必要条件，引导教师、专职教师提高工程技术实践能力，他们在课堂上是教师、在企业技术一线就是工程师。

（五）做一份方案

这是指做一份符合工业机器人领域人才需求、具有学校鲜明特色的人才培养方案。专业集群对地区经济社会发展规划以及机器人产业发展规划、人才需求、相关高校的人才培养情况进行充分调研，结合学校实际办学条件以及生源特点，紧紧围绕应用型本科人才培养目标，按照专业集群建设的"画像—塑像—成像"闭环反馈机制制订与实施人才培养方案。方案实施后，密切关注劳动力市场结构的调整和对专业人才需求的变化，实时优化、调整，确保过程严谨，逐步打造机器人领域的人才培养品牌。①精准"画像"。遵循"多主体参与、倒推法路线、一体化设计"的原则，面向机器人领域专业人才就业的核心岗位群，动态跟踪职业岗位对应的典型工作任务和长远职业发展的需要，借助专业指导委员会、柔性引进专家、产学研合作单位等行业企业力量深度参与，不断调整专业集群人才所需的知识、能力与素质要求。②精细"塑像"。根据画像结果，将专业人才应具备的知识、能力与素质培养要求，逐一对应至相应的培养平台与教学模块中，梳理完善教学大纲，设计课程体系。③精确"成像"。以学生的实践能力、就业质量、创业能力为主要评价指标确定人才培养质量标准，建立以学生发展为导向的教学质量评价和管理体系，加强过程管理和资源保障，保证所培养的人才在行业领域"管用、适用"，与产业升级同步，适时调整"画像"结果。

（六）成一套体系

这是指成一套"共享基础平台+自选方向模块""一横多纵"的应用型课程体系和系列教材。学校强调在学生群体主体性的基础上，注重发挥学生优势潜能，在机器人专业集群中，因涉及的技术领域较广、专业方向各有不同，因而基于能力本位，为凸显学生核心技术技能和素质培养，以"一人一导师、一人一目标、一人一规划、一人一课表"教育培养体系，打造了一套"机器人基础学科平台+特色方向模块"的

"课程超市"或"课程模块池"的特殊形式，即使同一门课在不同专业讲授过程中，也存在着学分不同、同一学分却不同授课内容、同一授课内容却不同应用案例等多种形式。由于面向的机器人领域是相对较新的产业，目前市面上的教材也仅有少量主要针对设备如何进行操作的高职类教材，工科本科尚没有合适的教材。机器人专业集群建设团队经过认真研究机器人在产业的应用领域，将机器人技术平台作为一条"横"线，打造具有机器人行业背景的自动化、机械电子工程等特色专业作为多条"纵"线，根据岗位需求归纳出专业培养的若干个应用领域，并转换成相应的专业集群教学的核心课程，以核心课程为中心设计课程链，积极推进机器人技术相关课程建设、教学改革和教材建设，同时对原有课程知识点进行重新整合，遵循"任务驱动、能力递进"的主线，推进编撰面向应用型人才培养的机器人技术领域特色鲜明、应用性强的高质量教材。

（七）出一种模式

这是指出一种"项目引领、岗位实境"、能操作、可执行、易推广的实践教学模式。在学校的智能制造技术中心内，利用教学实训基地软硬件系统，针对应用型本科的教学特点，开展服务型专业教学。利用项目教学法把企业将实际的研发应用项目搬入课堂，学生在完成任务过程中就是扮演着实际工作岗位的员工的角色，学生在完成任务的过程进行工作的体验，既学到了基础知识、技术技能，又培养了职业素养。利用工程师自主教学法在常规教学的基础上给企业工程师预留自主发挥空间，授课的内容可根据工程师行业背景优势自主发挥，授课方式多种多样。同时可以利用企业资料开发行业能力竞技系统，利用在线仿真平台，结合企业实际的系统方案进行实训、竞技、测评，既提高了学习兴趣，也检验了学习效果。在智能制造技术中心内建立机器人创客空间，建立创业指导教师队伍，指导学生创新创业实践，让学生"真刀真枪"在具体项目中得到锻炼，为相关企业对口培养出贴近企业岗位需求，企业用得着、留得住、愿意留的高素质技术应用型专门人才。同时每年组建多个学生创新团队入驻中心，与地方企业共建创业基金，为实训实习、创新创业、科技孵化提供综合服务。

第七章　专业集群的机制创新

专业集群是观念组织与社会组织的结合体，是内在建设与外在建制的统一体。[①] 应用型院校重视顶层设计，完善内部治理结构，加强集群内涵建设是专业集群机制创新的前提，一个创新而有效的专业集群机制是实现建设目标的重要保障。本章将从生成构建机制、组织机制、管理机制、运行机制、保障机制等方面阐述如何推进专业集群的机制创新。[②]

在此，需要说明几个问题。

一是专业集群建设的重要特征就是同地方、企业或行业的联动，建立命运共同体，体现实施校地互动发展战略与构建校地互动发展机制的要求，而且这种机制建设的难度较大，涉及的范围更大，涉及的问题更加复杂系统，这就特别需要通过有效的机制来实现和保障。这一思想理念或机制建设在本书通篇都有所体现，在本章五个机制创新的论述中也有所体现，并将通过案例介绍基于校地发展共同体的专业集群机制的实践经验。

二是评价机制是既可以作为机制创新的环节与结果，又可以作为一个相对独立的评价体系而存在。因此，关于评价机制将在本书第七章专门论述。本章主要讨论专业集群的生成机制创新、组织机制创新、管理机制创新、运行机制创新、保障机制创新，这五个方面的机制创新是专业集群建设最基本也是最重要的机制创新，将分别回答专业集群机制的生成逻辑模式创新、组织架构机构形态创新、管理制度机制模式创新、

[①] 刘小强：《高等教育学学科分析：学科学的视角》，《高等教育研究》2007年第7期。
[②] 顾永安：《应用型院校推进专业集群建设机制创新的思考》，《国家教育行政学院学报》2020年第8期。

管理体制及运行机制创新、内外部保障机制创新。

三是关于专业集群及相关问题的探索，高职院校的探索比应用型本科院校的探索要早得多且探讨得较深，相关的研究与实践成果也较多，也已经成为大家的共知共识。笔者认为在强调高职院校与应用型本科院校区别的基础上，应用型本科院校需要全面向高职院校学习如何开展"应用型"办学，把握其与高职院校在"应用型"类型上和"专业集群"基本特征上的共同规律，充分地借鉴高职院校应用型办学的经验，广泛地吸收高职院校在专业集群方面率先探索的理论和实践成果。

第一节　专业集群呼唤机制创新

一　专业集群机制及其内在联系

机制创新是指组织为优化各组成部分之间、各组织组成要素之间的组合，提高管理效能和工作效率，提升整个组织的竞争能力而进行的创新活动。机制创新应包括组织的各个组成部分与要素及其生成发展过程等各个方面机制的创新。机制创新主要是针对组织机制不够灵活甚至僵化，不能适应经济社会事业更好发展及组织自身更好成长的外在内在需要而进行的及时调适与变化变革。进行机制创新对于推进产教融合驱动的专业集群建设同样具有特别重要的意义。

从广义来说，专业集群机制是专业集群内涵的重要组成部分，也是内涵建设与质量提升的重要保障。专业集群机制既与集群内涵的各个方面并列并存、共生共进，也可以形成相对独立、自成一体的专业集群机制体系。从机制的运作形式来看，这一体系包括专业集群的生成机制、组织机制、管理机制、运行机制、保障机制、评价机制和校地共同体的集群机制，以上这些机制实际上是相互联系和相互渗透的，只是为了分析问题的方便才做了如上划分。涵盖了专业集群从生成构建到组织管理、运行保障再到效度评价的各个方面，其中，基于校地共同体发展理念是专业集群布局架构、建设过程、保障机制的重要的指导性理念，校地共同体的集群机制与专业集群的生成机制、组织机制、管理机制、运行机制、保障机制、评价机制又是相互交叉融合的，校地共同体的理念与机制贯穿于集群各个机制运行中。专业集群机制体系其实也是对专业集群这一新型学术形态的系统化管理和体系化设计，可以说是建构了一个始于生成构建、终于评价反馈的专业集群机制体系框架，形成了比较完整的机制闭环系统。专业集群机制包括生成机制、组织机制、管理机制、运行机制、保障机制，也包括评价机制，还蕴含了校地共同体的集群机制。

简言之，内涵建设中包括了机制创新，机制创新中又包括了评价反馈，校地共同体理念与机制又贯穿于、融合于专业集群的内涵建设、机制创新、评价反馈各个方面。机制创新是内涵建设的保障和要素，评价反馈是机制创新的环节与结果，校地共同体则反映了应用型院校集群内涵、机制创新的基本特征，体现了校地互动、产教融合的机制要求。

二 专业集群建设呼唤机制创新

机制的构建是一项复杂而长期的工作，随着社会环境不断变化，人的认识水平不断提高，机制自身也有不断创新的问题，机制也要随时作出相应的调整。专业集群建设是教学组织和管理模式的双重改革，将对教育理念、培养模式、教学安排、组织管理等方面带来深层次变革。[①]这些深层次变革必然带来相应的体制机制的变革与创新。专业集群作为一种专业治理结构的新形态与专业存在的新建制以及基层教学组织的新方式，其内在机制区别于单个专业，在遵循单个专业建设一般机制的情况下，迫切需要探寻、创新不同于单个专业建设的对应产业发展与人才培养、多方协同、共建共享的，能够自我更新、动态调整、有效运行的专业集群可持续发展机制。

一方面是因为在产教融合发展、"双一流建设"、"双高计划"的背景下，机制创新是专业集群建设的内生动力，也是专业集群深度推进的重要保障，还是专业集群效度评价的重要指标，更是直接影响专业集群整体优势发挥的关键因素。另一方面是因为专业集群与转型发展、产教融合、综合改革、特色发展这些高校发展新要求的密切关联决定了需要机制创新；专业集群与产业集群密切关联、高度契合以及亲产业性与学科性的特点需要机制创新；专业集群作为新型专业建设形态与组织形式

---

① 张栋科、闫广芬：《高职专业群建设：政策、框架与展望》，《职业技术教育》2017年第28期。

需要机制创新。概言之，专业集群的机制创新是高校推进转型发展、产教融合、综合改革、特色发展的需要，是高校顺应产业集群发展形势及其对应用型人才培养新要求的需要，是高校推进基层教学组织形态创新的需要，也是产业集群及其利益相关方包括政府行业企业对高校的新要求。建立专业集群建设的长效发展机制既是国家对高校专业集群建设的外在要求，也是高校对自身内涵式发展的内在要求。专业集群机制的建立、健全、改进与创新，需要坚持整体谋划、系统重塑、全面提升。

第二节 专业集群的生成机制创新

一 灵活选用专业集群模式

（一）专业集群的生成逻辑与模式

研究专业集群机制创新首先要关注其生成机制的创新，生成机制创新需要从生成构建逻辑模式、专业布局与结构调整、专业分类管理创新等方面着手。

应用型本科院校可以兼顾职业联系与学科基础、办学定位、办学特色与产业集群等方面的因素生成构建专业集群。应用本科专业集群主要有"由产业引出的专业集群""由学科引出的专业集群""由核心专业衍生的专业集群""由特色优势实力引出的专业集群"四个生成逻辑起点，其建设模式可以概括为"以链建群"，对接产业链（集群）建群；"以核建群"，围绕核心专业建群；"以院建群"，依托二级学院建群；"以特建群"，基于办学特色建群四种主要类型。当然，在实际的生成逻辑与模式上，很少是某个单一起点、单一模式，更多是多个起点、多种模式的复合综合。关于专业集群生成逻辑起点与模式类型在第一章相关节已有阐述，不再详述。选择怎样的专业集群生成构建机制，要具体情况具体分析，选用最适合的集群模式。下文中将结合院校实践探索案例介绍基于"以核建群"和"以链成群"的集群构建机制创新。

（二）基于"以核建群"的构建机制创新

以核建群，即构建围绕和基于核心专业的相关联专业组成的专业集群。专业集群建设是以核心（品牌、主干、优势、特色）专业建设为核心的资源整合活动。每个专业集群中都有一个核心专业，它在专业集群中起到龙头作用。将这些核心专业建设成为校级、省级、部级精品专业，带动整个专业集群的发展。同时，专业集群建设是一个逐步发展的过程，要从行业和社会发展的实际需求出发，逐步衍生新的专业方向或相近相关的新专业，在3—5年时间内就构建起一个以核心专业建设为龙头，相关专业为支撑的独具特色的专业体系。

如，南通职业大学在建立专业分类管理机制的基础上，以品牌发展专业为龙头，按照"领域相容、岗位相关、技术共用、平台共享"的原则聚力打造专业集群。"品牌发展"专业的集群发展模式就是按照"品牌专业→相关专业→相近专业"的"专业链"思路，形成品牌特色专业及其相关相近专业有机组合的专业集群。既要注重依托和发挥品牌特色专业的"头雁"和辐射功能，带动相关、相近专业共同发展，又要注重凸显、放大"群"效应，利用专业之间互为促进、互补共享的关联性，对群内专业的课程体系、教学设施、师资力量、实训平台等资源进行整合，拓宽专业集群的服务面向，增强社会适应性、综合实力和美誉度。[1]

（三）基于"以链成群"的构建机制创新

以链成群，即构建基于产业链需求的专业链，由专业链上的若干专业形成专业集群。按照"支柱产业→相关产业→附加产业"的"产业链"或"核心岗位→次要岗位→边缘岗位"的"职业岗位群"思路，构建与产业链或职业岗位群相匹配的主次分明、相互支撑的专业集群[2]，通过将专业链与产业链、岗位链、人才链、技术链、创新链有效衔接，深化人才培养供给侧和产业需求侧全方位、全过程、全要素耦合。在建设进程中，学校根据产业需求和学科专业实际，不断补链、延链、强链，从而使基于产业链和专业链的专业集群建设得到集约集聚。

如，贺州学院构建食品科学与工程应用专业集群，组成以食品种植、加工、储藏、包装为一体的专业集群，主要服务广西"14+10"千亿元产业及贺州市"百十亿元"的食品产业，食品科学与工程为广

---

[1] 马成荣、孙杨：《"双高计划"视域下高职院校专业结构优化调整的路径与策略》，《职业技术教育》2019年第24期。

[2] 赵昕、张峰：《基于产业集群的职业教育专业群基本内涵与特征》，《职业技术教育》2013年第4期。

西一流学科（培育），农产品加工及贮藏工程、课程与教学论为广西重点学科。

二　建立专业结构调整机制

（一）遵循专业调整优化的新要求

应用型院校要根据学校办学定位和区域经济社会发展需求，准确分析地方产业结构及变化趋势，基于专业集群发展的战略思维，对标专业类教学质量国家标准，以新工科、新农科、新医科、新文科建设的要求和"学生中心、产出导向、持续改进"专业认证的理念引领专业结构调整与布局优化。如安徽科技学院促进工科与农科交叉融合，利用新工科改造传统农科专业，在传统农科专业中创新性地融入新工程技术元素，促进智能制造技术与农业现代化相结合，成功获批了教育部、安徽省第一个目录外新工科专业"农业智能装备工程"专业。

（二）厘清专业调整优化思路

合理调整专业结构并及时优化专业布局，是专业集群构建的重要前提条件。健全专业动态调整机制，做好专业优化、调整、升级、换代和新建工作，加快国家急需专业建设，持续改进专业布局结构。以集群思维整体布局专业结构体系，在专业布局上不贪多求全，不脱离实际，不故步自封，不一哄而上，坚持增量优化和存量调整，做强优势专业、改造传统专业、停办僵尸专业、培育新兴专业，通过削枝强干，激发专业活力，办出专业特色。

（三）健全专业进入与退出机制

按照一流专业建设条件，完善专业建设规划，并按照专业建设规划对专业进行调整优化，建立健全设置新专业的机制以及专业动态调整机制。高校要充分认识高等教育内涵式发展的新要求，理性地确定学校学生规模、专业规模，正确处理规模、结构、质量、效益的关系，特别是申报设置新专业，要契合产业需求、符合专业建设要求、满足岗位（群）要求，进行充分的调研论证并有翔实可行的调研报告，切实地建立行业和用人单位专家参与的专业设置评议制度；教育主管部门要严格对申报设置新专业的审核审批，改变一些高校为申报新专业举全校之力拼凑师资等办学条件，而实际上支撑该新专业的师资与条件严重缺乏的先天性不足，改变一些高校专业申报调研走过场、论证不充分、申报填表格做材料而教育主管部门看表格看材料审批的不足。一方面，建议重新研制专业设置新标准，严格专业准入，以专业的教学状态数据监测、专业的调研认证、专业建设发展规划、基于学科专业集群建设要求等作为专业进入的主要依据；另一方面，明确专业停招或退出，要结合各专业近三年第一志愿报考率、报到率、转专业率、就业率、毕业生满意率和专业师资、资源条件、培养质量和社会声誉等方面因素综合考量，并以此作为专业退出的主要依据。

三　探索专业分类管理机制

（一）高校专业的分类维度

专业分类的维度，按专业建设时间分类，可分为新专业（2年及以内）、通过学士学位授予权评审专业（4年）、老专业等；按专业学科维度分类，如理工类、师范类、农学类、医学类等；按专业发展水平分类，如国家一流专业、省一流专业（品牌、特色、示范专业）、校级品牌、特色、示范专业等；按专业的地位作用分类，如核心专业、支撑专业、延展专业等；按专业认证情况分类，如通过认证专业（又可以分为6年有效期、3年有效期）、未通过认证专业。

（二）专业分类管理主要模式

专业管理模式大致可以分为：所有专业统一管理模式，这一模式强调所有专业的共性特征，遵循专业建设与管理的一般规律；而专业分类管理模式强调关注专业的个性特征，根据专业发展的特定阶段、发展水平、地位作用等进行有针对性的管理。不同的专业分类维度，将会有不同的管理要求，并产生不同的专业管理模式。如针对新专业管理可以专门制定新专业建设管理办法；对国家一流专业、省一流专业（品牌、特色、示范专业）、校级品牌、特色、示范专业等有标识身份的专业，则可以按照各自建设标准、评估指标、管理规定等进行管理。

（三）专业分类管理是专业集群建设的前提

依据专业分类确定专业集群的核心专业。核心专业不仅是指与产业、学科和集群内其他专业关联度高的专业，而且最好是建设时间较长的相对成熟的老专业、国家或省级的一流专业、通过专业认证的专业、在所在省市区专业评估中名列前茅或处于前 20% 的专业。多维度的专业分类可以成为科学合理地选择核心专业的主要依据。

依据专业分类摸清专业集群内的专业家底。对专业进行分类管理、分类指导、分类评价、分类施策有助于开展专业集群及其内涵建设。如，南通职业大学以"专业预测预警＋专业认证评估→专业分类管理→专业集群建设"为基本路径，聚力打造专业集群。该校建立专业"品牌发展""调整发展""加快发展""限制发展"分类管理机制，根据专业预测预警和专业认证评估结果，将专业划分为 A、B、C、D 四类。其中，对"市场需求大、专业水平高"的 A 类专业重点投入、品牌发展；对"市场需求小、专业水平高"的 B 类专业调整方向、错位发展；对"市场需求大、专业水平低"的 C 类专业加大投入，加快发展；对"市场需求小、专业水平低"的 D 类专业逐渐分流、限制发展。[1]

第三节 专业集群的组织机制创新

一 专业集群组织机制创新的问题

（一）专业集群组织机制创新需要研究的问题

地方高校向应用型转型发展必然要求地方高校组织转型，专业集群是专业治理机制和基层学术组织的创新，专业集群建设也必然要求地方高校及时进行组织转型，组织转型又需要推进组织机制创新，并基于专业集群进行组织设计。

文献检索没有发现关于"专业集群组织机制创新"的专题研究成果，关于专业集群组织机制的某一个方面的创新观点在论述专业集群创新有所提及，更多文献是论述大学组织创新的研究成果。从专业集群组织机制创新的角度来看，需要厘清组织内外部之间、组织内部之间等方面的关系及相应的问题。如，专业集群与院系组织结构可能形成怎样的关系，专业集群内相关要素有哪些可能的组合形式，如何进行专业集群的组织架构，如何设计组织机制、运行机制，等等。

---

[1] 马成荣、孙杨：《"双高计划"视域下高职院校专业结构优化调整的路径与策略》，《职业技术教育》2019 年第 24 期。

（二）专业集群组织机制创新相关实践

一些高校积极探索基于专业集群的"大院制改革""学部制改革"，创新"教育科研和社会服务一体化"的"研究院""科教中心"模式，创新基于专业集群的基层教学组织形态，创新基于课程群的集群课程组织形态。

在专业集群组织机制创新方面进行了积极有效的探索。如，广东财经大学创新专业集群的组织机制，设立了专门规划设计机构。按照"问题导向、开放协同、虚实结合"的原则，设立"广东财经大学服务社会研究院"。在"研究院"的组织下，由校内专家和对口行业（企业）专家共同组成研究团队，从"学校整体深化转型"和"学科专业集群深化转型"两个层面开展调查研究、规划设计相关方案、研制对接现代服务业相关规范和标准、会同相关部门考核评价各相关机构、学科、专业深化转型绩效、组织召开"广东财经大学服务社会高层论坛"等。建立健全了教学、科研、社会服务同向、协调、集约发展的体制机制，按照"教学、科研、社会服务同向、协调、集约发展"的理念，重构学校内部管理体制和工作运行机制。按照"大院制"和"大部制"的原则，重构学校教学科研机构和党政管理机构。在学校层面，建立健全对应六大学科专业集群，集教学、科研和社会服务决策咨询功能于一体的学术权力机构。在学院层面，改变目前学科建设与专业建设割裂以及教学、科研、社会服务割裂的局面，建立健全兼具教学、科研与服务社会功能的"一体化"管理机构和相应的运行机制。

又如，黄河科技学院实施组织机构改革，探索教学单位学部制改革。2019年初学校整合信息工程学院、机械工程学院等5个工科学院成立"工学部"，整合艺术设计学院、音乐学院等4个学院成立"艺体学部"。学部建设打破原有学校—学院—系—教研室多级管理，各学部按照专业集群设立"科教中心"作为教学科研工作开展的单元，管理层级从4级缩减到2级。新的组织结构大幅缩减了行政管理岗位和人员，处级和科级干部分别减少了24%、27%，因管理模式的变革和数字化技术的支持，更多一线教师和"双肩挑"人员投入教学改革中。科教中心突破了学科和专业壁垒，有较强的独立性，充分发挥专业集群优势，可以在产学研合作中更好地整合资源。以工学部为例，承担理论课教学的外聘教师总量较往年减少了50%，参与产学研合作的产业界兼职技术人员却增加了30%。[①]

二　专业集群的组织架构与组织机构创新

（一）建立简练有效的集群组织架构

组织架构是指一个组织整体的结构，是组织的流程运转、部门设置及职能规划等最基本的结构依据，组织架构的本质是为了实现组织战略目标而进行的分工与协作的安排，组织架构的设计要受到内外部环境、发展战略、生命周期、技术特征、组织规模人员素质等因素的影响，并且在不同的环境、不同的时期、不同的使命下有不同的组织架构模式。一方面，战略决定组织架构，有什么样的战略就有什么样的组织架构；另一方面，组织架构又支持战略的发展，是实施战略的一项重要工具，一个好的企业战略要通过与相适应的组织架构去完成方能起作用。因此只要能实现组织的战略目标，增加组织对外竞争力，提高运营效率，就是合适的组织架构。

专业集群的组织架构要有利于承接专业集群发展战略，响应社会发展和高校组织自身发展需求。专业集群的组织架构因各校办学定位、集群建设所处的阶段及理解而异，没有也不可能有一个固定不变的模式。一般包括专业集群的名称和数量、相关专业集群对接的产业（链）、主干（核心）专业、支撑专业、所对接的中高职专业及其逻辑关系。也可以包括专业集群的组织架构、牵头单位与协同单位，专业集群依托的重点学科、研究及社会服务机构、科研与教学平台、师资团队，等等。[②]

以广西科技大学鹿山学院（2020年已经转设为柳州工学院）为例，该校2014年推进应用转型发展之初，就将专业集群作为转型发展的重要抓手，当时提出了专业集群建设的目标是：建设以区域产业链—专业集群—主干（核心）专业—支撑专业—所对接的中高职专业为逻辑关系的、以汽车专业集群和机械专业集群为重点的五大专业集群。

---

① 杨保成：《数字化转型背景下地方应用型本科高校的教育创新与实践》，《高等教育研究》2020年第4期。

② 顾永安：《应用本科专业集群——地方高校转型发展的重要突破口》，《中国高等教育》2016年第22期。

该校汽车专业集群紧密对接广西柳州地区的汽车产业链，其中：核心（主干）专业是车辆工程、交通运输和汽车服务工程，这些专业凸显了学校办学方向、优势，以及服务区域经济社会发展的主要方向，表现为专业招生规模大、办学优势大、收益贡献大、社会影响大和发展潜力大；支撑专业包括机械工程、自动化等相关专业，主要是在知识框架上拓展、丰富和完善核心的专业人才培养目标，实现复合型、应用型人才培养特质，主要表现为专业之间有较强的关联性、课程设置之间较大的交叉性以及人才培养目标上有较强的一致性；所对接的中高职专业包括办学所在区域中职、高职专科的汽车营销、汽车电子技术与检测等专业，主要是为构建现代职业教育立交桥，对接培养 3+2、3+4 等不同模式的高职本科人才考虑，体现了应用型本科专业集群在现代职业教育体系建设中的重要价值。

又以广东财经大学金融财税学科专业集群为例，该学科专业集群紧密对接广东金融业、科技服务业、商务服务业、信息服务业、外包服务业等产业链和创新链，深度融合泛珠三角地方政府、重点行业企业，共建珠三角科技金融产业协同创新发展中心、广东财经大学证大微金融学院、南沙自贸区科技金融创新发展基地、佛山金融科技产业创新研究院、理财研究中心、粤港金融创新与风险管理研究中心等研究及社会服务机构（协同创新中心和协同育人平台），培养财政学、金融学、保险学、金融工程、税收学、投资学等本科、研究生专业的应用型、复合型人才（如表 7-1 所示）。以上列举的两个院校案例的专业集群架构个性鲜明，各具特色。

广西科技大学鹿山学院较早提出将专业集群作为转型发展的重要抓手，厘清了专业集群建设中"区域产业链—专业集群—主干（核心）专业—支撑专业—所对接的中高职专业"之间的逻辑关系，突出了围绕区域两大支柱产业重点建设汽车专业集群和机械专业集群。广东财经大学明确提出建设"学科专业集群"其架构的特点是：依托省级优势重点学科和国家级特色专业的特色和优势，紧密对接广东经济社会发展产业链和创新链，注重与区域协同创新中心和协同育人平台等研究及社会服务机构深度融合。

表 7-1　　　　　广东财经大学金融财税学科专业
　　　　　　　　集群产教融合对接行业企业一览

学科专业集群	涵盖研究生专业	涵盖本科专业	研究及社会服务机构	对接产业
金融财税	金融学、财政学、金融（MF）、保险（MI）、税务（MT）	财政学、金融学、保险学、金融工程、税收学、投资学	珠三角科技金融产业协同创新发展中心、广东财经大学证大微金融学院、南沙自贸区科技金融创新发展基地、佛山金融科技产业创新研究院、理财研究中心、粤港金融创新与风险管理研究中心、金融电子商务研究中心、税务干部进修学院、广东纳税服务研究中心、财税信息化研究中心、政府采购研究中心、财政绩效管理研究中心、广东资产评估研究中心	金融业、科技服务业、商务服务业、信息服务业、外包服务业等

（二）创新科学集成的集群组织机构

组织机构是指组织发展、完善到一定程度，在其内部形成的结构严密、相对独立，并彼此传递或转换能量、物质和信息的系统。其任务是协调各种关系，有效地运用每个组织成员的才智，充分发挥组织系统的力量，达成团体的目标。组织机构及其职责要求是专业集群组织机制创新的重要内容。不少高校都成立了相应的组织机构，并以章程或制度形式明确了校内外参与单位及部门负责人的职责、权利、义务与待遇等内容。但大多数高校成立机构、建章立制相对容易，推进与落实较难，其中主要原因就是学校没有将专业集群上升到战略高度，没有引起学校党政主要领导的高度重视，没有建立适合适用的专业集群组织机构。实施好、组织好专业集群建设的目标与任务，需要建立和创新集成高效的组织机构，采取科学的管理组织形式，统筹整合好人、财、物等资源，发挥集约效应，形成集群优势。

一般来说，专业集群的组织机构有多种模式，在实践中运行较好的是专业集群管理委员会模式，高校可以探索学校专业集群管理委员会实行"双主任制"，即由校党委书记、校长担任主任，副校职领导担任副主任，教务处、办公室、人事处等职能部门负责人及二级学院院长、行业企业高管及专家担任委员；明确学校专业集群管理委员会下设办公室，办公室挂靠发展规划处或教务处，具体负责专业集群相关事项的组织实施；明确学校专业集群管理委员会负责学校专业集群建设的顶层设计和整体谋划，负责审议决定学校专业集群建设的重大事项，负责各项保障措施落实到位，负责指导各专业集群建设委员会工作等职责。同时，明确各专业集群建设委员会组成及职责。河北民族师范学院发布《河北民族师范学院关于成立专业集群管理委员会和各专业集群建设委员会的通知》，该校主要领导亲自谋划决策、靠前组织指挥，转型办、教务处负责人思路清晰，执行得力，特别是学校层面、各专业集群层面清晰得力的组织机构成为专业集群决策指挥与推进实施的重要保障。

同时，要对专业集群实施科学的组织管理，将专业集群作为秉承应用型大学核心价值而创生的一种新型学术基层组织，使其具有教育教学、科技研发、社会服务的集成功能，并享有一定的自主权力；还要打破现有层级管理框架，构建矩阵式管理、事业部制等弹性较大的组织形式，对接行业企业的管理，增强应用型院校组织的适应性。[①] 一些高校创设的基于"教育、科研和社会服务一体化"的"科教中心""研究院"模式，基于专业集群的基层教学组织形态创新的教师工作室模式，基于课程群建设的课程教学团队模式等都从不同角度体现了专业集群组织机构的创新。

三 专业集群的课程形态与基层组织创新

（一）专业集群的课程教学团队机制

专业集群的成长需要建立以课程组织为基础的组织机构，并以相应机制来保障有效运行。

专业集群内相关专业承担相同或相近课程教学任务的教师组成该课程教学团队，教学团队在课程负责人的带领下牵头该课程标准、培养目标、课程大纲、课程改革与教学研究、教材建设、基地平台建设、课程考核等。这就要求教学团队教师不仅要关注自己所在专业，还要关注集群内所有专业的人才培养方案、培养目标、毕业要求、课程体系、考核

[①] 任占营：《新时代高职院校强化内涵建设的关键问题探析》，《中国职业技术教育》2018年第19期。

评价，要求教师要将课程与专业及专业集群更加紧密地结合，既要注重主讲课程自身的专业性定位，也要关注并符合主讲课程是"专业的课程""专业集群内课程"的要求，进一步明确主讲课程在专业及专业集群课程体系中的课程属性、价值与作用。

（二）专业集群的课程群机制

课程是专业集群内部组织的重要基础。从相近专业资源集聚到人才培养模式改革，最终体现在集群内专业之间最为相互关联的组织是课程群。课程群负责人即"群主"是课程群建设的核心，需要通过课程群建设支持支撑专业集群发展方向、协调专业（方向）设置及课程资源、组织课程群研讨等工作任务。真正发挥"群主"作用并切实加强课程群建设是当前专业集群建设的重要任务。专业课程群在学院专业集群建设委员会管理下，根据专业集群建设实施方案和课程建设实施办法，明确各个课程群建设目标和建设任务，实行课程群负责人负责制，专业集群建设委员会或相关二级学院教学委员会负责各类课程立项评审、过程建设管理和评价验收工作，项目经费由专业集群建设专项资金支出。其目的是结合课程性质有计划、有步骤地推进各级各类课程建设，加快集群建设落地生效。

（三）专业集群的教研室机制

教研室的划分并无定法，传统大学院系大多数是以某个专业为一个教研室，或以专业理论与实践课程来划分教研室，或以承担某个专业方向相近专业课程的教师组成教研室，前面几种教研室建制是基本上沿袭传统学科体系的基层教学组织机构，在应用型院校办学实践中其弊端与不足已经充分暴露，亟须通过机制创新来改变和解决存在的问题。有研究者提出应该"基于共享行业资源、专业基础资源构建专业群教研室，基于共享共建平台基础资源，构建宽基础的平台基础教研室"，即专业群教研室+平台基础教研室相互结合，重构基层教学组织。[①] 专业集群下的教研室打破了学科专业壁垒，可以跨学科跨专业、按照对应产业链或产业链上职业岗位（群）的课程教师来组建教研室，教研室除了本校教师之外，还可以吸纳来自行业企业、政府事业单位的兼职、临聘教

---

① 钟健：《高职高专的基层教学组织重构与运行机制》，《深圳职业技术学院学报》2014年第2期。

师参加。

（四）专业集群的教师工作室机制

教师工作室是汇聚专业集群内的专业教师、业界师资、学生等多方资源，融开展人才培养、科学研发、社会服务于一体的教育教学创新团队。教师工作室是知识创新及实践能力培养的主要场所，是实施创新教育的重要手段。教师工作室通过实践教学所具有的实践性、创造性和综合性的特点，帮助学生感受、理解所学知识，学习和掌握一定的实践技能及方法，学会使用先进设备，学习收集、处理信息和提高分析问题、解决问题的能力，培养学生的科学精神和创造性思维。鼓励教师跨学科、跨专业组建教师工作室，同时鼓励学生跨专业选择加入教师工作室。注重专业引领、能力培养、实践探索、联企发展，推动专业（集群）负责人和骨干教师融入带领学生开展校企合作，深入专业实训室、实验室，提高学生专业综合能力和应用型能力，逐步做到技术研发，大赛培育和生产性实践教学"三合一"。教师工作室在相关学院领导和专业集群指导下，实行工作室主任负责制，实施项目化管理，项目经费由专业集群建设专项资金支出。

第四节 专业集群的管理机制创新

一 专业集群管理机制创新的问题

管理机制以组织架构、组织机构为基础和载体，它本质上是管理系统的内在联系、功能及运行原理。研究专业集群管理机制是推进专业集群建设工作的现实需要，专业集群的管理机制主要包括管理制度体系、管理运行机制（统筹发展、协同发展机制）、管理模式机制。

经文献检索，专门研究专业集群管理机制的论文较少，关于专业集群管理机制的相关研究较有代表性的研究观点有：有研究者在专业群建设中普遍存在重建设轻管理的现象及专业群建设管理中存在的问题，提出建立由目标引导、组织领导、咨询指导和监控评估组成的专业群建设管理机制，以改进专业群建设中的管理问题，提高专业群建设效率。[1]

---

[1] 何卫华、李黎：《"双高"建设背景下的专业群建设管理机制探讨》，《高等职业教育探索》2019年第5期。

有研究者提出专业集群管理的协同合作模式，主张要强化与产业的协同、与企业的协同、与科研机构的协同、与部委机构的协同，其专业建设模式、集群化发展模式必须着眼于大视野、构建大平台，形成更广阔的发展空间。① 有研究者认为特色专业群建设需要加强机制研究、评价标准体系的构建以及管理运行模式的建立。② 还有研究者要构建以运行（包括决策、多方参与合作、咨询指导、评价机制）和保障机制为核心的专业群动态调整机制③，构建专业群应建立与行业发展和产业技术进步的同步调整机制，建立以资源共建共享为目的协调合作机制④等。

二 专业集群的制度体系与发展机制创新

（一）创新专业集群的管理制度体系

首先为确保专业集群建设顺利推进，需要学校建立健全专业集群建设的各项制度和项目管理制度，系统梳理和完善支撑专业集群、资源集成及管理集约的制度体系。这些制度可以包括以下方面：一是专业建设管理的制度体系，可以基于前述专业内涵的 5 个层面 25 个方面来分别建立、完善和梳理；二是专业集群的制度体系，在此制度体系中处于最上位的是专业集群建设委员会章程，这是统领专业集群建设与管理的具有纲领性指导性的文件。其次，是关于专业集群与产教融合、科教融合、校地互动、校企合作方面的体制机制建设与相应制度文件。再次，是关于专业集群建设与管理的工作职责、工作制度、管理办法，如《专业集群负责人聘用及职责权利义务规定》《专业集群建设项目实施管理规定》《专业集群建设项目专项资金管理办法》《专业集群建设考核制度》《专业集群运行管理制度》《专业集群实训资源管理办法》等具体的专业集群管理制度。

专业集群的管理制度不可能一蹴而就，可以根据集群建设需要，制

---

① 王福君、于莹莹：《应用型高校专业群发展态势与内在机理》，《现代教育管理》2019 年第 5 期。
② 李书光：《高职院校特色专业群建设的研究综述》，《职教通讯》2018 年第 14 期。
③ 吴敏良：《"双一流"建设背景下高职专业群动态调整机制建设》，《当代教育论坛》2017 年第 6 期。
④ 张新民、罗志：《高职专业群建设的机理、理论、动力和机制》，《职教论坛》2016 年第 27 期。

定相应的制度。当然，在推进集群建设之初，应当从顶层设计的角度，推进集群建设的制度创新，不断强化集群建设制度保障，逐步形成相对完善的制度体系。在建立比较完善的管理制度体系的同时，要推进专业集群管理制度的落实与执行到位。

（二）创新专业集群的统筹发展机制

统筹发展是科学发展观的要求。专业集群建设是一项具有整体性、复杂性、系统性的工程，需要加大专业集群建设推进的统筹力度，除了要建立便于统筹的组织架构、组织机构、制度体系外，在专业集群管理机制建立与创新上，应用型院校还特别需要通盘筹划好专业集群建设中的若干重要关系，如专业集群与学科集群的关系、专业集群内专业与其他专业的关系、专业集群与资源配置的关系、专业集群建设与管理机制改革的关系，等等。

一是统筹学科集群和专业集群的发展。按照构建学科专业集群超级平台的理念，形成学科与专业协同发展体制与机制，以扎实深厚的学科集群支撑专业集群的可持续发展，每个专业集群要选择1—3个学科作为重要支撑并重点建设。

二是统筹专业集群专业和其他专业的发展。专业集群建设要以核心专业建设为重点，发挥核心专业示范引领作用，带动群内各专业建设水平；通过重点专业集群建设，以点带面，带动全校专业建设水平整体提升。

三是统筹集群建设与资源配置的关系。根据专业集群的模式类型、阶段特征、发展水平等优化人、财、物资源配置并采用矩阵式管理、大部制、委员会制、理事会制、行业学院等新的管理机制进行科学管理，借鉴运用信息化管理平台与大数据分析技术、方法，对专业集群的资源配置与利用情况等进行分析评估，进行校外、校内、专业集群内的人、财、物资源统筹整合及共建共享，提高工作效率和集群效应。

四是统筹专业集群建设与管理机制改革的关系。专业集群建设不仅需要理念的确定、观念的更新，还需要体制机制的创新、资源条件保障和校内外机构的协同支持。从利益导向上来看，专业集群建设与改革同样会触动到管理者和教师利益关系的重大调整。比如，对专业结构、教学资源的整合必然涉及权力和利益关系的调整，对人才培养环节的优化、对课程体系的调整同样会触及部分教师的切身利益。因此，专业集群建设仅仅靠教学管理部门单兵作战、孤立推进是难以持续深入的，不能就专业集群来建设专业集群，要确立专业集群建设与管理体制改革的系统思维，统筹推进专业集群建设与管理体制改革。

（三）创新专业集群的协同发展机制

协同性是专业集群建设的保障，也是对专业集群本身建设机制的考量。专业集群需要构建发展共同体意识，确立大协同观、大协作观，实施协同合作模式①，形成以应用型知识开发、服务能力培养为主线的新型专业集群发展模式，形成支撑应用型人才培养所需要的产业、企业、科研机构和部委机构协同跨界合作组织，以实现集群的协同效应，实现应用型人才培养的目的。协同合作的机制是专业集群与产业集群协同创新的一种重要保障，因此必须在伙伴关系确立后就进一步建立协作机制，并确定协作机制的各种规范、标准和制度章程，从而能够在后续的协同创新过程中有效规范这二者的管理工作和协作行为，有效提高协作的资源利用率、整体的运行效率以及合作关系的稳定发展。②

首先，建立基于区域职教联盟的协作组织。当前，建立由地方政府、行业部门和产业骨干企业参与的职业教育集团（联盟）是学校主动对接区域经济社会发展的有益尝试，但最终必须要落脚到专业集群与具体产业的对接。以服务地方产业发展为目标，由专业集群和行业、骨干企业组成的协作组织是职业教育集团（联盟）运作的核心机构。通过协作组织参与区域产业发展规划、制定专业集群课程规划等，为产业企业参与职业教育奠定基础；通过协作组织联合开展技术攻关和研发，为产业转型升级提供服务；通过协作组织建立稳定的职业训练和员工培训场所，从而较好地解决师资、场所等教育教学资源。建立并发挥以区域产业为纽带的专业集群协作组织的作用已经成为当前高职院校专业集群建设的一大重点。③ 新建本科院校也可以借鉴职业教育集团（联盟）

---

① 王福君、于莹莹：《应用型高校专业群发展态势与内在机理》，《现代教育管理》2019年第5期。

② 黄影秋：《高职院校专业群与产业群的协同创新发展探讨》，《职业技术教育》2017年第14期。

③ 沈建根、石伟平：《高职教育专业群建设：概念、内涵与机制》，《中国高教研究》2011年第11期。

的方式，建立区域或地方应用型本科教育的产教融合、科教融合、协同发展的新机制。

其次，建立政府主导、产业引导、高校主体、企业参与的协同共建机制。按照"人才共育、过程共管、成果共享、责任共担"的要求，完善专业共建、教师企业实践、顶岗实习管理、实习责任保险等校企合作制度，推动校企共同开发人才培养方案、课程标准，共建师资队伍、实习实训基地，共同开展应用技术研究、推广、咨询和社会培训。建立校地互动长效机制、校企沟通常态机制，专业集群要坚持"紧盯产业、融入行业、服务企业"的思路，主动对接适应产业需求，密切关注区域相关产业（行业）发展，实时跟踪职业岗位新的技术、技能要求，相关合作企业要主动提供企业先进理念、管理模式、技术人员、技术研发、设备资金等方面的支持，通过参加产业学院理事会、专业集群建设委员会，担任产业企业方院长等方式积极参与专业集群建设与管理，实现专业集群与产业协同发展。

最后，建立集群各阶段各环节的协作发展机制。在专业集群的初始阶段，需要建立校内各部门与二级学院、专业的协同调研机制、专业集群构架论证机制、专业集群规划方案研讨机制，等等；在专业集群的建设阶段，需要建立专业（专业集群）的动态调整机制、集群优质课程资源开发使用管理机制、师资团队系统培育机制、实训基地提升机制、技术技能积累机制、教学质量诊断与改进机制等，这些都需要校内甚至校外协同协作，才能发挥管理集约效益；[1] 在专业集群的总结提升阶段，需要建立由校政行企及师生代表参与的、第三方专业评估机构组织的专业集群评价机制，还要建立以专业集群就业质量为评价重点的专业动态调整机制，引导高校以调控集群内专业数量和招生规模为重点，推动集群内专业的资源集聚和结构优化，促进专业集群自我发展、约束和调整机制的建立。[2]

---

[1] 胡俊平、钱晓忠、顾京：《基于智能制造系统架构的高职专业群建设》，《中国职业技术教育》2019 年第 17 期。
[2] 沈建根、石伟平：《高职教育专业群建设：概念、内涵与机制》，《中国高教研究》2011 年第 11 期。

三　专业集群的多元管理模式创新

（一）权力集中的管理模式

专业集群管理更多依靠权力作用发挥，根据权力集中情况不同，可以分为："群主"个人权力集中管理模式和"委员会或理事会"集体权力集中管理模式两种。

"群主"个人权力集中管理模式是指专业集群的管理权力集中到"群主"个人，就需要挑选一名学术影响与人格魅力俱佳、组织协调与领导管理能力皆强的"群主"，这名"群主"可以是某个校领导兼任，其优点是便于从全校层面进行领导与协调，不足是校领导兼任容易挂名，也容易形成对校领导的依赖；"群主"可以由某个二级学院院长、业务职能部门负责人兼任，其优点是对以院建群的集群比较容易驾驭，以院建群的集群管理模式，可以较好地发挥二级学院的行政权力与学术权力综合管理的职能，而对以核建群或以链建群的集群则不容易协调甚至会引发资源等利益之争；对以核建群或以链建群的集群"群主"，有些院校实行集群内的相关专业的二级学院院长轮值制，其运行效果取决于轮值院长的能力与水平、责任心与公正心；若由某个知名教授担任"群主"，可以有比较充裕的时间精力投入专业集群的管理，发挥专业集群基层学术组织负责人的作用，但没有行政领导职务的教授"群主"如果只有学术影响与人格魅力，而不掌控集群建设的专业资源分配与绩效考核、奖惩评价，就容易使集群建设难以持续甚至变样、落空。

"委员会或理事会"集体权力集中管理模式是指专业集群的管理权力集中在"专业集群建设与管理委员会或理事会"，这种管理模式实行的是委员会或理事会领导下的主任或理事长负责制，主任或理事长可以是由学校委派，也可以由委员会或理事会推选。这种方式优点是校政行企各方代表参与，符合民主集中制的原则，集体决策后主任或理事长实施执行，缺点是容易形成主任或理事长一人说了算的状况，使委员会或理事会形同虚设。

选择"群主"个人权力集中管理模式和"委员会或理事会"集体权力集中管理模式运行实施的关键人物至关重要，在专业集群建设的初始阶段与推进阶段，可以由学校有学科专业背景且有学术影响声望的校领导来担任"群主"或"委员会或理事会"负责人,这样既解决了集群负责人领导力不足的问题,也解决了集群负责人专业性不足的问题。

(二)资源集聚的管理模式

这种管理模式更多关注"资源集聚",强调管理者对资源的掌控权。认为可以通过把各专业的资源集中到专业集群层面进行管理和使用,通过"剥夺"专业资源使各个集群内专业产生对专业集群的依赖,从而使专业集群保持比较稳定的发展状态,但这一策略与目前已经有的二级学院在专业发展中所发挥的功能并无实质区别,因而也不是一种合适的策略。专业集群的形成不能仅仅依靠行政手段或依靠行政手段集聚掌控资源,从根本上说还是要遵循专业自身的内在发展逻辑[①],遵循专业集群自身的基本特征与建设规律,要最大限度地调动专业集群内各个专业师资团队、管理团队以及合作团队与利益相关者的积极性与能动性。

(三)校企混编的管理团队模式

这种管理模式是指可以创建专业集群的校企混编管理团队,成立专业集群建设管理委员会,管理委员会成员应包括群内各个专业负责人、相关二级学院院长、教学副院长、专业负责人和企业技术人员(企业技术人员占比不低于50%),委员会负责人由学校委派,委员会负责该专业集群建设方案制定、资源整合、各种教学建设、校企联合开展产品研发、技术创新和技术公关以及日常管理等工作。进而在此基础上构建适合应用型人才培养的校企协同育人办学模式,全面推进学校整体转型。

因专业集群生成逻辑、模式类型、阶段特征、发展水平等方面的复杂性、差异性,专业集群管理具有多样化、多元性的特征,也呈现了多元化的管理模式,可以根据具体情况选用适合的管理模式。

第五节 专业集群的运行机制创新

一 基于专业集群的校内管理体制改革

(一)专业集群建设与内部管理体制改革密切关联

运行机制是为了支持管理体制而采取的制度与措施,是使管理体制

[①] 徐国庆:《基于知识关系的高职学校专业群建设策略探究》,《现代教育管理》2019年第7期。

得到延续的基础，也是管理体制进行改革的动力所在。① 应用型专业集群建设需要建立能够自我约束、自我发展、自我创新的运行机制。基于专业集群建设的运行机制创新的前提是应用型院校必须开展相应的管理体制改革。通常情况下，高校内部管理体制改革包括高校职能各个方面、涉及人才培养各个过程与要素的改革，应用型院校专业集群建设是内部管理体制改革的应有之义与重要内容，作为一项综合性的改革工程，专业集群建设又与高校内部管理的各个方面密切关联，也必然涉及高校内部各个方面系统性改革与配套措施的跟进。所以，应用型院校既要通过内部管理体制改革促进和保障专业集群建设，又要通过专业集群建设深化和落实内部管理体制改革。

（二）推进基于专业集群的内部管理体制改革

在推进高校外部管理体制改革的前提下，高校应当在改变自身小环境上下功夫，在改革的中观、微观层面有所作为，不能习惯于坐等外在环境变化、配套改革到位、政策资金到位，而应当在现实需要为之，且学校能为、可为的情况下，以主动积极的创业姿态，从所在高校内部规划、设计、推动校内转型发展和专业集群相匹配相适应的内部管理体制改革②。这些改革包括与专业集群建设相呼应相匹配的组织机制、管理机制、运行机制等方面的改革，也包括学科建设、专业建设、师资队伍、资源配置、质量保障等方面的改革。这些改革涉及学校、二级学院等基层学术组织层面的探索。比如，为充分体现教学、科研、社会服务同向、协调、集约发展的理念，重构学校内部管理体制和工作运行机制。学校层面可以建立对应专业集群建设的集教学、科研、社会服务、决策咨询功能于一体的学术权力机构；二级学院层面可以建立兼具教学、科研与服务社会功能的一体化管理机构和相应的运行机制。

二 专业集群的产教科融合机制与组织形态创新

（一）创新专业集群的产教科深度融合机制

依据协同创新、合作双赢的目标，建立产业集群与学科集群、专业

---

① 王前新、刘欣：《新建本科院校运行机制研究》，科学出版社2007年版，第33页。
② 顾永安：《转型视域下新型大学内部管理体制改革的思考》，《应用型高等教育研究》2016年第1期。

集群对接合作的有效载体——科研、教学联合体，并形成各科研、教学联合体之间及其与产业集群之间的合作机制。也可以建立以专业集群协作组织为重点的校企合作机制，成立以区域产业为纽带的专业集群协作组织，即由地方政府、行业部门和产业骨干企业参与的产教联盟，落实专业集群与具体产业的对接。[①] 从人才培养机制与模式创新来看，主要有基于产教融合、校企合作背景下专业集群建设的行业学院、产业学院、现代产业学院，行业（产业学院、现代产业学院）是以学校为主、政府和企业参与或高校与行业为双主体，以区域支柱产业（行业）为服务对象，由高校、行业协会以及行业内若干骨干企业基于行业核心技能训练平台等共性要素，共同搭建的产教融合、科教融合、校企合作平台。专业集群是行业学院、产业学院、现代产业学院建设的重要支撑，行业学院、产业学院、现代产业学院大都依托专业集群而建，需要对接主体服务的产业集群、行业运行链形成的专业集群，使"行业运行链"与"专业集群内各专业方向"形成明确的一一对应关系。常熟理工学院、东莞理工学院、许昌学院、南京理工大学泰州科技学院、浙江树人大学等高校在此方面作出了富有成效的探索。

（二）创新基于专业集群的新型基层组织形态

以专业集群为基础，创新专业集群的组织形式、组织形态。从学校内部治理层面来看，为保障专业集群建设，创新体制机制，打破教学与科研的管理壁垒和学科专业界限，可以尝试实施大部制改革，各学部按照专业集群设立"科教中心"，优化专业集群建设运行机制，真正让专业集群从"集合"到"融合"。"科教中心"作为教学科研工作开展的基本单元，突破了学科和专业壁垒，有较强的独立性，可以在产学研合作中更好地整合资源，成为一个围绕面向产业整合基础研究、应用性研究、产业实体、学科专业资源，搭建服务于不同产业的协同创新综合体。如，黄河科技学院艺体学部将原来分布在3个学院、11个系的18个本科专业和8个专科专业的教学、科研和实验实践资源进行整合，设立了6个科教中心。其中，传媒艺术科教中心打破原来艺术设计学院和新闻传播学院的院系界限，将动画专业教学团队、摄影专业教学团队、

[①] 沈建根、石伟平：《高职教育专业群建设：概念、内涵与机制》，《中国高教研究》2011年第11期。

广播电视学专业教学团队、广播电视编导专业教学团队的师资力量、产业资源、实验实训条件等资源整合融合、集聚集成、共建共享，建成了河南省一流本科专业建设点（广播电视编导专业）、河南省广播电视艺术实验教学示范中心、河南省全媒体科普传播中心创作基地等产教融合项目基地。

从人才培养载体与平台创新来看，可以实施教师工作室制模式，组建风格不一、形式多样、涵盖集群内相关专业的教师工作室。教师工作室不同于传统的教研室限于基层教学管理与研究的职能，以"打造双师群体，开展产学结合"为目标定位，承载课程教学实施、科研训练、创新创业教育、学科竞赛及学生能力培养等功能，突出人才培养和专业集群建设，以项目化为载体，以能力培养为核心，重点聚焦在学生的学科竞赛训练、科研训练、创新创业训练的一个或几个方面。包括开展课程项目化教学（拿到真实项目带领学生做中学、做中练、做中求进步）、科研项目研究（教师带领学生一起做科研）、创新创业训练（开放专业实训室或实验室，教师指导学生双创训练）等形式，河北民族师范学院专业集群的核心要素平台中都建有协同创新平台，每个平台下由若干个教师工作室构成，其中优秀的教师工作室经过培育建设可以申报省级平台。专业集群遴选群内优秀骨干教师负责教师工作室的日常运行及管理，适度加大专业集群内教师工作室经费支持力度，使之成为专业集群建设的重要载体空间。

三　专业集群的学校内部工作运行机制创新

（一）建立专业集群及内部专业动态调整机制

学校及时跟踪区域经济社会发展变化，随着企业需求的不断变化及时调整专业集群和群内专业方向设置。加强对增设新专业的评估论证，增设新专业必须以地方产业行业或产业集群为依托，必须对接产业集群的产业链或职业岗位群的相应岗位，必须可能成为某个专业集群中的专业，符合"地方产业集群 + 专业集群 + 优势特色应用型学科 + 新设专业"的架构模式。

（二）建立专业集群内招生与转专业机制

学校推进基于专业集群的分大类招生制度改革和相对灵活转专业的

制度改革，改变按专业录取为按专业大类或专业集群录取，入学一年后再自主选择专业大类或专业集群内的专业；改变现有不少高校学生转专业的不尽合理的规定或悖论，如要求学生学业成绩在本专业的前20%—30%才有资格申请转专业，如申请转专业的学生要参加转入学院相关专业的测试，等等。

（三）建立基于专业集群的课程建设组织机制

为推进高校内部治理结构重构与优化，可以对现有的教学组织进行整合重组，发展建立跨专业的、符合专业集群管理特点需要的教学组织，可以成立并依托以课程组织为基础的专业集群组织机构，协调解决以课程为中心衍生出的各类教学资源的配置，如专业规划及发展方向、师资与课程共享、实践基地与平台共用等一系列问题。[1]

（四）建立完善基于专业集群的评价与改进机制

针对专业集群建设的评价机制与改进机制缺失问题，学校不断完善专业集群建设的评价与改进机制，根据专业集群与产业集群的契合度、专业集群与服务地方的支撑度、专业集群对人才培养资源配置的保障度、专业集群产学研一体化的落实度以及办学利益相关方对教学质量的满意度等方面制定科学合理的评价体系和持续改进机制。

（五）建立专业集群建设项目申报与立项建设的推进机制

学校将专业集群建设列入学校教学改革重点课题项目，以专业集群的专题项目研究为牵引推进专业集群建设，边研究边实践，在实践中研究，以研究引领实践；在选题方向上，以解决现阶段专业集群建设的主要问题为重点，突出选题的针对性、前瞻性和实效性；在选题内容上，结合本专业集群建设实际，围绕专业集群人才培养模式、应用型课程建设、教学内容、教学方法、教学手段改革以及教学管理改革的实践探索等开展研究，注重项目研究的可复制性、可推广性和社会效益。同时，要参照工程专业认证标准和院校评估、专业评估的要求，抓好专业集群内容主体和内涵建设以及专业的条件建设。

（六）建立以数字化转型为技术支撑的专业集群运行机制

学校实施数字化转型战略，着力探索现代信息技术与教育教学深度

---

[1] 张君诚、许明春：《应用型院校专业群建设的思维和路径选择分析》，《国家教育行政学院学报》2017年第5期。

融合，通过数字技术创新专业集群建设的管理与运行机制。一方面，可以基于社会需求的大数据分析建设专业与专业集群质量标准。利用数字化平台面向政府、行业企业、用人单位、毕业生等开展多主体、全方位调研，对调研数据进行智能化分析，指导各个专业集群科学定位，准确确定培养目标与毕业要求、细化各专业人才培养体系、制定课程地图。另一方面，推进数据支持组织协同，通过数据共享与业务交互，彻底消除信息壁垒和数据孤岛，实现互联互通，促进专业集群建设组织协同，切实支持专业集群教育教学质量提升。

第六节　专业集群的保障机制创新

一　专业集群的内部保障机制创新

从专业集群的高校内部保障机制上来说，其机制创新包括但不限于以下几个方面。

（一）在组织架构上

学校以章程的形式明确专业集群理事会组织设计与责任权利等；校、二级学院分别成立各专业集群建设与管理委员会，成员来自政校行企等方面并实质性地发挥其作用；建立多级责任制，实行分层次管理，明确校长、教学副校长、发展规划处、教务处、二级学院、系或教研室主任在专业集群建设中的责任、权利与义务；高度重视、加强、创新基层教学组织建设；基于专业集群的产业学院或行业学院等新型组织形态创新。

（二）在政策保障上

学校实行"大类招生、分流培养"招生与专业培养改革（按专业大类招生后，在专业集群的专业中自主选择分流培养），经过1.5—2年的大类基础课程学习后，根据学生个人志愿、学生成绩和专业发展规划实行专业分流培养。学校根据校情，出台支持专业集群建设的指导意见，给予专业集群建设的校内政策支持，将专业集群建设项目等同省级新工科等"四新"建设项目。专业集群建设工作，经学校考核合格，每年给予相关二级学院年度工作绩效考核一定比例的权重加分，等等。

（三）在制度保障上

学校加强制度化建设和规范化管理，制定专业集群建设与管理委员会章程、工作条例等，形成比较完善的专业集群建设制度体系。

（四）在师资保障上

学校根据专业集群规划制定或修订师资队伍建设规划，建立教师队伍素质提升和培养机制。根据集群建设需要配足、配强各专业集群及群内专业负责人、课程群或课程团队与核心课程负责人、专业课程教师，并以制度的形式明确赋予相应的责任、权利与义务。

（五）在资源配置上

学校将专业集群建设与师资队伍建设、课程建设、教材建设与实验实训基地建设等统筹安排，协同配置。学校在经费保障上，多元筹措，给予资金支持，设立专业集群建设专项经费、专业集群建设团队绩效奖励经费，确保专业集群建设的经费优先、足额投入。

（六）在项目管理上

专业集群建设与管理的直接责任单位可以明确是专业集群中核心专业所属的二级学院，也可以根据具体情况采取相关二级学院轮值制，也可以是专业集群建设管理委员会负责，等等。教务处负责重点专业集群的遴选组织和建设管理工作，教学质量监控与评估部门负责对项目建设进程及实施效果进行监控和评价。

（七）在绩效评估上

学校要高度重视激励设计，建立健全专业集群激励体系，建立绩效激励机制，对专业集群建设效果显著的单位和个人给予表彰奖励，在绩效分配、考核评价及学习进修、职称评定等方面予以倾斜。学校要探索专业集群主任、副主任、秘书长教学工作量减免制度，以保证其时间和精力的投入。还要建立专业集群建设效度评价机制，对专业集群的实施情况定期或不定期进行评估，通过对集群建设前后主要评价指标的对比，及时评估实施集群建设的成效。

（八）在质量保障上

学校定期组织专家对专业集群整体服务产业链的能力、人才培养工作及产业链需求的适应度进行评估，并根据评估结果，对相关集群建设委员会负责人或集群负责人提出改进专业集群工作的意见与建议。各集群单位可以邀请或协调相关二级学院的教学督导组，根据专业集群内部各专业之间相互关联要求，通过互评或统一组织评估等方式，定期开展对专业集群各专业教学质量的评估与检查，及时反馈，提出改进建议，并在改进工作中提供必要的协助与支持，建立专业集群内部各专业在教学质量监控上的协同机制。①

二 专业集群的外部保障机制创新

从专业集群建设的外部保障来说，需要建立外部保障机制，强化专业集群建设的外在条件支持。

（一）从地方政府角度来说

一是地方政府要将高校专业集群建设纳入当地产业或行业发展规划。制定鼓励行业、企业和科研机构参与办学的政策，建设校企合作公共服务平台，支持高校和科研机构实行合作、联合和合并重组。

二是地方政府建立校政行企多方协同合作机制、信息反馈机制。由地方政府牵头，在地方高校和地方产业集群间搭建人才需求和专业供求平台，建立有效的信息反馈机制，形成学校、企业以及社会的协同化管理机制。

三是地方政府要加大经费支持力度。如在财政上支持建立校企合作机制、搭建实践教学平台所需经费，设立专项资金扶持一批高校与重点行业、企业共同建设的技术转移和创新中心、技术研发和服务企业，等等。

（二）从教育主管部门角度来说

一是教育主管部门既要给予高校更多的专业设置自主权，适当增加专业集群内新增专业招生计划；又要严格新办专业的准入机制，加强对新办专业的申报审批评审，新办专业原则上要有明确的产业需求，并在相应专业集群内某个专业的方向有一届毕业生。

二是教育主管部门开展专业集群专题研究立项，设立专业集群建设专项，以研究引领、项目推进。要引导高校明确专业集群建设布局、发展目标、建设属性、建设投入等。

三是建立基于产业集群要求并兼顾学科属性的效益导向评价标准、指标体系，从其产业和学科专业结合程度、校企合作深度等方面考察应

---

① 童昕、陈爱志：《专业集群化建设助推高校向应用型转变》，《教育评论》2017 年第 11 期。

用型高校，引导高校提高专业集群对地方经济社会发展的契合度、参与度与贡献度。

（三）从校政行企协同角度来说

一是建立专业集群与地方产业集群互动发展机制。构建地方产业—专业集群互动发展协商的长效机制，专业集群建设要积极研究地方产业发展规律和特征，根据地方产业发展对人才的实际需求调整专业布局，提升专业设置的针对性。加强高校与地方产业园区、高新产业聚集区间的合作，深化产教融合，从人才培养、应用研究、实习实训、创新创业等方面加强合作，增强专业集群建设的获得感和贡献力。

二是建立校企一体化管理的组织保障体系。根据集群建设发展需要，建立学校和企业参与的专业集群建设委员会，探索根据社会需求、学校基础条件和行业指导意见进行专业集群调整的动态机制。该委员会负责执行专业集群管理委员会的相关决议，研究制定本专业集群实施方案和年度计划，建设本专业集群资源平台并负责开展校校、校地、校企、校所交流合作，负责项目发布、日常管理、项目实施进度管理、项目结项管理等工作。

三是建立校企共建双主体运行保障体系。高校与企业在专业集群建设中，发挥双主体作用，在地方政府支持下，双方共建行业学院、共建人才培养方案、共建课程体系、共建培养基地、共建师资队伍。

四是建立校政企协同发展的创新机制保障体系。根据专业集群需要，校政行企深度融合、协同发展，共建产教融合、科教融合的技术创新中心和应用研发中心等平台，形成校政企创新发展共同体，引领区域或地方产业健康发展。

第七节　专业集群机制创新的院校探索

一　基于"校地发展共同体"理念的专业集群机制

泉州师范学院深入贯彻"校地发展共同体"的理念，把地市的政策环境优势转化为推进自身发展的坚实支撑，地方把学校的人才智力优势转化作为推进地方发展的强大动力，形成了地方支持学校、学校反哺地方的校地良性互动的校地发展共同体。该校基于"校地发展共同体"

理念的专业集群机制，依托专业集群构建本土化应用型人才体系的探索与实践，取得了显著成效，形成了服务地方的"泉师风格"[①]。该校相关探索与实践成为在理念、机制层面勇于创新的典型案例。

（一）学校与地方共商共建机制

该校作为泉州唯一一所地方公办本科院校，积极主动融入"大泉州"发展格局，泉州市人民政府与福建省教育厅、发改委、财政厅共建泉州师范学院，明确支持学校建成"区域特色鲜明、服务地方能力强的应用型高等学校"，并在政策、资金、项目等方面予以倾斜。建立泉州市委、市政府与学校定期会商沟通协调机制，成立泉州师范学院加快转型发展领导小组，由泉州市委、市政府主要领导，泉州师范学院主要领导担任组长。成立泉州师范学院董事会，由泉州市委书记担任董事长、泉州市市长担任执行董事长。围绕建设示范性应用型高校的目标任务，对外构建校地发展共同体、对内深化产教融合，系统设计应用型办学体系。学校出台《泉州师范学院服务泉州经济社会发展行动计划》《泉州师范学院综合改革方案》《泉州师范学院校企合作管理办法》《泉州师范学院关于加强"双师双能型"教师队伍建设的实施意见》等转型发展系列政策24项，破除制约改革发展的体制机制障碍，解决了办学定位与地方经济社会发展的适应度问题。

（二）重点学科与支柱产业协同发展机制

按照省级应用型学科建设标准，结合泉州支柱产业需求，该校重点打造化学工程、纺织工程、食品工程等七个应用型学科，凝练学科方向，提升产业转型升级支撑能力。如化学工程学科重点建设石油化工产业链下游功能高分子材料、专用精细化学品等方向，纺织工程学科重点建设纺织服装产业面料加工、染整工艺等方向。工程硕士（化学工程、食品工程领域）、国际商务硕士、教育硕士等三个学科点已申报省级硕士专业学位授权点立项建设，纺织工程、光学工程、机械工程等三个学科点已申报省级硕士专业学位培育点立项建设。这些重点学科既与泉州支柱产业协同发展，又与专业集群相互支撑。

[①] 该案例由泉州师范学院提供，主要参考：雷培梁《打造应用型本科高校建设的"校地共同体"》，《中国高等教育》2018年第20期。

(三) 专业布局与产业领域互动发展机制

该校建立专业动态调整机制，按照泉州经济社会发展需求、专业集群建设要求以及学校专业评估结果进行专业设置调整优化，逐步完善专业集群布局。开展全校性专业评估，引入行业企业参与专业评议机制，充分发挥行业企业在专业设置中的导向作用。近年来，新增纺织工程、电气工程与智能控制等产业需求旺盛、发展势头良好的，又可以给专业集群对接的产业链补链、延链、强链的 7 个应用型专业，停招地理信息科学、信息与计算科学等社会需求持续走低、发展后劲不足且与专业集群及产业链关联度不高的专业 9 个，招生专业规模数控制在 60 个以内。

(四) 专业集群与行业企业融合发展机制

坚持"集中资源、保证重点、形成优势"的原则，以行业企业发展需求为导向，组建纺织鞋服、石油化工、海洋食品、智能制造、交通服务、电子商务等 6 个省级应用型专业集群，带动文化创意、经济金融、旅游体育休闲、教师教育服务等 4 个校级专业集群，每个专业集群围绕 1—2 个核心学科、3—4 个核心专业展开建设，每个专业与一个以上大中型企业合作共建，建立专业集群理事会（董事会）、专业教学指导委员会的治理机制，共同推进合作育人、合作管理、合作服务。依托专业集群，建立健全行业企业深度参与的治理结构，建设与行业企业合作发展平台，成立校企合作中心，逐步建立智能制造学院、航海学院、纺织与服装学院等 6 个产业学院，引导优质资源向专业集群汇聚，支撑专业内涵建设持续深化，专业集群与地方支柱产业吻合度不断增强，集群效应优势逐渐凸显。外部产业资源不断涌入，与 100 多家大中型企业签订合作协议，行业企业注资 1 亿多元。如针对泉州市纺织鞋服 4000 亿产业集群面料、染整等方面共性技术革新的特殊需求，组建纺织鞋服专业集群，与安踏、361°合作获批工信部纺织服装大数据示范平台、与海天科技合作获批工信部"时尚梦工厂"示范平台，在服务纺织鞋服传统产业转型升级上发挥了不可替代的作用。针对泉州千亿级食品工业发展需求，与盼盼食品等龙头企业建立联合培养人才示范基地，组建海洋生物加工产业创新战略联盟，成为泉州打造全国休闲食品饮料基地不可或缺的重要支撑元素。

(五) 集群建设资金投入与师资队伍保障机制

该校拓展建设资金来源途径，采取学校自筹、财政拨款、企业资助等渠道多方筹措资金。2013年以来，学校设立专项经费3亿多元，以"校内自建、引企入校、联企共建"方式，推进实践教学资源建设。2017年11月，市长签批追加3600万元转型建设专项经费。合作企业中泉集团注资3100万元，学校配套3500万元，用于交通服务专业集群教学资源建设。泉州市政府投入500万元、华中科大智能制造研究院投入500万元、泉州信息工程学院投入2000万元、学校投入2100万元，联合共建泉州市智能制造公共实训基地。同时，该校优化师资队伍。拓宽"一人一策、一事一议"绿色通道，对接地方产业发展需求，大力引进一批应用型高层次人才以及具有博士学位的中青年英才。以专业集群为基础，整合校内外专兼职师资，建设产学研教一体的应用型教学团队40个。现有"双师双能型"教师占比达57.8%，具有5年内在相关行业企业半年以上经历的教师占比50.4%，解决了师资与教学资源对人才培养的保障度问题。

二 以清晰的程序和职责保障专业集群机制建设

专业集群在机制建设上可能会出现专业集群内部组织程度不高、建设程序不清晰、校内外利益相关方职责不明确等方面的问题，并可能出现专业集群集聚度不高、凝聚力不强、建设效能不佳等现象。为避免出现此类问题与现象，北部湾大学为保障专业集群建设顺利推进，从建设程序与工作职责这一实际操作的制度层面着手，建立并创新了专业集群管理机制与运行机制。[①] 该校的主要做法如下。

（一）明确专业集群建设程序

程序是对工作执行过程的描述。按照规定的程序开展工作，可明确责任与步骤，避免出现随意性。该校专业集群建设程序主要包括如下。

其一，学校职能部门根据学校办学定位、办学条件及产教融合、科教融合、理实融合的实现路径，制定专业集群发展规划与政策，启动专业集群建设计划，并为集群在不同建设阶段的运行与管理制定工作目标和资助预算。

其二，专业集群建设和管理委员会组织制定并上报专业集群建设方

---

① 引自北部湾大学文件《关于印发北部湾大学专业集群建设程序及各方职责的通知》（湾大发〔2019〕5号）。

案和支持项目申请，学校职能部门根据学校战略需要制定专业集群支持项目标准，评估专业集群建设方案，提出修改意见和建议，并审批支持项目申请，提供资助资金，以此来支持或引导专业集群的发展，保证专业集群建设质量。

其三，专业集群建设和管理委员会组织专家委员会、专业负责人、行业企业骨干等进行讨论，制定实施专业集群建设方案和学校支持项目的建设计划，包括目标、任务、责任人、完成时间与保障措施等。

其四，各专业负责人组织精干教师、行业企业骨干实施建设计划；专业集群建设和管理委员会支持、协调、监督建设计划的实施，承担在建设计划实施过程中与学校、相关企事业单位沟通的任务。

其五，学校职能部门制定严格透明的评价制度，并根据评价制度，定期对专业集群支持计划与项目进行评价。

其六，专业集群建设和管理委员会组织专业负责人、相关企事业单位代表落实评估整改意见，并把整改结果上报学校职能部门。

（二）明确相关方的工作职责

只有相关方同心协力才能共同推进专业集群建设，为避免工作职责不清，提高专业集群运行效能，北部湾大学制定了建设专业集群各相关方的工作职责。

1. 明确学校的职责

在上述专业集群建设程序中，学校的作用表现为从政策体系方面来促进专业集群运行机制的建立，其具体职责包括：通过专业集群发展规划与政策，确定人才培养问题的优先发展领域，作为专业集群的主要发展方向，引导学研产合作及优质资源的集聚。运用经费资助、专项资金等支持手段，给专业集群建设以资金上的支持和保障。通过优先向上级教育主管部门推荐集群申报的各类项目，对专业集群向上发展给予支持。支持专业集群中的专业负责人、教师、学生与企事业单位骨干人员、研究机构人员交流，以推进产教融合、科教融合。建立完善的培训体系，培训专业集群中的专业负责人、教师和行业企业骨干，增强他们的人才培养能力。制定严格透明的评价制度，定期组织人员对专业集群建设成效进行评估，推进专业集群建设，同时根据评估发现的问题不断改进对专业集群建设的支持政策。

2. 明确集群管理机构的职责

专业集群建设和管理委员会是专业集群建设的直接管理机构，由相关二级学院院长轮流担任主任，委员由相关二级学院分管教学副院长、各专业负责人、行业企业骨干等人员组成。专业集群建设和管理委员会负责组织实施专业集群建设，其具体工作职责包括：组织制定专业集群发展规划、建设方案、年度建设计划和申报支持项目，组建专家委员会。支持、协调、监督各专业负责人实施年度建设计划，承担在建设计划实施过程中与学校、相关企事业单位沟通的任务。聘任研究机构与行业企业骨干参与专业集群建设。与研究机构、行业企业建立长期合作关系，通过校企合作、产教融合提高应用型、复合型人才培养质量。支持专业集群中的专业负责人、教师、学生与企事业单位骨干人员、研究机构人员的交流，以推进产教融合、科教融合。组织专业集群中的专业负责人、教师和行业企业骨干参加培训。组织做好迎接评估工作；根据评估意见和建议组织开展整改工作，并将整改结果上报学校。

3. 明确相关研究机构、企事业单位的职责

科教融合、产教融合为研究机构和企事业单位提供了一个实现自我发展的有效途径，政校企合作专业集群发展联盟为学校、研究机构和企事业单位开展产学研用活动提供了一个多方合作平台。研究机构和企事业单位的具体工作职责包括：积极参与政校企合作专业集群发展联盟活动，主动为协同育人出谋献策。选派本单位骨干人员参与专业集群发展规划、建设方案、年度建设计划与申报支持项目的论证、遴选和决策，以降低风险。向学校提供优质资源，积极参加协同育人，接纳学生到本单位开展实习实训，并从本单位中选派优秀人员担任指导老师。与学校联合开展科研攻关或技术改造项目。专业集群建设计划和支持项目完成后，参与学校组织的评估验收。

第八章　专业集群的成效评价

目前，应用型院校专业集群建设呈现出评价指标体系缺失下运行的状况。为更好地推进专业集群建设，发挥专业集群的价值与效用，应用型院校需要进一步思考和探索如何评价专业集群建设效果的达成，如何构建专业集群建设的评价指标体系等问题。换言之，要思考应用型院校开展专业集群建设后与没有开展专业集群建设有哪些不同，也就是说对专业集群的研究与实践，要从关注专业集群如何谋划架构、内涵建设、机制创新，转到关注专业集群如何取得成效、如何科学合理评价的问题。专业集群建设评价指标体系是专业集群建设的晴雨表和指南针，是评估专业集群建设工作的重要标尺与检验标准。评价指标体系可以引导专业集群的建设方向和效果。因此，无论是教育主管部门还是应用型院校，建立科学、合理、可操作的专业集群建设成效评价指标体系既非常必要，又势在必行。本章将从"顶层设计、内涵建设、机制创新、成果产出"四个维度初步构建专业集群建设成效的评价指标体系建议框架。

第一节　专业集群建设的目标与任务

一　专业集群建设的目标

对专业集群建设成效进行评价，其实主要是对专业集群是否实现其建设目标的评价，即目标达成度评价。因此，研究专业集群建设成效评价问题，首先必须了解专业集群建设的目标；对于院校实践者来说，必须科学合理地确立专业集群建设的目标；对于院校评估者来说，必须基于院校自身专业集群目标的达成进行以目标为导向的评价。

专业集群的建设目标可以设定总体目标与具体目标。

一般来说，总体目标应当围绕应用型人才培养目标，适应区域经济社会发展和产业链、创新链对应用型人才培养的需要，面向区域产业甚至国家战略产业，基于适度参照学科和专业布局基础等因素，有规划、有步骤地构建若干优势特色明显、具有良好发展前景、产生显著社会经济效益的专业集群。通过集群建设实现要素集聚与资源共享，发挥集群集聚集约效应，提高应用型人才培养质量，培育学校办学特色，提升学校办学水平，提升学校服务区域经济社会发展和国家战略需求的贡献度和竞争力。

具体建设目标一般应当是总体目标的具体化与可落实可考核，如某个高校在《＊＊专业集群建设实施计划表》中明确了专业集群名称、主要对接区域产业或国家战略需求产业（对某些区域产业集群发展不好或产业链不健全、不充分的区域高校，可以瞄准高校所在的更大区域甚至选择国家战略需求产业去对接发展）、集群内的核心专业、集群负责人、支撑学科、依托平台、建设批次、建设指标等要素。其中"核心专业"是指"凸显学校办学方向、特色与优势，以及服务区域经济社会发展的主要方向，表现为专业特色比较明显、招生规模大、办学优势大、收益贡献大、社会影响大和发展潜力大"的优势、品牌或一流专业。

具体建设目标可以通过一些可以量化的建设指标来实现，包括：（1）构建专业集群共享课程体系，并在最新版本科专业人才培养方案中体现；（2）建立深度校企合作人才培养模式；（3）建设若干门精品（省级）共享在线开放课程；（4）建设若干个共享实践教学平台；（5）建设若干个共享校外实践基地；（6）建设若干个优质共享教学资源；（7）建设生师比达标、校企合作、专兼结合的师资队伍；（8）建设若干个共享的师资团队（省级教学团队或科研创新团队）；等等。

二 专业集群建设的任务

对专业集群建设成效进行评价，其实主要是对专业集群是否实现其建设任务的评价，即任务实现度评价。因此，研究专业集群建设成效评价问题，首先必须了解专业集群建设的任务；对于院校实践者来说，必须在科学设定专业集群建设目标的同时,合理地安排相应的建设任务;对于院校评估者来说,必须基于院校自身专业集群任务的完成程度进行成效评价。

专业集群的建设任务应当包括专业集群的顶层设计体系(如一定建设时期内的建设规划、实施方案)、内涵建设体系、机制创新体系等,其中,内涵建设体系是专业集群的核心任务。各个体系的内容在本书相关章节已经有具体论述,在此不再重复。

需要说明的是,专业集群建设目标与建设任务的确定,不是一成不变的。主要受到以下几个方面的影响。

首先,因院校所属类型及办学定位而异。由于应用型本科院校与高职院校的差异性,在两者都强调"职业性"及其要求的同时,应用型本科院校会突出其"学科性"及其要求。在两者强调集聚集成效应的同时,应用型本科院校相对更注重集群建设"学科专业超级平台"的构建以及国际化战略的实施。

其次,因院校学科专业类型与专业规模而异。对于多学科专业的甚至是综合性院校来说,可以布局、构建(重点建设若干、逐步培育若干)专业集群;而对于行业类院校或单科性院校来说,可能一所学校的专业布局就是围绕产业集群或产业链的职业岗位(群)设置的,比如江西服装学院、河北美术学院等高校行业特征或学科属性非常鲜明,决定了其专业集群宜少而精,甚至可以将整个学校的专业按照一个较大的专业集群来规划布局。

最后,因专业集群所处的建设阶段或水平而异。对于处于初始建设期的专业集群来说,主要是完成布局架构、建章立制、规划目标、实施方案等工作;对于处于成熟期的专业集群,则主要是加强内涵建设、治理体系、培育特色、提升水平等工作。从管理方式及建设目标来说,初始阶段较低水平的专业集群主要依靠"行政调整水平发展",成熟阶段的较高水平的专业集群则要求达到"最高的知识融合水平"[1],由此,也决定专业集群的发展规划、目标任务、建设要求与期待水平的不同。

---

[1] 徐国庆:《基于知识关系的高职学校专业群建设策略探究》,《现代教育管理》2019年第7期。

第二节 专业集群成效评价的基本导向

一 政策导向：政策文件蕴含评价要求

《国家中长期教育改革和发展规划纲要（2010—2020年）》明确提出，"要改进教育教学评价根据培养目标和人才理念，建立科学、多样的评价标准，……探索促进学生发展的多种评价方式，激励学生乐观向上、自主自立、努力成才"。近年来，国家陆续出台了关于推进地方高校专业集群建设的文件：2015年10月，教育部、国家发改委、财政部印发《关于引导部分地方普通本科高校向应用型转变的指导意见》（教发〔2015〕7号）提出"建立行业企业合作发展平台。校企合作的专业集群实现全覆盖"，"建立紧密对接产业链、创新链的专业体系……围绕产业链、创新链调整专业设置，形成特色专业集群。"国家发改委、教育部、人社部《关于编报"十三五"产教融合发展工程规划项目建设方案的通知》明确将"专业集群"作为转型发展方案的重要内容。2015年10月，教育部印发《高等职业教育创新发展行动计划（2015—2018年）》要求："面向企业的创新需求，依托重点专业（群），校企共建研发机构。引导专科高等职业院校集中力量办好当地需要的特色优势专业（群）。"2019年1月，国务院印发《国家职业教育改革实施方案》（国发〔2019〕4号），明确："到2022年，职业院校教学条件基本达标，一大批普通本科高等学校向应用型转变，建设50所高水平高等职业学校和150个骨干专业（群）。启动实施中国特色高水平高等职业学校和专业建设计划，建设一批引领改革、支撑发展、中国特色、世界水平的高等职业学校和骨干专业（群）。"2019年3月，教育部、财政部《关于实施中国特色高水平高职学校和专业建设计划的意见》（教职成〔2019〕5号）第七条提出"打造高水平专业群"。北京、福建、湖南等省市区对专业集群建设进行了专门部署，从文件发布数量来看，2015年之后，各省发布的推进专业集群建设的文件数量有明显增加，其中，相关文件数量较多的有北京、福建、湖南、贵州、山西、安徽、广西、江苏等；就文件内容而言，各地对专业集群建设的推进力度和层次差异较大，福建、江苏、广西等已出台专业群建设标准、专业群建设管理办法、专业群评审指标体系等系列配套文件。

专业集群建设成效与评价体系必须符合并落实这些政策文件要求。从近年来国家出台的专业集群建设相关政策文件中，可以梳理出其中蕴含了六个方面的评价要素及要求。

一是专业集群建设必须坚持目标导向，专业集群既是地方本科高校向应用型转型发展和建设高水平应用型大学的重要突破口，也是实施中国特色高水平高等职业学校和专业建设计划的重要抓手。

二是专业集群布局必须突出需求导向，主动对焦产业，符合产业集群式发展的特点和规律，"面向区域或行业重点产业""围绕并紧密对接产业链、创新链"，"实现人才培养供给侧和产业需求侧结构要素全方位融合"。

三是专业集群建设必须集聚优化资源，通过联合行业主管部门和行业组织促进校外行业产业资源与校内的专业资源整合和结构优化，发挥专业集群的集聚效应、溢出效应和服务功能。

四是专业集群建设必须指向特色发展，国家文件明确提出要形成"特色专业集群或特色优势专业群"，应用型院校布局与建设专业集群就是在推进学校办学与人才培养的特色培育与特色发展。

五是专业集群建设必须注重内涵提升，国家文件明确提出"校企共同研制科学规范、国际可借鉴的人才培养方案和课程标准，将新技术、新工艺、新规范等产业先进元素纳入教学标准和教学内容，建设开放共享的专业群课程教学资源和实践教学基地。组建高水平、结构化教师教学创新团队，探索教师分工协作的模块化教学模式，深化教材与教法改革，推动课堂革命"。

六是专业集群建设必须健全体制机制，国家文件明确提出要"健全对接产业、动态调整、自我完善的专业群建设发展机制"，"建立健全多方协同的专业群可持续发展保障机制"。

二 价值导向："四个向度"体现评价指向

专业集群建设对于学校及其利益相关者有何价值？如何更好地实现或达成专业集群建设的价值？从院校调研来看，一些高校存在专业集群建设价值向度片面或错误的问题，其主要表现和如何破解问题没有达成集群建设的价值向度。

从总体上来说，专业集群建设的价值向度可以概括为提升"四个度"①，即专业集群可以更好地对接地方经济社会发展，提升服务地方支撑度；专业集群可以更好地促进学生成长成才，提升人才培养契合度；专业集群可以更好促进学校集约发展，提升资源配置的有效度；专业集群可以更好彰显学校特色优势，提升品牌影响的美誉度。对"四个度"的具体阐述见结语部分。这"四个度"应当成为衡量专业集群自身价值及价值增值的重要标尺，也应当成为专业集群建设成效评价的重要维度。

三　创新导向："五个重构"凸显评价重点

地方高校专业集群自身作为一个新生事物充分体现了学术创新、组织重造的特点。专业集群建设特别需要创新理念观念、创新体制机制、创新思路举措，通过系列化的创新与系统组织重造，着力实现专业集群从形态布局转到内涵建设。

专业集群建设的成效如何，也可以从以下"五个重构"的创新性构建来评价，即判断专业集群建设目标与任务是否完成，是否具有较高的达成度，主要看：其一，是否重构了对接并契合产业集群发展需要及其产业链与产业链上若干职业岗位群的专业发展链条；其二，是否重建与创新了基于专业集群的行业学院或产业学院、校政行企代表参与的学校专业集群理事会、各专业集群建设委员会、教授工作室模式等高校基层教学科研学术组织；其三，是否重订了专业集群内各个专业的人才培养方案；其四，是否重组了基于"平台＋模块"核心课程群设计的专业集群的应用型课程体系；其五，是否重立了基于专业集群战略的校内管理体制和应用型本科办学的制度体系。② 这"五个重构"分别从基于"集群"和"链式"理念的专业布局、集群组织机制创新、人才培养方案研制、课程体系重构、管理体制机制改革等方面，突出了专业集群的建设重点和评价重点。

---

① 顾永安：《应用型高校推进专业集群建设的思考》，《高等工程教育研究》2019年第6期。
② 顾永安：《应用型高校推进专业集群建设的思考》，《高等工程教育研究》2019年第6期。

四 绩效导向：建立效度评价的重要机制

专业集群建设需要进一步明确在一定时期内的建设目标、任务与要求，并且要加强对专业集群建设的过程指导、进度检查、条件保障、质量监控、效果评价。要将专业集群在上述政策文件蕴含的六个要求、"四个向度"、"五个重构"等方面的实施情况与推进效果，作为评价专业集群建设成效的主要指标。具体操作上，可以参照"双一流"建设方案的要求，实施"强化绩效，动态支持"的管理办法，建立健全绩效评价机制，积极采用第三方评价，提高科学性和公信度。重点聚焦专业集群对区域经济社会发展的贡献度、对产业集群的支撑度、对专业结构的优化度、对内涵建设的促进度、对资源配置的集约度、对人才培养的提升度、对特色培育的显示度、对质量监控的保障度等方面的评价。

特别要注意的是，要建立对专业集群建设成果评价机制，专业集群在初创期、合作探索期、成熟期等不同发展阶段呈现出不同的特征、内容与不同的建设成果，因此，对不同发展阶段的建设成果也有不同的评价。同时，对成果的认定也应当以专业集群为单位，而不能把专业集群建设成果等同于群内各专业建设成果的组合。①

第三节 专业集群成效评价研究与探索

一 专业集群成效评价的研究观点

目前关于专业群、专业集群建设成效评价的研究总体上比较欠缺，从文献检索发现，相关主要研究观点如下。

吴仁华认为专业集群的价值体现、建设成效的评判要看构建专业集群是否可以"形成更明确的专业之间的产业关联性、促进集群内专业关联性明显增强、实现集群内专业提升与学校整体办学声誉提高"②。

周桂瑾从现代系统论的基本原理出发，认为"结构"是专业集群建设的核心要素，是形成专业集群的基础，"资源"和"机制"是专业

---

① 徐国庆：《基于知识关系的高职学校专业群建设策略探究》，《现代教育管理》2019 年第 7 期。

② 吴仁华：《应用型本科高校专业集群建设探究》，《高等工程教育研究》2016 年第 6 期。

集群发挥整体优势的关键所在与支撑要素。①

　　章建新认为："应当建立务实有效的评鉴制度，将专业群人才培养对区域产业的贡献度、行业在人才培养过程中的参与度、专业与产业的契合度以及产业导向下专业的提升度作为专业和院校人才培养质量的主要评鉴指标并实施内部评鉴和外部评鉴相结合的方式。"②

　　何莉莎提出一流高职院校需要一流的专业群做支撑，而一流的专业群集中表现在"6个高"③，即专业报考率高、专业设置与产业契合度高、专业师资水平高、专业人才培养质量高、专业社会服务能力高、专业就业率高。

　　张栋科等关注专业集群的评价类型与评价方法，认为："在评价类型上，对专业集群的评价包括立项评估与水平评估两个阶段，立项评估主要考量学校专业集群建设的必要性、合理性与可行性；水平评估针对已经立项建设的专业集群开展评估。在评价方法上，要由教育内部评价逐步向由行业和企业主导外部评价转变，并引入第三方评价机构，进一步完善学校、企业、行业和第三方组织机构协同参与的评价机制，形成包含教学信息监控、教学督导监控和教学管理监控的内部评价体系和包含产业贡献程度、社会服务能力、毕业生就业质量、用人单位满意度的外部评价体系。"④

　　任占营认为专业群建设在宏观、中观、微观层面的成效表征分别体现为"三性"，即"一是体现产业适应性，需要综合考虑发展目标、服务面向以及构建方式的适应性；二是体现灵活开放性，是专业群组建逻辑和结构的内涵特征，产业和技术发展的瞬息万变和交叉融合势必引发现有专业的解构和重构，这个动态调整的过程要求专业群在结构和机制上必须具有灵活性和开放性，以形成与产业变化同频共振的良性机制；三是体现集成协同性，是专业群建设内容和目标的内在动因，资源共享

---

① 周桂瑾：《高职院校专业群建设模式的研究与实践》，《职业技术教育》2017年第29期。
② 章建新：《职业联系视角下高职专业群建设的效应分析与提升对策》，《职教论坛》2016年第12期。
③ 何莉莎：《"双一流"建设背景下高职院校创新发展研究》，《职业技术教育》2018年第4期。
④ 张栋科、闫广芬：《高职专业群建设：政策、框架与展望》，《职业技术教育》2017年第28期。

的高度、深度、广度与共享机制是评价专业群建设成效的重要内容"。①

任占营还从科学性、协同性、贡献度("两性一度")等方面评价专业群建设成效:"首先是衡量其作为一种新生事物形成的科学性,其次是关注其作为一个独立形态建设机制的协同性,最后是从院校发展的战略维度考察其发展的贡献度。"并认为"发展贡献度是评价专业群建设成效的核心,也是对专业群建设目标达成度的重要体现"。笔者将其基于"两性一度"维度下的专业集群成效评价②,梳理为3个一级评价维度、9个二级评价维度,"六性三度"及其主要评价考察点,如表8-1所示。

表8-1　　　　专业集群成效评价维度与主要考察点

一级评价维度	二级评价维度	主要评价考察点
基于组群逻辑,评价科学性	必要性	这是组群的出发点。专业群构建的目标路径是否清晰,是否符合产业发展需要,是否符合院校发展需求③,能否为专业建设带来新的增长点
	合理性	这是组群的支撑点群内专业之间的关系,即群结构的合理性,具体评价专业群层次结构是否合理,相关专业与核心专业是否构成优势互补关系,能否促进专业间的合作共享,进而共同提升专业建设水平,增强人才培养质量和服务社会能力
	可行性	这是组群的立足点。现有资源对群发展目标的支撑性,专业群建设的关键要素是师资队伍、人才培养、技术研发与服务、培训等,因此专业群建设的可行性主要考察这些要素资源的关联性、共享性和互补性
强调建设机制,评价协同性	开放性	开放性与组织绩效密切相关,主要表现在能否主动拓宽专业口径,以培养复合型技术技能人才;能否积极培育拓展新专业(方向),以适应新技术、新产业、新岗位带来的新需求;能否有效实现共享,以保证教育资源、产业资源的充分流动
	灵活性	灵活性与专业群结构调整密切相关,主要表现在能否根据产业发展变化适时更新,能否根据发展重点动态调整,能否根据办学质量优胜劣汰,以保证资源的有效利用和办学品质

---

① 任占营:《新时代高职院校强化内涵建设的关键问题探析》,《中国职业技术教育》2018年第19期。
② 任占营:《高职院校专业群建设的变革意蕴探析》,《高等工程教育研究》2019年第6期。
③ 方飞虎、潘上永、王春青:《高等职业教育专业群建设评价指标体系构建》,《职业技术教育》2015年第5期。

续表

一级评价维度	二级评价维度	主要评价考察点
强调建设机制，评价协同性	一致性	一致性与专业群建设的全局性密切相关，主要表现在是否具有共同的愿景和目标，是否适用统一的标准和制度体系，是否具有协作性的任务和机制，以实现整体最优化
突出服务发展，评价贡献度	对院校办学质量的贡献度	可以从学生就业、师生获奖、教学改革等方面进行考察
	对区域产业经济的贡献度	可以从人才培养充分满足当地产业需求、为中小微企业提供科研技术服务、广泛参与产业科技平台创新与社会培训等方面进行考察
	对院校办学特色的贡献度	可以从人无我有、人有我优的办学特色和社会美誉度等方面进行考察

上述研究相对而言，高职院校的相关研究多于应用本科院校的研究，比较零散的研究观点多于比较系统的研究，评价理论理念、思路方法的研究多于评价指标体系的研究。这些研究既有从现代系统论的基本原则，教育评价论的制度、类型与方法，教育价值论的价值体现、成效表征等方面提出的专业集群建设评价的理论观点，也有从一流专业集群标准、专业集群建设成效等方面提出的专业集群建设评价的主要指标或核心要素。其中，专业集群研究评价聚焦度较高的有"产业关联性"及与此相关的"产业契合度""产业适应性""产业贡献度"等，有"机制"及与此相关的"机制的协同性""第三方评价机制""动态调整机制""资源共享机制"等，有"质量"及与此相关的"集群内专业提升与学校声誉提高""专业人才培养质量高""毕业生就业质量"等评价指标或要素。这些研究虽然比较零散也未成体系，但有助于为研究专业集群评价和研制专业集群评价指标体系启发和拓展思路。

二 专业集群成效评价的实践探索

（一）高职院校专业群自我评价标准及评价

由于专业集群评价评估的时滞性，在专业集群建设效度的评价实践探索上，从国家到地方层面的专业集群评价体系都尚未建立。自《国务院职业教育改革实施方案》、教育部财政部的"双高计划"明确提出支持引导建设高水平专业群以来,高职院校相关的评价体系构建得到了一些地方教育主管部门和高职院校的重视与关注。如,江苏省教育厅制定了《江苏省高等职业教育高水平专业群建设点认定指标》,如表8-2所示;同时,也有不少高职院校制定了专业群建设的自我评价标准,如表8-3所示。

表8-2　　江苏省高等职业教育高水平专业群建设点认定指标

一级指标	二级指标	指标说明
1. 专业群结构	1.1 专业群服务面向	①专业群定位准确,围绕国家和江苏发展战略,服务产业转型升级和区域经济发展需求 ②符合学校专业建设发展规划
	1.2 组群逻辑	①有明确的专业结构与产业结构映射关系 ②专业群人才培养目标定位准确 ③专业群组群逻辑清晰,科学合理
	1.3 专业群建设目标	①专业群建设目标符合引领改革、支撑发展、特色鲜明的要求 ②专业群建设能发挥示范辐射效应
2. 专业群建设基础	2.1 综合实力	①专业群特色鲜明,优势明显,有较强业内影响力 ②组群专业数控制在3—5个,群内专业教学资源共享度、就业相关度较高,形成优势互补、协同发展的建设机制
	2.2 教学团队	①专业群带头人为校级及以上教学名师、高层次人才、产业教授等,积极参与教育教学改革研究与实践,主持过省级及以上教研项目 ②专业群有结构化"双师型"教师教学创新团队,团队成员专业、职称、年龄、学历等结构合理
	2.3 办学条件	①校内外实践教学基地条件完备,教学功能齐全,能满足专业群教学需求 ②与行业企业深入合作,有校企合作开发课程 ③专业群生源质量好,保持一定办学规模 ④毕业生就业率、就业相关度、用人单位满意度高
3. 专业群建设内容	3.1 人才培养模式创新	①坚持立德树人,构建德智体美劳全面发展的人才培养体系,推进全员全程全方位育人 ②坚持校企"双元"育人,推进以专业群为单元的现代学徒制 ③校企共建产业学院 ④推进1+X证书制度试点

续表

一级指标	二级指标	指标说明
3. 专业群建设内容	3.2 课程体系与教学资源	①专业群课程体系重构科学合理 ②具备完善的专业群课程标准等保障实施标准 ③有专业群教学资源库及在线精品课程等
	3.3 教材建设与教法改革	①教材建设规划合理，教材选用制度健全 ②校企合作开发新形态一体化教材、工作手册式教材、活页式教材等 ③能够适应"互联网+职业教育"新要求，推进新型教学方式、教学方法和教学模式改革
	3.4 教师教学创新团队建设	①具备专兼结合高水平"双师型"团队，团队梯队建设合理 ②教师教学创新团队的建设和管理办法完善，团队教学实践能力强、应用技术研发水平高 ③实施教师能力提升专项培训，落实教师定期到企业实践的制度
	3.5 产教融合平台建设	①实践教学体系系统性强，核心专业与相关专业的实践教学资源集成度高 ②依托平台开展教育培训、实习实训、技能鉴定、技术研发等 ③产教融合平台运行管理机制完善，具有可持续发展能力
	3.6 服务发展能力提升	①面向服务领域开展技术开发、技术转让、技术咨询与技术服务 ②校企协同成果转化运行机制完善，科技成果转化与创新创业的衔接成果显著 ③开展各类职业技能培训 ④开发面向"一带一路"的专业教学标准和教学资源，培训国际化技术技能人才，助力企业"走出去"
	3.7 管理体制和运行机制	①专业群管理及运行制度科学合理 ②成立专业群建设的相关组织，统筹协调专业群管理 ③专业群与产业的契合度高，具有动态调整机制
4. 专业群建设预期成效	4.1 预期成果	①预期成效具有系统性和完整性，可考核、可测量 ②预期成效体现高水平高质量发展成效
	4.2 标志性成果	①标志性成果具有较强的代表性，能体现教学改革、人才培养、产教融合等方面的水平 ②成果具有较强的借鉴意义，能在专业群内和院校间、行业间开放共享

续表

一级指标	二级指标	指标说明
5. 专业群建设保障	5.1 配套措施	①学生、学籍、学分管理制度科学合理 ②允许学生在专业群内自主选择专业 ③开展各类学习成果的认定、积累和转换
	5.2 投入保障	①保障体系中政行企校协同度高 ②设置专项经费保障专业群建设 ③有专业群经费的相关管理制度，经费使用规范
	5.3 质量保证	①建立科学的专业群管理机制，实现专业群建设数据的实时采集和动态更新 ②建立专业群建设成效自评系统，完善动态管理机制

表8-3　　　　＊＊职业学院专业群自评等级一览[①]

指标	观测点	自评标准	自评等级
1. 定位	1.1 对接服务区域产业（链）	A：专业群定位准确，紧密对接区域经济建设急需、社会民生领域紧缺的专业领域、重点产业 B：专业群定位基本准确，能够对接区域经济建设急需、社会民生领域紧缺的专业领域、重点产业 C：专业群定位模糊，未精准对接区域经济建设急需、社会民生领域紧缺的专业领域、重点产业	
	1.2 符合学校发展定位与规划	A：符合学校办学定位，是学校"十四五"拟重点建设且已发文立项的校级专业群 B：基本符合学校办学定位，是学校重点建设的校级专业群。 C：与学校办学定位有较大差距	
2. 组建逻辑	2.1 群内专业相关度	A：教学资源共享度、就业相关度高，优势互补、协同发展性强 B：教学资源共享度、就业相关度较高，优势互补、协同发展性较强 C：教学资源共享度、就业相关度一般，优势互补、协同发展性一般	

---

① 引自2019年＊＊职业学院高水平专业群自评报告。

续表

指标	观测点	自评标准	自评等级
2. 组建逻辑	2.2 群内专业特色与影响力	A：群内专业特色鲜明，行业优势明显，社会影响力大 B：群内专业特色较鲜明，行业优势较明显，社会影响力较大 C：群内专业特色一般，行业优势一般，社会影响力较弱	
3. 人才培养模式	3.1 人才培养模式改革	A：人才培养模式特色鲜明，改革力度大，成效显著 B：人才培养模式特色较鲜明，改革力度较大，成效较显著 C：人才培养模式特色不鲜明，改革力度一般，成效一般	
	3.2 课程等教学标准建设	A：建设理念先进、起点高，对人才培养模式改革的支撑程度高 B：建设理念较先进、起点较高，对人才培养模式改革的支撑程度较高 C：建设理念落后、起点低，对人才培养模式改革的支撑程度低	
4. 教学资源与改革	4.1 资源建设与更新	A：专业群课程体系科学规范，专业课相通性好，及时吸纳行业新技术、新工艺、新规范，线上线下课程资源丰富 B：专业群课程体系较规范，专业课相通性较好，能够吸纳行业新技术、新工艺、新规范，线上线下课程资源较丰富 C：专业群课程体系条理性一般，专业课相通性一般，线上线下课程资源少	
	4.2 教师教材教法改革	A："三教"改革措施得力，成效显著 B："三教"改革措施较得力，成效较显著 C："三教"改革措施不得力，成效一般	
5. 师资团队	5.1 专业带头人与负责人	A：专业带头人与负责人专业能力强，社会影响力大 B：专业带头人与负责人专业能力较强，社会影响力较大 C：专业带头人与负责人专业能力一般，社会影响力较弱	

续表

指标	观测点	自评标准	自评等级
5. 师资团队	5.2 团队结构	A：团队结构合理，"双师型"素质高 B：团队结构较合理，"双师型"素质较高 C：团队结构不合理，"双师型"素质较低	
6. 教学条件	6.1 校内外实践教学基地	A：设施先进、管理规范，基地建设完全适应实践教学需要 B：设施较先进、管理较规范，基地建设适应实践教学需要 C：设施陈旧、管理不规范，基地建设不适应实践教学需要	
	6.2 产教融合	A：企业合作内容丰富，订单培养成效显著 B：企业合作内容较丰富，订单培养成效较显著 C：企业合作内容少，订单培养成效一般	
7. 招生与就业质量	7.1 招生规模与质量	A：群内专业生源质量好，有一定规模 B：群内专业生源质量较好，有一定规模 C：群内专业生源质量一般，未形成规模	
	7.2 就业出口与满意度	A：学生就业对口率、用人单位满意度、学生就业满意度高 B：学生就业对口率、用人单位满意度、学生就业满意度较高 C：学生就业对口率、用人单位满意度、学生就业满意度低	
8. 科研与社会服务	8.1 科研成果	A：科研项目和专利等技术成果数量多，成果转化能力强 B：科研项目和专利等技术成果数量较多，成果转化能力较强 C：科研项目和专利等技术成果数量少，成果转化能力弱	
	8.2 社会服务能力	A：校企合作开展技术服务覆盖面广，社会服务能力强 B：校企合作开展技术服务覆盖面较广，社会服务能力较强 C：校企合作开展技术服务覆盖面窄，社会服务能力弱	

续表

指标	观测点	自评标准	自评等级
9. 对外交流与合作	9.1 对外交流与合作覆盖面	A：交流与合作形式多样、师生覆盖面广 B：交流与合作形式较多、师生覆盖面较广 C：交流与合作形式少、师生覆盖面窄	
	9.2 对外交流与合作内涵	A：交流与合作项目层次高、内涵丰富、成效显著 B：交流与合作项目层次较高、内涵较丰富、成效一般 C：交流与合作项目层次低、成效不明显	

本专业群共 18 个自评点，其中＿个为 A 级，＿个为 B 级，＿个为 C 级，自评等级为优秀/合格/不合格

这个高水平专业群建设认定指标是《江苏省教育厅关于加强全省高等职业教育专业群建设的指导意见》（苏教职〔2020〕8 号）的附件。该文件旨在"贯彻落实《国家职业教育改革实施方案》和《江苏高等职业教育创新发展卓越计划》，进一步推进专业集群化、资源集聚化、管理集约化，不断提升专业竞争力和服务力"，文件明确提出了高水平专业群建设"服务产业转型升级和区域经济发展需求，以高水平专业群建设带动所有专业内涵建设和质量提升"的总体思路；明确提出了"对接产业，彰显特色；统筹设计，资源共享；名师引领，团队支撑；完善机制，持续发展"的四条建设原则；明确提出了"人才培养模式创新、课程体系与教学资源、教材建设与教法改革、教师教学创新团队建设、产教融合平台建设、服务发展能力提升、管理体制和运行机制"等七个方面的专业群建设内容；明确提出了"完善配套措施、加大投入保障、强化质量监控"三条保障措施。

该文件及其认定指标中有诸多创新之处，如：提出"推进以专业群为单元的现代学徒制""以专业群为单元联合行业企业组建产业学院，形成产学深度融合的新型人才培养模式""专业群课程体系重构科学合理""系统设计实践教学体系，统筹编制专业群实践技能标准""集成核心专业与相关专业的实践教学资源，建设融实践教学、技术服务、创新创业于一体的产教融合平台""创新专业群管理体制

和运行机制,推进专业群治理体系和治理能力建设。组建由行业企业代表、相关专业(群)负责人、学生代表等利益相关方参与的专业群建设指导委员会,统筹专业群建设与发展""实施按专业群(类)招生,允许学生在专业群内自主选择专业,鼓励学生自主学习和个性化发展,鼓励学生根据兴趣爱好跨专业群学习,获取若干职业技能证书""鼓励相关行业、企业配套投入,形成多元投入、协同建设模式""建立省、校两级专业群建设质量管理制度,坚持过程管理与结果评价相结合,制定专业群数据采集规范,实现专业群评估指标数据的实时采集和动态更新"。

该文件的认定指标定位于"高水平"专业群的建设要求,由专业群结构、建设基础、建设内容、预期成效、建设保障五个一级指标构成,在专业群结构中强调服务产业与区域经济发展的面向、建立专业结构与产业结构映射关系的组群逻辑;在建设基础中主要从综合实力、教学团队和办学条件考量;在建设内容中包括了"人才培养模式创新、课程体系与教学资源、教材建设与教法改革、教师教学创新团队建设、产教融合平台建设、服务发展能力提升、管理体制和运行机制"等内涵建设;在预期成效中关注"高水平高质量发展成效",有可学习借鉴与推广共享的标志性成果;在建设保障中强调"保障体系中政行企校协同度高""实现专业群建设数据的实时采集和动态更新""建立专业群建设成效自评系统,完善动态管理机制"。整个指标简明清晰、可操作、可检查、具有创新性,不仅对高职院校高水平专业群建设具有很强的指导作用,也对应用型本科院校专业集群建设及其评价具有一定的参考价值。

《**职业学院专业群自评等级一览》从 9 个一级指标、18 个观测点设定了自评标准。

这一自评标准值得肯定之处是:一是注重专业群的顶层设计,将"定位""组建逻辑"作为其中的两个一级指标;二是注重专业群的内涵建设,从人才培养的师资、资源、条件、产出及科学研究、社会服务、交流合作 7 个一级指标进行自评;三是运用 ABC 三级等级描述了自评标准,相对来说便于操作和易于实施。

同时,这一自评标准也有不少需要改进与提升之处:一是未能把握专业集群的基本特征，大多数指标、观测点及自评标准设定与集群建设的关联度不高，几乎成为对单一专业内涵建设的评价，如自评标准中有对"专业带头人与负责人"的要求而没有对"专业集群带头人或负责人"的要求，等等；二是未能体现标准的与时俱进与引领性，一些观测点和自评标准表述比较陈旧滞后，新时代高等教育发展的新形势新变化以及产教融合发展新趋势、高职院校"双高建设"的新要求在标准中没有体现；三是部分观测点设定缺少科学性、合理性，如将"群内专业特色与影响力"置于"组建逻辑"，"产教融合"置于"教学条件"一级指标下不符合逻辑，也不能凸显"专业特色""产教融合"的重要性；四是未突出建设机制、突出服务发展，自评标准缺乏专业集群建设体制机制体系、资源平台共享集成、集群对人才培养与产业发展贡献度等方面的指标和观测点。

（二）应用本科专业集群评价指标、条件及评价

由于专业集群在大多数应用型本科院校还处于初始建设期，应用型本科高校专业集群建设评价体系，在国家层面尚无一定之规，就各省层面言之，浙江、山东、辽宁等省近年来先后出台高校分类管理与建设办法，将应用型高校作为一个独立的类型开展建设与评估工作，但是在方案中仅涉及了应用型专业的评估体系，尚未建立起完整的专业集群评估办法。目前，政府部门、行业企业参与专业集群评价和高校自身主动开展的自我评价的很少，主动开展专业集群评价的应用型高校也不多，关于政府、行业企业、高校多元主体共同评价专业集群成效，也还停留在学术界的研究与呼吁层面，相应的评价机制及其评价指标体系没有建立。

从院校调研来看，一些应用型本科高校制定了专业集群的评价标准与指标要求，但因应用本科专业集群还在初始探索期，未见建设效度的评价指标体系，基本上还是针对专业集群立项评估而制定的标准或条件。

例如，许昌学院制定了专业集群建设立项的评价指标，如表 8－4 所示。

表 8-4　　　　　　　　许昌学院专业集群建设立项评价指标

评价项目	评价指标	评价依据
1. 专业群构建优势（15分）	1.1 群构建的必要性（5分）	专业群构建思路清晰，符合学校专业建设发展规划，充分体现专业优势；群内各专业定位明确，适应行业产业经济发展需求，面向特定的"服务域"
	1.2 群结构的合理性（5分）	专业组合科学，专业群数量、专业规模适当；核心专业对相关专业有引领辐射作用，能带动专业群内其他专业发展；相关专业与核心专业优势互补，能促进专业间的合作与共享，提升专业建设水平，增强服务社会能力
	1.3 核心专业的竞争性（5分）	核心专业具有明显的行业优势或区域优势，与地方支柱产业、优势产业、新兴产业密切相关；核心专业人才培养模式有特色，与行业领先企业有长期合作，企业参与度高
2. 专业群建设基础（15分）	2.1 师资队伍（5分）	专业群有整体优秀的教学团队，专业、职称、年龄、学历等结构合理；核心专业与相关专业有高水平的专业带头人与数量充足的骨干教师；专任教师积极参与教学改革与专业技术研究
	2.2 实训基地条件（5分）	有教学功能比较齐全、能满足专业群内各专业教学需要的校内实训基地；有若干个深度合作、比较稳定的校外实习基地
	2.3 课程建设资源（5分）	核心专业与相关专业能根据技术领域和职业岗位（群）的任职要求，参照相关职业资格标准，合理设置课程体系；课程建设有各级各类改革立项，成果突出
3. 专业群建设措施（70分）	3.1 群建设目标（10分）	建设思路清晰，目标明确，注重核心专业与相关专业的特色培育，发挥核心专业的辐射效应；内容设计科学、合理
	3.2 群建设体制和人才培养目标（10分）	创新专业群建设体制，打破不同专业之间封闭、分散、低效的格局，构建资源共享平台；深化工学结合、校企合作的人才培养模式改革，体现教学过程的实践性、开放性和职业性
	3.3 群课程体系建设（10分）	以专业群中核心课程群的建设来统领课程体系建设，形成各专业间彼此联系并具有鲜明专业群特色的课程体系；围绕特定的服务域与职业岗位群，以职业能力培养为重点，与行业企业合作进行课程开发与设计，使专业群课程体系符合职业岗位（群）的任职要求；重视特色教材的开发工作，形成群内各专业相互渗透、共享开放的教材体系

续表

评价项目	评价指标	评价依据
3. 专业群建设措施（70分）	3.4 群实训基地建设（10分）	系统设计实训体系，既满足专业群共性需求，又能适应群实训专门化（或个性化）实践训练需求；重视实践教学资源的整合，加强跨专业实训项目与一体化教学项目的开发；注重校企合作共建实训基地，使教学过程和企业的生产过程紧密结合
	3.5 群教学资源建设（10分）	建设涵盖教学设计、教学实施、教学评价的数字化专业教学资源；积累优秀的数字化媒体素材与优秀教学案例等教学基本素材，实现群内广泛共享
	3.6 群"双师型"教师队伍建设（10分）	整合教师资源，优化师资结构，发挥不同专业背景和工作群"双师"经历教师的优势；重视群负责人、专业带头人培养与骨团队建设
	3.7 群建设保障（10分）	组织管理科学合理，责任明确，落实到人；进度安排合理，各阶段任务明确、具体；有相关政策，能有效调动教师积极投身专业群建设

又如，大庆师范学院在《大庆师范学院专业群建设管理办法》中明确提出了专业群立项的4个主要条件。

（1）对接产业紧密。立项建设专业群应与黑龙江省、大庆市支柱优势产业、战略性新兴产业，教育行业以及石油石化行业发展紧密对接；人才需求量大，产教深度融合，校企合作基础比较好。

（2）专业结构合理。立项专业群的专业结构合理，群内各专业必须紧密对应专业群所对应的产业集群中的上下游各个产业，并专业之间构成相互支撑，专业群的龙头专业需是校级及以上重点专业。

（3）教学改革深入。立项建设专业群的人才培养模式特色鲜明，课程体系与人才培养目标高度契合，具有国家、省、市或行业组织的学生竞赛获奖，教育教学改革项目、教学成果奖以及新工科、新文科项目等标志性的教学成果。

（4）办学成效显著。立项建设专业群的龙头专业应有四届以上本科毕业生，各专业生源充足，报到率高，专业群在校生总数不少于800人，毕业生就业率在85%以上。

再如，广东白云学院获批2020年度省级民办教育发展专项资金项目——《新商科专业集群建设》，在申报自评"拟立项项目质量"时主要从 4 个维度进行自评。

（1）产业契合度。申报专业能主动适应区域经济中的支柱、优势和新兴产业发展的需求，符合本校办学定位，符合广东省学科专业结构调整的整体布局要求，具有较广阔的市场前景。紧扣行业企业技术创新的需求，在为行业、企业提供技术服务、应用研究创新和员工培训方面富有成效。

（2）专业基础。学校自有的本专业实验室和实训场地能够基本满足教学科研的需要，在人才培养和应用研究方面发挥了重要作用。所培养的学生综合素质高，创新能力强，社会评价高，毕业生就业率高。

（3）教师队伍。本专业建有"双师"结构的教学团队，基础性课程以具有专业背景的校内专任教师主讲为主，实践性课程主要由行业企业技术骨干担任的校外兼职教师讲授为主。

（4）培养模式。培养模式体现学科专业特色。具有完善的实践教学体系，其条件和管理在同类学校中处于领先地位，实践教学经费充足。建立了专业教学标准和课程体系，实现教学过程与工作过程对接。

以上三所应用型本科高校专业集群立项评价指标或条件，是专业集群建设的初始的基本条件，总体而言是值得充分肯定和学习借鉴的。

一是能够立足专业集群建设处于"立项"阶段的实际，明确提出了可以立项建设的意义论证、组建逻辑、优势特色、基础条件、思路举措等，特别是三校都强调了立项的专业基础和条件建设。

二是较好地体现了专业集群的"群"化特征，紧扣专业集群的内涵建设而不是局限于专业的内涵建设设定评价指标与评价依据，如许昌学院立项评价指标从构建优势、建设基础与措施 3 个方面，紧扣专业集群的基本特征与建设要求确定的 13 个评价指标都明确指向"集群"建设与发展。

三是都强调关注了专业集群的"亲产业性"的特征，许昌学院的评价依据提出"适应产业经济发展需求，面向特定的服务域"，大庆师范学院的 4 个主要条件之一强调"对接产业紧密与黑龙江省、大庆市支柱优势产业、战略性新兴产业，教育行业以及石油石化行业发展紧密对接；产教深度融合，校企合作基础比较好"，广东白云学院的 4 个维度之一关注"产业契合度。申报专业能主动适应区域经济中的支柱、优势和新兴产业发展的需求。紧扣行业企业技术创新的需求，在为行业、企业提供技术服务、应用研究创新和员工培训方面富有成效"。

四是强调集群中核心专业作用发挥，许昌学院单列了"核心专业的竞争性"指标，在"群结构的合理性"指标中明确了"核心专业对相关专业有引领辐射作用，能带动专业群内其他专业发展"，在"群建设目标"指标中强调"注重核心专业与相关专业的特色培育，发挥核心专业的辐射效应"，还在相关指标中提出了核心专业师资、资源及课程建设的要求，大庆师范学院提出了"专业群的龙头专业须是校级及以上重点专业"的立项条件。

（三）应用本科高校示范专业集群基本条件及评价

部分省市区教育主管部门对应用本科专业集群的基本条件及相关评价开展了探索。如：黑龙江省教育厅发布《关于开展2019年特色应用型本科示范高校及示范专业集群遴选认定工作的通知》，在该通知中明确提出应用型本科高校示范专业集群须具备以下基本条件。

（1）专业集群定位准确，对接国家和区域主导产业、支柱产业和战略性新兴产业重点领域，紧密结合我省经济社会建设需要、学校办学定位和行业发展特点，实现专业链、人才链对接区域产业链、创新链。专业集群组建逻辑清晰，群内专业教学资源共享度、就业相关度较高，形成优势互补、协同发展的建设机制。专业建设应以工程教育认证、师范类专业认证、临床医学专业认证等为导向，专业特色鲜明，行业优势明显，有较强社会影响力，能与地方产业群实现集群对接。

（2）专业集群带头人应具有高级专业技术职务和行业实践经历，有丰富的教学经验和一定的行业影响力，承担过高水平的教育教学改革与建设项目，并取得显著的教学成果。教学创新团队年龄结构合理、专兼职结合，具有面向区域经济社会发展进行技术咨询、技术开发、技术服务等经历。

（3）专业集群生源质量好，保持一定办学规模。在校生应不低于学校专业平均在校生规模（战略性新兴产业、紧缺人才相关专业可酌情放宽），且有一届及以上毕业生，就业率和对口率高，社会评价好。培养规格、师资队伍、教学条件等应达到《普通高等学校本科专业类教学质量国家标准》，且专业建设水平达到二级认证及以上，已纳入省级重点专业建设规划的优先。

（4）申报专业集群体系符合应用型人才培养目标要求，注重人才培养模式改革创新，充分反映相关产业和领域的新知识、新技术、新工艺、新方法，体现学科交叉融合，实践环节学分比例较高，培养方案可操作性强。已建立学校产出导向（OBE）的人才培养体系，实施"学生中心、产出导向、持续改进"的教学模式；具备完善的创新创业课程体系，将创新创业教育融入专业教育；专业课程围绕培养学生解决复杂问题能力，运用真实任务、真实案例教学的覆盖率达60%以上；建立实习实训质量保障机制，实践（实习、实训）学分应占专业教学总学分的30%以上；毕业设计（论文）选题来源于行业企业的一线需求，毕业设计（论文）质量保障机制完善，运行良好。

（5）实践教学基地设施先进、管理规范，基地建设与实践教学项目设计相适应、相配套。校企共同设计科学规范的专业群课程体系，反映行业领域的新技术、新工艺、新规范，信息技术深度融入教育教学，线上线下课程资源丰富。与行业企业深入合作开展科技研发应用，科研项目、发明专利数量多。

该应用本科示范专业集群的基本条件具有如下特点。

一是体现较广的覆盖面。该基本条件虽然只有五条，但每一条基本条件中都有丰富的内涵和要求，相关条件涉及专业集群的定位、组建逻辑、建设机制、集群带头人、教学创新团队、生源质量、办学规模、基地建设与实践教学、人才培养模式改革等多个方面。

二是体现示范性高要求。如"培养规格、师资队伍、教学条件等应达到《普通高等学校本科专业类教学质量国家标准》，且专业建设水平达到二级认证及以上，已纳入省级重点专业建设规划的优先。""与行业企业深入合作开展科技研发应用，科研项目、发明专利数量多"等。

三是体现发展的新理念。该条件很好地体现了新理念新要求与专业集群的结合。如强调"对接区域产业链、创新链""以工程教育认证、师范类专业认证、临床医学专业认证等为导向"，"校企共同设计科学规范的专业群课程体系，反映行业领域的新技术、新工艺、新规范"

"人才培养模式改革创新充分反映相关产业和领域的新知识、新技术、新工艺、新方法"，"建立产出导向（OBE）的人才培养体系，实施"学生中心、产出导向、持续改进"的教学模式，等等。

这些应用本科院校示范专业集群的基本条件对开展专业集群建设具有很强的指导意义，对构建一个新的评价指标体系具有很强的借鉴价值。当然，从持续改进来说，还可以更多地凸显产教融合的发展战略、学科专业集群超级平台的新理念、应用本科专业集群的"学科属性"等方面的新的更高要求。

第四节 专业集群成效评价指标体系构建

一 评价指标体系构建的基本思路

完善专业集群的评价标准是发挥评价指导激励作用的关键。由于应用型院校群体非常复杂多样，既有办学层次、学科专业门类、办学定位等方面上的差别，又有学校所处区域经济社会发展状况、所处的发展阶段、办学历史、办学规模等方面的不同，加上专业集群建设的评价维度、评价指标的多选择性及对加权赋值理解的不同，将会出现不同的建设效度评价标准，也将会带来不同的评价结果。因此，很难构建一个适用于应用型院校群体内所有高校的指标体系，专业集群建设的成效评价指标体系构建必将是一个极具难度和挑战性的研究与探索。

专业集群建设的成效评价指标体系构建需要遵循其他教育教学评价指标体系构建的一般原则，特别是把握好导向性原则。专业集群建设效度评价是一种基于系统的绩效评价，应当从有助于引领专业集群建设出发建立指标体系，各指标体系及主要观测点与引导性问题应有明确的导向性，重点关注专业集群建设的政策、价值、创新、绩效等导向，突出重点引导方向。同时，也需要针对专业集群建设的特殊性确定评价指标体系构建的基本思路。

其一，基于参照本科教育教学审核评估、专业认证的理念要求，可以参照目标达成度、社会适应度、条件保障度、质保有效度和结果满意度来构建专业集群建设的评价指标体系。

其二，基于政策、价值、创新与绩效"四个导向"的效度评价导向，把准专业集群建设的导向性要求，特别是专业集群的"四个价值向度"核心价值进行专业集群建设效果评价。

其三，基于问题解决导向、效度评价导向的考虑，提出了专业集群建设效度评价关注的主要问题及引导建设的观测点。

二 评价指标体系构建的建议框架

考虑到专业集群建设成效评价指标体系构建的复杂性和挑战度，我们没有提出成效评价的具体标准或可以具体到实施操作层面的指标体系，而是在院校考察与调研的基础上，参考已有专业集群建设的评价指标体系和一些应用型院校的探索与实践，根据前述"四个基于"的基本原则与基本思路，提出带有引领性与指导性的专业集群建设成效的评价体系建议框架（以下简称建议框架）（如表8-5所示）。各个应用型高校可以在此建议框架的引领与指导下，结合学校实际，制定具有学校特色的、有利于促进专业集群建设的评价标准或成效评价指标体系。

表8-5　　专业集群建设成效评价指标体系指导建议框架

维度	一级指标	二级指标 （引导建设的观测点及效度评价关注的主要问题）
顶层设计	规划布局	专业集群是否布局合理，是否形成了紧密对接地方或区域主导产业、新兴产业集群的由优势（品牌、特色）专业引领的专业组合，是否体现了在学校转型发展方案或专业建设规划中的重要地位，是否体现了学科专业一体化建设和学科对专业集群的引领与支撑（对应用本科专业集群有此要求）；是否制定了专业集群建设发展规划、实施方案或行动计划
	目标定位	专业集群是否定位准确，是否能够为区域产业发展提供强有力的人才支撑与智力支持，是否落实了地方性、应用型、开放式的办学定位与培养应用型人才的培养目标定位，是否策应了国家推进"双一流"建设、应用转型与职教改革的精神，是否适应行业和地区经济发展需求，面向特定的"服务域"，建设基础良好，建设目标明确，构建逻辑清晰，集群内各专业耦合度高、定位明确

续表

维度	一级指标	二级指标 （引导建设的观测点及效度评价关注的主要问题）
内涵建设	队伍建设	专业集群是否队伍优良，是否培育了一支高水平专业集群负责人、专业带头人和教学创新团队，是否建设了一支为集群内各专业共享的"双高双师双能结构型"师资队伍，是否探索了基于专业集群的教授工作室模式和基于课程群等平台共享的教师团队合作模式
内涵建设	平台建设	专业集群是否平台高度共享，是否建设了一批满足产业需求的为集群内各专业共享的实践创新平台、实践教学基地，是否建设了集人才培养、学科建设、科学研究、技术服务、文化传承与创新等于一体的应用技术、社会服务协同创新中心或协同创新服务平台
内涵建设	课程体系	专业集群是否课程体系健全，是否构建了体现产业行业和技术最新发展的课程体系，是否建设了校企合作共建的核心课程、通识课程和课程群
内涵建设	产教融合	专业集群是否理念先进、特色鲜明，是否建设了一批产教融合、科教融合、多学科交叉的行业特色学院（行业学院或产业学院），是否与行业企业深度融合，合作开展科技研发应用，较好地服务和支撑了产业特色，探索了基于产教融合的专业集群应用型人才培养模式
机制创新	运行机制	专业集群是否机制健全，是否形成了一个校政行企共同参与、产教深度融合、运行规范、协同发展、保障有力的专业集群组织体系、管理机制与建设机制
机制创新	保障机制	专业集群是否保障到位，是否形成强有力的组织架构、政策制度体系，是否可以提供集群建设所需的人财物等资源配置、建设条件等方面的保障
机制创新	质保机制	专业集群是否质量保证到位，是否有比较完善并有效运行的教学质量保证体系，是否建立了专业集群内部各专业在教学质量监控上的协同机制，是否形成了专业集群自身及其集群内专业建设的自律机制与质量文化
成果产出	成果显现	专业集群是否有高质量产出成果，是否实施了一批行业企业支持的产学合作协同育人项目，形成了一批大学生学科专业竞赛品牌，培育了若干创新创业大赛成果；是否集群内所有专业服务区域经济社会发展的能力强、生源质量较好、专业就业对口率高、用人单位满意度高、学生满意度高

续表

维度	一级指标	二级指标 （引导建设的观测点及效度评价关注的主要问题）
成果产出	竞争硬核	专业集群是否有较强的核心竞争力，是否有集群内的国家一流专业、省一流专业或品牌专业，或国家级"卓越人才培养计划"等国家、省级重点专业建设立项；是否有集群内的专业通过国家（国际）专业认证情况；是否拥有集群或集群内专业相关的国家、省级科研或教改课题（立项或完成）或教学成果奖、科研成果奖；是否拥有集群或集群内专业相关的国家、省级大学生创新项目（立项或完成）或近三年全国、省大学生各项竞赛获奖等
	特色创新	专业集群是否特色鲜明且创新成效显著，是否充分体现出专业集群建设的数字化、信息化、智能化、国际化、多样化，充分体现专业特色和专业优势，并形成原创性的范式和经验或具有示范性的可推广的建设成果，在省内乃至国内同行中有重要影响

为便于理解与落实《专业集群建设成效评价指标体系指导建议框架》，在此，对前述建议框架作如下几点说明。

其一，关于建议框架维度的选择。基于本书对专业集群建设理论体系构架的研究，确定了"顶层设计""内涵建设""机制创新""成果产出"，基本上是与本书论述的重点问题相匹配，从整体上呼应了前面各章的相关理论论述。其中"顶层设计""内涵建设""机制创新"3个维度体现了专业集群建设的过程性评价的维度。确定"成果产出"为第四个维度，是基于成果产出导向的专业集群建设目标观与质量评价观的考虑，将其作为结果性评价的维度，也充分体现了与前述的3个过程性维度评价的整体性、一致性。

其二，关于建议框架的一级指标的选择。基于引导推进、强化建设、突出重点、彰显特色的原则，在一级指标的选择上，不面面俱到、不贪多求全，在4个维度下有针对性地重点选择"规划布局""目标定位""队伍建设""平台建设""产教融合""运行机制""保障机制""质保机制""成果显现""竞争硬核""特色创新"等10个一级指标。这些一级指标体现专业集群顶层设计的规划布局与目标定位、内涵建设的各项常规任务以及产出导向的成果与特色创新成果的有机结合，以比较全面系统地体现对专业集群的评价。

其三，关于建议框架的二级指标的选择。这些二级指标既是引导专业集群建设的观测点，也是专业集群建设效度评价应当关注的主要问题。不同于一些评价指标体系对二级指标的具体设计和细化分值，该建议框架的二级指标是由紧扣一级指标的若干开放式问题组成，这些开放式的问题既具有明确的导向性与引领性，也具有一定的选择自由度和开放成长的空间。各高校在实际操作中还可以根据已设定一级指标和二级指标在专业集群建设特定阶段的重要程度，灵活合理地设置指标权重，以充分体现量化评价与质性评价相结合的要求。

第五节　河北民族师范学院专业集群建设成效案例[①]

专业集群作为建设应用型大学的新事物，是推动产教融合不断深化的主要抓手，也是实现边界突破、跨界创新的重要表现。近年来，河北民族师范学院抢抓发展机遇，加强顶层设计，注重整体推进，富有成效地推进了产教融合驱动下应用本科高校专业集群建设。该校专业集群建设的探索及其成效也基本契合了前述专业集群成效评价指标体系建议框架的大多数内容。

一　专业集群建设的准备阶段

（一）理清思路，搭建专业集群组织架构

专业集群建设的纵向主线。为了处理专业集群建设的各项事务，地方本科高校应当结合自身发展实际，成立专业集群管理委员会负责学校专业集群建设的顶层设计和整体谋划，成立各专业集群建设委员会负责本专业集群各项事务的组织与实施，最终形成学校顶层设计——专业集群组织实施——二级学院具体落实的专业集群建设三级链式纵向主线。专业集群建设的横向主线为集群建设并非"单打独斗"而是"协同作战"，学校相关职能部门密切配合、各负其责、通力合作、协同推进，完成专业集群建设各项任务。

---

① 该案例由河北民族师范学院提供。作者简介：李克军，河北承德人，河北民族师范学院副校长，教授，博士，研究方向为外国教育史、高等教育研究；李俊杰，河北张家口人，讲师，硕士，研究方向为新建本科高校转型发展、经济理论及政策研究；王昊欣吉林汪清人，讲师，硕士，研究方向为计算机网络系统、现代教育技术。

（二）顶层设计，出台专业集群建设方案

根据专业集群建设总体要求，学校根据产业需求与我校专业设置情况，制定了《河北民族师范学院产教融合驱动下专业集群建设总体方案》以及六大专业集群建设方案，邀请国内专业集群相关专家提出修改意见，专业集群管理委员会多次召开建设方案研讨会，数易其稿，最终确立了专业集群建设的基本原则、总体目标、工作举措和推进计划，进一步明确了学校今后专业集群建设的时间表和路线图。

（三）研讨论证，把准专业集群建设方向

学校组织专业集群成员围绕"为什么组建专业集群""如何建设专业集群"等重要问题开展头脑风暴，在充分研讨中凝聚专业集群建设共识。同时，学校借助教育部学校规划建设发展中心产教融合创新实验基地校平台，邀请国内专业建设领域资深专家进校指导专业集群建设方案，提出了诸多富有建设意义的意见和建议，为学校专业集群建设方案的进一步完善提供了保证。

（四）广泛调研，摸清地方产业发展情况

一方面，组织集群成员对本地区产业结构及变化趋势，区域高校专业集群建设情况，学校学科建设、专业建设体系、优势特色及支撑条件，行业企业用人需求、在校学生、毕业生代表及第三方专业满意度调查进行广泛调研。另一方面，通过对本地区产业结构、劳动就业结构、岗位技能结构以及行业企业、机关事业单位用人条件、招考要求及方式等进行专业集群人才需求调研，系统梳理学校已有专业的分类组合和核心（优势、品牌、特色）专业，确定以产业链或产业链相关环节为主线构建专业集群。

二　专业集群建设的实施阶段

（一）找准抓手，打造专业集群要素平台

1. 共享课程平台

共享课程平台是专业集群建设成败的关键，也是集教育教学思想观念、教学条件、教学过程、教学方法、教学手段、师资队伍以及教学管理制度建设等共同构成的组织体系。学校围绕专业集群人才培养目标定位，结合集群内各专业特色，突出复合型、应用型人才培养，聚焦职业

岗位的综合能力素质要求，大力推进课程结构与产业和岗位（群）对接。依托二级学院建的专业集群，按集群发展打通专业基础课、专业核心课和专业选修课；其他两类专业集群，要积极将关联紧密、相互支撑、互为补充、交叉复合的理论课与技能课组成高度集成的专业集群通识选修课程模块，确保课程内容的交互融合、理论与实践的有机融合，让集群内所有专业学生作为必选，进一步拓展学生应用型知识水平和技能素养。

学校以模块化技术建设课程集群，分别打造绿色生态类、文化旅游类、教师教育类 3 大专业集群课程共享模块，每个模块设 5 门课，共计 10 学分，可基于学生和行业企业发展需求和学生应用能力提升设置课程，由学校各专业集群委员会统筹安排专业集群课程模块内的相关课程，要求本专业学生必须选择专业所在的集群模块修读并完成模块课程要求，进一步打通集群内相关专业课程，不断拓宽集群内学生知识面。

2. 实习实训平台

学校积极打造各专业集群实习实训平台，充分发挥企业主体作用，探索开展生产性实习实训。进一步健全学生到企业、行业的相关实习实训制度，保障学生实习实训中获得合理报酬等各项权利。结合各专业集群实践教学需要，统筹校内外优质资源，联合地区骨干企业共建共享生产性实习实训基地，协调政府相关部门，依托专业集群探索建设行业或区域性实习实训基地。积极探索校企合作新模式，以向企业购买服务的形式，鼓励企业直接接受学生实习实训。

学校构建了"三维四段"实践教学体系，"三维"是指基础认识性实践、专业应用型实践、综合创新性实践，"四段"是指见习、演习、实习、研习。深化教师教育综合改革工程，积极打造实习实训平台，成立教师职业技能实训中心，建立学习管理师实践基地，打造师范生技能测试中心，构建师范生实践管理平台和第二课堂活动管理平台等，进一步提升了学生实习实训综合能力。

3. 协同创新平台

各专业集群加强应用研究，深化产教融合，积极搭建对接产业集群的协同创新平台，突出企业在协同创新平台建设中的主体地位，重点围绕地方经济社会与产业转型升级中的关键技术、核心工艺以及共性问题进行产学研协同创新研究，推动专业链与产业链、创新链的实质性融合。专业集群委员会主要成员担任协同创新中心下属各研究所（或教师工作室）的负责人，集群内各专业教师和企业人员混合编队，做到人才培养与应用研究协同互促发展。同时，注重协同创新成果的转化，制定协同创新成果转化方案，探索利用产业投资基金推动协同创新成果产业化，充分保证协同创新成果高质量转化。

学校积极打造省级、市级、校级三级协同创新平台，打造河北省互联网＋基础教育工程实验室、河北省河北民族师范学院院士工作站、河北省文化旅游大数据技术创新平台等省级协同创新平台。其中，以河北省文化旅游大数据技术创新中心和承德市大数据应用创新中心为依托，打造集教学、科研、社会服务为一体的协同创新平台。推进政产学研协同发展，探索建立多方协同发展的"专业集群建设委员会"机制，构建汇聚"校政企"多方力量的协同育人机制；打造承德市大数据应用创新中心、山杏优良品种繁育及产品开发工程技术研究中心、钒钛材料清洁生产工程技术研究中心等市级协同创新平台；打造基础教育研究中心、家庭教育研究院、京津冀北环境保护与旅游资源开发协同创新中心等校级协同创新中心，为学校专业集群进一步支持承德地方产业发展，服务承德地方经济社会发展提供了重要智力保障。

4. 创新创业平台

学校坚持"以赛促建、以赛提质、以赛聚特"的原则，结合本专业集群特色，打造风格独特、形式多元的专业集群创新创业大赛。文化旅游类专业集群积极举办两届旅游微创意大赛，包括微设计、微策划、微视秀、微指迹四个板块，以避暑山庄文化为载体，强调学生对地方旅游产业的创意开发培植、创新能力培育、创业意识培养。成立创新创业学院，在创新创业实践中坚持抓师资队伍和课程体系两个基本点，搭建校内创新实践平台、校地校企创新实践平台、大赛平台三大创新创业平台，构建创新教育、创新大赛、创新实践和制度管理的"三位一体"创新创业体系，取得一定的成效。当前，学校获批河北省大学生创新孵化示范园，获得两届中国"互联网＋"大学生创新创业大赛河北省金奖、中国移动互联创新创业大赛一等奖等成绩，获得省级大学生创新创业项目105项，培育了学生创新创业精神，有效提升了学生创新创业能力。

（二）开放合作，借力专业集群建设各方资源

1. 校地合作

当前各专业集群与 30 个相关政府部门开展实质性对接，向政府提供教育、经济等各类咨询服务，共建人力资源信息共享平台、协同创新平台、教育实践基地以及就业基地。

2. 校校合作

当前学校与中央民族大学、中南民族大学、大连民族大学、首都师范大学等 9 所高校签署对口帮扶协议，充分借助其他院校的优质资源，在机制建设、进修访学、交流培训、人才培养方案制定、专业建设、学科建设、课程建设等方面进行全方位的深度合作。

3. 校企合作

当前学校与各类优质企业签署校企合作协议近百项，进一步强化企业重要主体作用，拓宽企业参与途径，进一步推进产教融合，积极探索推进引企驻校、引校进企、校企一体新模式，充分发挥比较优势，共建专业及课程体系、"双创"平台、教师培训基地，推动校企合作上水平、出实效。

4. 国际合作。学校坚持开放式办学理念，合理借力国际资源，加强与高水平应用型外国高校合作，签署战略合作框架协议，将各项合作做实、做好。

三 专业集群建设的成效显现

河北民族师范学院提出并探索了"以院建群、以核建群、以特建群"三大模式，构建了大数据类、经管类、文化旅游类、绿色生态类、教师教育类、民族类六大专业集群，协同推进了产业链、人才链与专业集群有机统一，如表 8-6 所示。

（一）以院建群：大数据类、经济管理类

以学院为基础建立专业集群，方便管理与操作，容易调配资源，更利于产教融合、校企合作的实质推进，能够从人才培养方案做开放共享、融合创新的顶端设计，更有效地实现专业集群与产业集群、课程内容与职业标准、教学过程与生产过程的对接。但缺点是学科专业超级平

表8-6 河北民族师范学院专业集群建设一览

模式	集群名称		集群平台与产教融合项目		专业架构	学科支撑
以院建群	大数据类专业集群	对接产业	绿色大数据	核心	数据科学与大数据技术、人工智能	数学（校级重点培育学科）
		集群平台	河北省文化旅游大数据技术应用创新中心、承德市大数据应用创新中心	支撑	计算机科学与技术、应用统计学、软件工程	
		产教融合	教育部规建中心数据中国"百校工程"曙光大数据学院（行业学院）	延展	数学与应用数学	
	经济管理类专业集群	对接产业	现代服务业和金融业	核心	电子商务	企业管理（校级重点培育学科）
		集群平台	企业文化研究院	支撑	人力资源管理、经济与金融、财务管理	
		产教融合	教育部高教司项目、北雁商学院、新道科技股份有限公司商科实训中心	延展	工程造价	
以核建群	文化旅游类专业集群	对接产业	文化旅游	核心	旅游管理	中国现当代文学、中国少数民族文学（校级重点学科）
		集群平台	承德文化旅游研究中心、河北民族遗产旅游研究所、承德文化旅游规划研究所、语言服务研究所、融媒体中心	支撑	会展经济与管理、文化产业管理、社会体育指导、休闲体育	
		产教融合	教育部高校数字媒体产教融合创新应用基地（筹）	延展	环境设计、视觉传达设计、新闻学、播音与主持艺术、网络与新媒体、翻译、航空服务艺术与管理	

265

续表

模式	集群名称		集群平台与产教融合项目		专业架构	学科支撑
以核建群	绿色生态类专业集群	对接产业	钒钛新材料及制品、清洁能源绿色食品及生物健康、特色装备制造	核心	新能源科学与工程、环境生态工程	植物学、凝聚态物理（省级重点学科）、材料物理与化学（校级重点学科）、无机化学（校级重点发展学科）、生物工程（校级重点发展学科）
		集群平台	绿色产业研究院、承德市钒钛材料清洁生产工程技术研究中心、承德市高吸附果壳活性炭工程技术研究中心、承德市山杏优良品种繁殖及产品开发工程技术研究中心、绿色产业实训中心（等）	支撑	化学工程与工艺、生物工程	
		产教融合	教育部规建中心中美产教融合＋中美高水平应用型高校建设项目	延展	食品质量与安全	
以特建群	民族类专业集群	对接产业	民族特色行业（学科集群）	核心	民族学	民族学（国家民委重点学科；专门史、中国少数民族文学（校级重点学科）、清史、中国少数民族艺术（校级重点发展学科）
		集群平台	国家民委满族非物质文化遗产传承实践与研究基地、国家民委民族关系研究基地、河北省少数民族古籍整理研究人才培养基地、河北省非物质文化遗产研究基地、河北省非物质文化遗产传承基地、满语研究所、满族非遗博物馆	支撑	音乐学、舞蹈学、体育教育、美术学、历史学、思想政治教育	
		产教融合	满族非遗大师工作坊、满族非遗博物馆、满族非遗校园舞台剧	延展	学前教育、小学教育、汉语言文学、文化遗产、食品质量与安全、经济与金融	

续表

模式	集群名称	集群平台与产教融合项目		专业架构		学科支撑
以特色建群	教师教育类专业集群	对接产业	基础教育行业	核心	历史学、思想政治教育、汉语言文学、数学与应用数学、英语、学前教育、小学教育	教育学（国家民委重点学科）
		集群平台	河北省"互联网+"基础教育工程实验室、基础教育研究中心、家庭教育研究院、教师职业技能实训中心、北京乐子学习管理师实践基地	支撑	物理学、化学、生物科学、地理科学、科学教育	化学、自然地理学、音乐学、美术学、高等教育学、中国初等教育学、中国现当代文学、马克思主义中国化（校级重点发展学科）
		产教融合	U-G-S协同育人平台、承德市教师教育协同发展试验区、学习管理师实践基地	延展	音乐学、舞蹈学、美术学、体育教育、教育技术学、书法学	

267

台不够大，复合度和支撑度有限。数学与计算机科学学院（曙光大数据学院）和商学院（北雁商学院）是我校两个转型试点学院，以专业集群建设为主线，利于转型试点学院的系统设计，从大类招生、打通各专业基础课、专业选修课互选、搭建集群平台、师资共享等多方面做落地。

1. 大数据类专业集群

集群归属数学与计算机科学学院（曙光大数据学院行业学院），是学校转型发展试点学院。集群对接绿色大数据产业集群，其基本架构如图 8-1 所示。

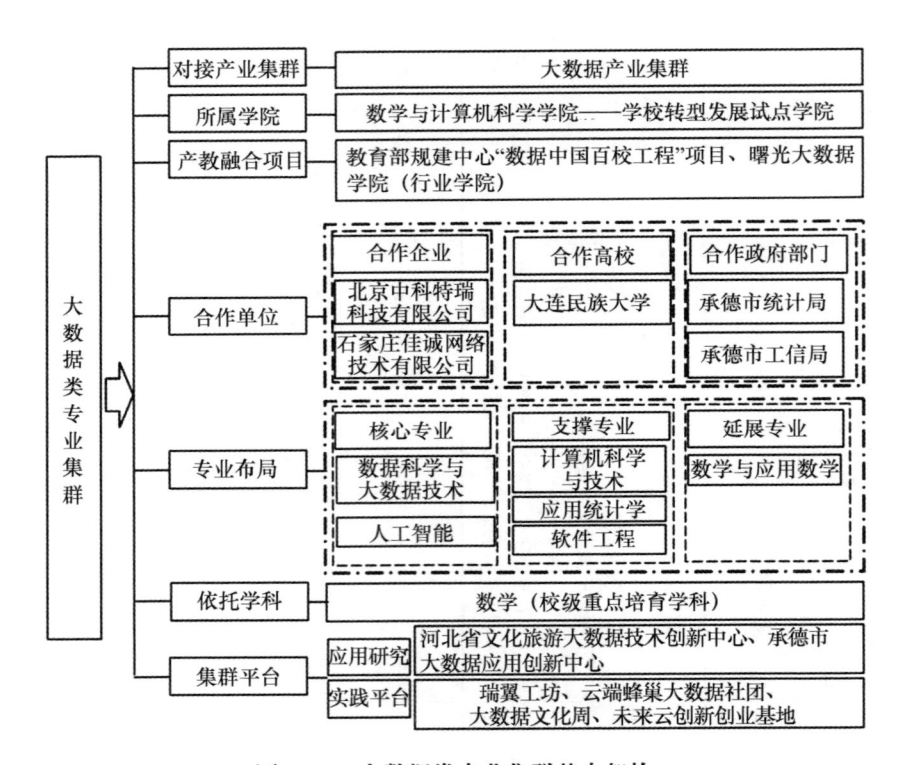

图 8-1 大数据类专业集群基本架构

近年来，大数据类专业集群逐步形成特色平台，依托教育学校规划建设发展中心推出的数据中国"百校工程"，共建集人才培养、科研支撑、行业应用及社会服务于一体的大数据学院和承德市大数据应用创新中心两大资源聚集平台，成功获批河北省文化旅游大数据技术创新中心，借助各类平台，协同研究，服务地方，培养大数据类高素质应用型人才。

2. 经济管理类专业集群

集群所属学院为商学院（北雁商学院），是学校转型发展试点学院。

对接现代服务业和金融业产业集群，其基本架构如图 8-2 所示。

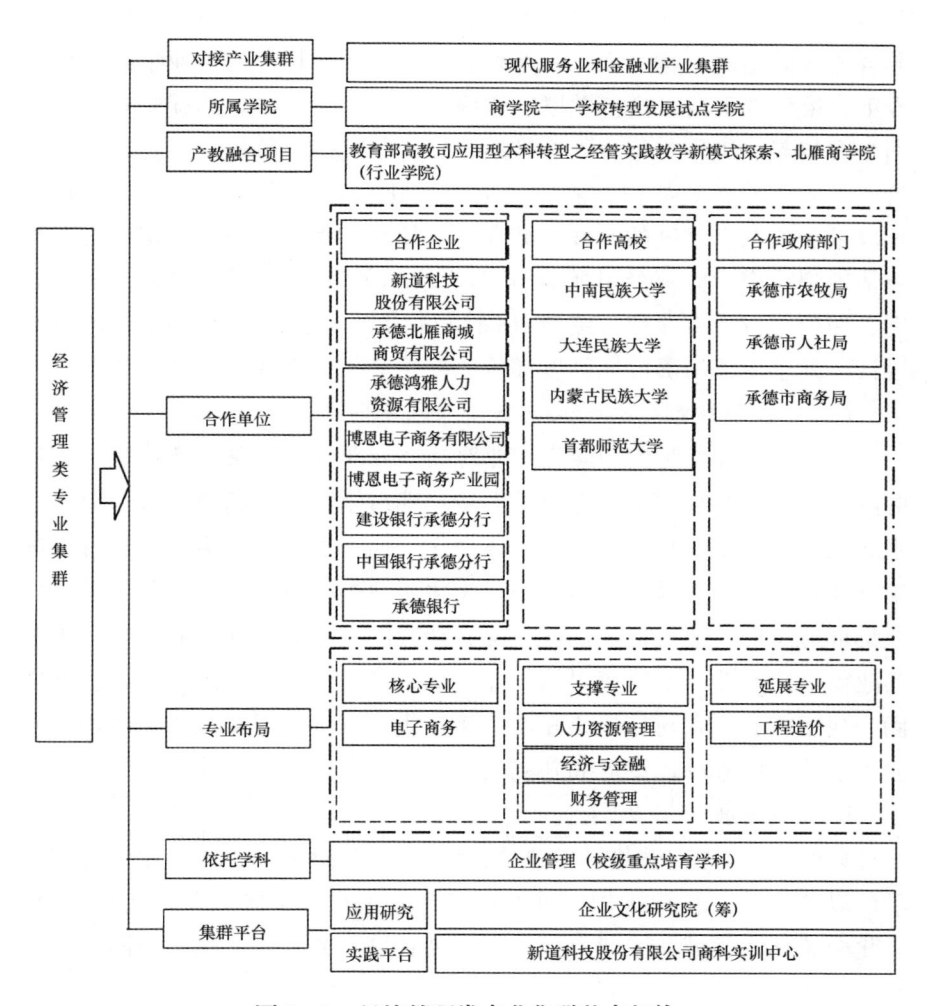

经济管理类专业集群	对接产业集群	现代服务业和金融业产业集群
	所属学院	商学院——学校转型发展试点学院
	产教融合项目	教育部高教司应用型本科转型之经管实践教学新模式探索、北雁商学院（行业学院）
	合作单位	合作企业：新道科技股份有限公司、承德北雁商城商贸有限公司、承德鸿雅人力资源有限公司、博恩电子商务有限公司、博恩电子商务产业园、建设银行承德分行、中国银行承德分行、承德银行；合作高校：中南民族大学、大连民族大学、内蒙古民族大学、首都师范大学；合作政府部门：承德市农牧局、承德市人社局、承德市商务局
	专业布局	核心专业：电子商务；支撑专业：人力资源管理、经济与金融、财务管理；延展专业：工程造价
	依托学科	企业管理（校级重点培育学科）
	集群平台	应用研究：企业文化研究院（筹）；实践平台：新道科技股份有限公司商科实训中心

图 8-2　经济管理类专业集群基本架构

经济管理专业集群经过前期设计与后期实践总结，逐渐形成了"四四四"人才培养的新模式。一是四层次构建。以平衡计分卡理论为依据，基于目标区域组织用人需求，在产教融合协同育人导向下，对商科人才培养中的培养定位与目标、利益相关者、内部流程、学习与成长四层面关系进行梳理，厘清四层次之间的关系，建立起战略性人才培养的框架结构，将外部资源有机地整合到人才协同培养的体系中来。二是四阶段协同。在战略性人才培养框架的基础上，深入研究第三层次人才培养各流程间层次结构关系，在产教融合人才协同培养的行业学院平台建设下，凝练并形成了内部关联、逐级提升的四个阶段，即课堂教育、实训平台培养、工作室培育、产教融合平台塑造四个阶段。三是四维度评价。人才培养成效如何，需要运用系统化、精准性的评价体系进行衡量。基于前两个维度的实践，结合柯克帕特里克组织内员工培训的四维评估模型，商学院凝练并形成了人才培养的四维度评价体系，即从态度、知识、行为专业性、绩效（岗位目标）四个维度进行评价体系的设计。基于人才培养的四维度评价，构建起了学生成长性评价体系。

（二）以核建群：文化旅游类、绿色生态类

以核建群优点是更加聚焦产业对接，专业链更好服务产业链，集群的融合性、共享性、交叉性更强，适合建造学科专业超级平台。但专业隶属院系多、专业构成复杂，具体操作层面难度较大，需要有强有力的集群委员会和配套系列保障措施。文化旅游类专业集群和绿色生态类专业集群对接的产业集群面比较广泛，涉及的专业分布在不同学院，根据产业需求，专业集群紧密对接产业集群，突出应用，凝练特色，提升内涵，找出核心要素对接核心专业，培植优势，逐步形成以相关应用型专业为主体、以基础性专业和新兴交叉型专业为两翼的专业集群体系。

1. 文化旅游专业集群

集群积极对接承德国际旅游城市与文化旅游第一主导产业的地方需求，以"文旅+"为统领，重点对接文旅创意、文旅运营、文化传媒、文化交流几大领域。专业上借力互助创新培养方式，学科上协同创新打造行业智库，该集群的基本架构如图8-3所示。

文化旅游类专业集群结合自身特色，建设特色工作室。其中，天外星旅游文化创意与交流工作室涵盖旅游、文化创意与文化交流三大板

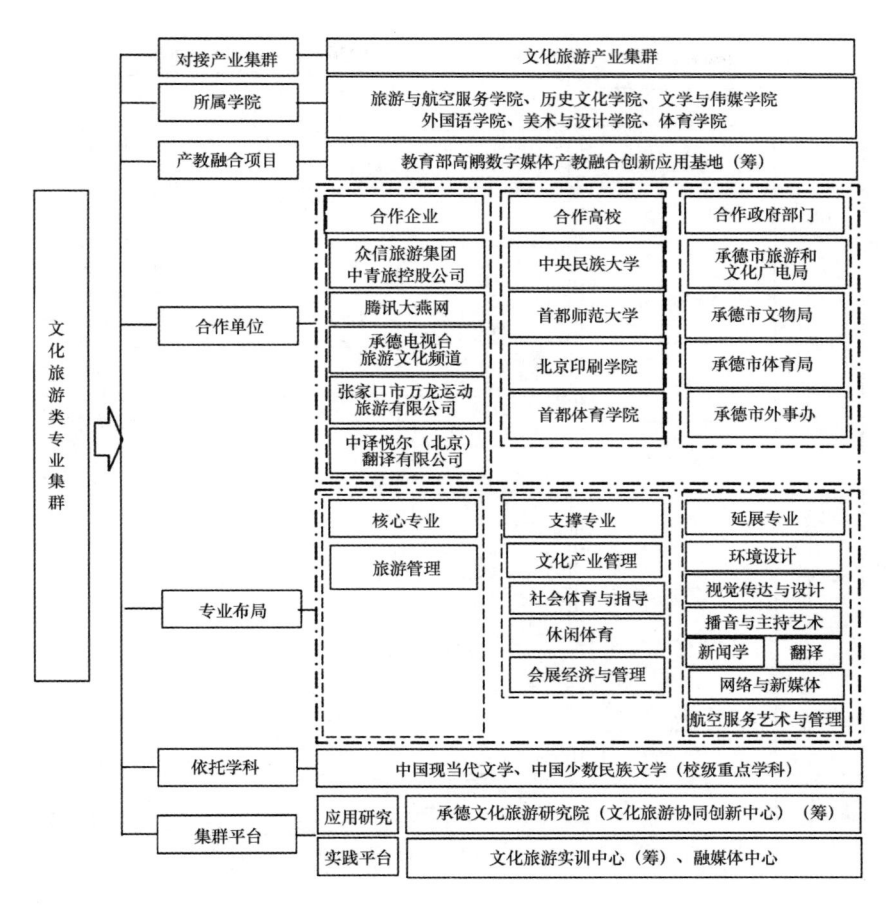

图8-3 文化旅游类专业集群基本架构

文化旅游类专业集群		
对接产业集群	文化旅游产业集群	
所属学院	旅游与航空服务学院、历史文化学院、文学与传媒学院、外国语学院、美术与设计学院、体育学院	
产教融合项目	教育部高鹏数字媒体产教融合创新应用基地（筹）	
合作单位	合作企业：众信旅游集团、中青旅控股公司、腾讯大燕网、承德电视台旅游文化频道、张家口市万龙运动旅游有限公司、中译悦尔（北京）翻译有限公司	合作高校：中央民族大学、首都师范大学、北京印刷学院、首都体育学院
		合作政府部门：承德市旅游和文化广电局、承德市文物局、承德市体育局、承德市外事办
专业布局	核心专业：旅游管理	支撑专业：文化产业管理、社会体育与指导、休闲体育、会展经济与管理
		延展专业：环境设计、视觉传达与设计、播音与主持艺术、新闻学、翻译、网络与新媒体、航空服务艺术与管理
依托学科	中国现当代文学、中国少数民族文学（校级重点学科）	
集群平台	应用研究：承德文化旅游研究院（文化旅游协同创新中心）（筹）	
	实践平台：文化旅游实训中心（筹）、融媒体中心	

块。旅游策划工作室从内容上可涵盖旅游景区策划、活动节庆策划、体育旅游策划等，媒体工作室从内容上可涵盖传统新闻媒体、网络新媒体、内容策划等领域，流水间、一片林、五彩枫等工作室同时涵盖文化创意、包装外观设计、形象设计、景观设计等诸多领域。

2. 绿色生态类专业集群

集群对接承德市"3+3"绿色主导产业（钒钛新材料及制品、清洁能源、绿色食品及生物健康、特色装备制造）集群，基本架构如图8-4所示。

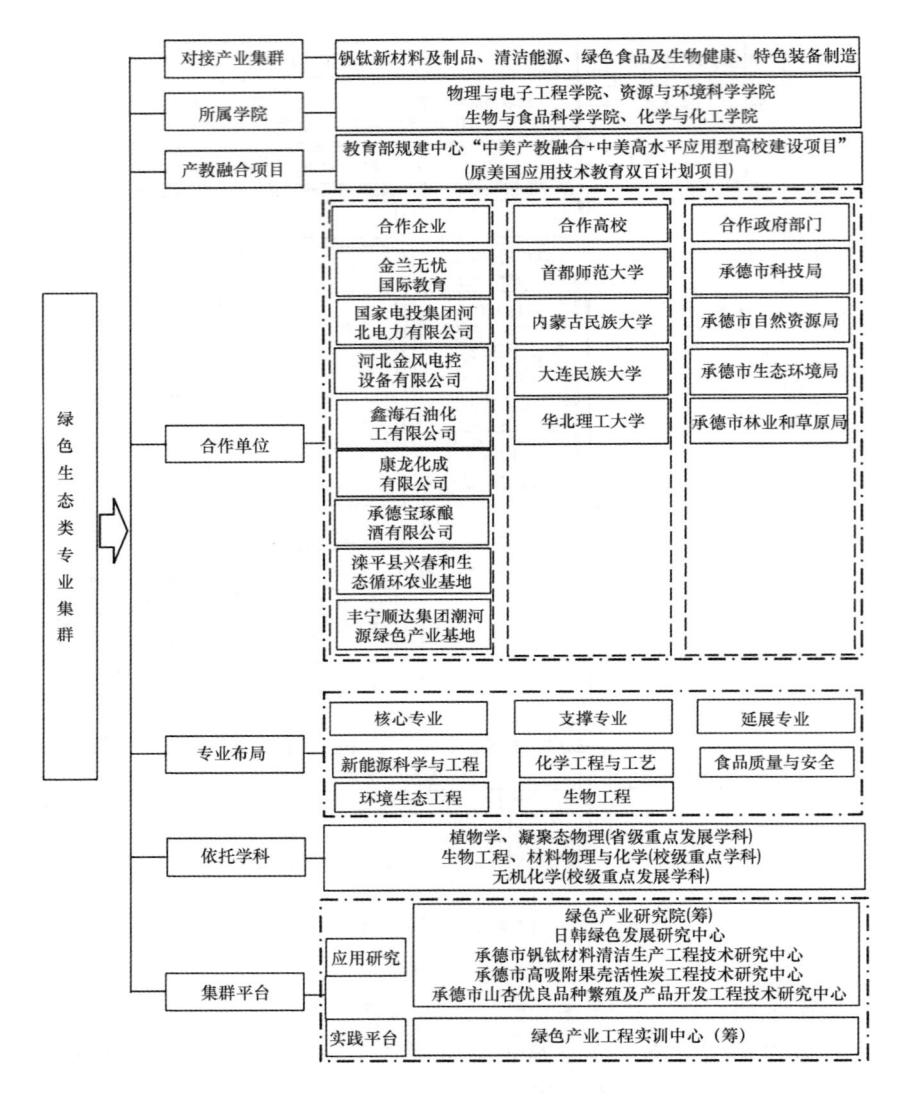

图8-4 绿色生态类专业集群基本架构

对接产业集群	钒钛新材料及制品、清洁能源、绿色食品及生物健康、特色装备制造	
所属学院	物理与电子工程学院、资源与环境科学学院 生物与食品科学学院、化学与化工学院	
产教融合项目	教育部规建中心"中美产教融合+中美高水平应用型高校建设项目"（原美国应用技术教育双百计划项目）	

合作单位：

合作企业	合作高校	合作政府部门
金兰无忧国际教育	首都师范大学	承德市科技局
国家电投集团河北电力有限公司	内蒙古民族大学	承德市自然资源局
河北金风电控设备有限公司	大连民族大学	承德市生态环境局
鑫海石油化工有限公司	华北理工大学	承德市林业和草原局
康龙化成有限公司		
承德宝琢酿酒有限公司		
滦平县兴春和生态循环农业基地		
丰宁顺达集团潮河源绿色产业基地		

专业布局：

核心专业	支撑专业	延展专业
新能源科学与工程	化学工程与工艺	食品质量与安全
环境生态工程	生物工程	

依托学科：
植物学、凝聚态物理(省级重点发展学科)
生物工程、材料物理与化学(校级重点学科)
无机化学(校级重点发展学科)

集群平台：

应用研究：
绿色产业研究院(筹)
日韩绿色发展研究中心
承德市钒钛材料清洁生产工程技术研究中心
承德市高吸附果壳活性炭工程技术研究中心
承德市山杏优良品种繁殖及产品开发工程技术研究中心

实践平台：绿色产业工程实训中心（筹）

图8-4 绿色生态类专业集群基本架构

绿色生态类专业集群以教育部学校规划建设发展中心推出的中美产教融合+高水平应用型高校建设项目为抓手，利用国际资源打造绿色教育生态系统，帮助导入美国应用型高校资源，共建新能源科学与工程、环境生态工程两个专业，建设5个职业能力实训室，由企业开设7门通识职业能力课程和10门专业核心课程，促进集群课程打造。

（三）以特建群：民族类、教师教育类

结合学校民族办学实际和传承地方满族文化需要，将满族非物质文化遗产的大学传承作为转型发展的一个创新点、突破点，也是学校办学特色所在点，坚持打好一张民族牌。教师教育一直是学校的办学传统和优势，围绕全面提升教师教育质量，做强做特教师教育，充分发挥教师教育专业的优势和特色，积极打造教师教育专业集群。以特色办学为目标，建设民族类、教师教育类专业集群。特色类专业集群相对其他两类松散宽泛，但目标更明确、意义重大。民族类专业集群是打造民族特色需要，是聚焦到满族、聚焦到满非遗来寻求民族学学科建设突破点和培养为区域民族经济社会发展所需人才的需要；教师教育类专业集群是顺应国家师范专业认证的大势，发挥百年师范传统和优势，实现从传统教师教育向现代教师教育转型，打造出鲜明的教师教育特色。

1. 民族类专业集群

集群对接承德民族特色行业，重点构建民族学学科群，具体情况如图8-5所示。

民族类专业集群满族非物质文化遗产的教学传承。一是创新模式，开设特色课程。改革满语教研室，成立满非遗与满语教研室，使课程从传统的满语教学发展为"满非遗+满语"的平衡教学模式。其中，在满非遗试点教学方面，学校开设了《满族历史与文化》《满族民间文学》《满族民间饮食》等若干满非遗选修课程；在满语教学方面，开设了满语字母语音入门课程、《满文书法》、《满文文献整理与阅读》、《满文书法与篆字》等特色课程，积极开展对外满语教学，开办骨干教师班，为宽城、青龙两县开设两个普通满语师资班，吸引国际著名学府——荷兰莱顿大学留学生学习满语文。二是成立满非遗馆。2018年10月5日，学校满非遗馆正式成立，作为学校民族特色展示的主阵地，在本科教学合格评估期间，接待了教育部评估专家组，获得了专家的一致好评。自开馆以来，参观非遗馆的来宾络绎不绝，成为我校民族特色的一大亮点。三是推动宣展平台建设。举办第二届非遗宣展日活动，为学校进一步抢抓机遇、做好非遗工作打出了亮点，夯实了基础。另外，举办满族颁金节暨继续深化落实民族特色办学推进会活动，得到了国家有关部门领导的肯定。

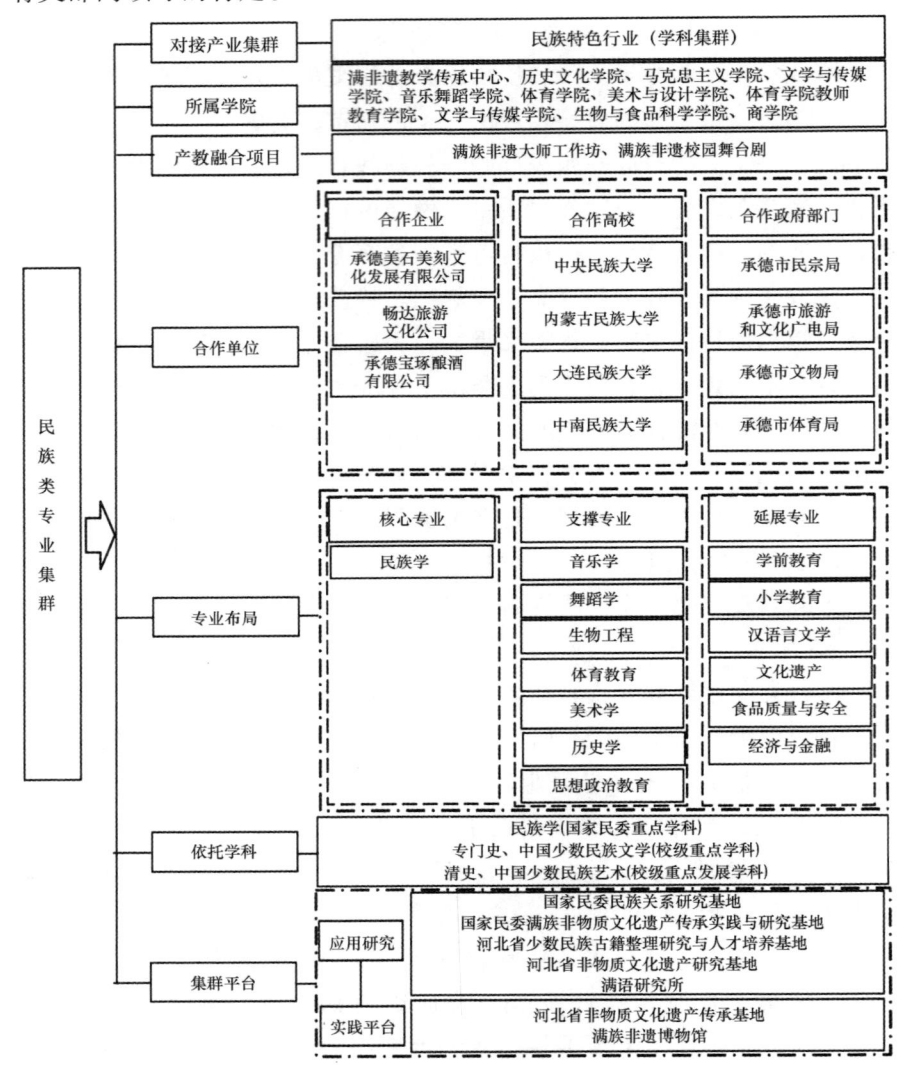

```
民族类专业集群
├─ 对接产业集群 ── 民族特色行业（学科集群）
├─ 所属学院 ── 满非遗教学传承中心、历史文化学院、马克忠主义学院、文学与传媒学院、音乐舞蹈学院、体育学院、美术文化设计学院、体育学院教师教育学院、文学与传媒学院、生物与食品科学学院、商学院
├─ 产教融合项目 ── 满族非遗大师工作坊、满族非遗校园舞台剧
├─ 合作单位
│     ├─ 合作企业：承德美石美刻文化发展有限公司 / 畅达旅游文化公司 / 承德宝琢酿酒有限公司
│     ├─ 合作高校：中央民族大学 / 内蒙古民族大学 / 大连民族大学 / 中南民族大学
│     └─ 合作政府部门：承德市民宗局 / 承德市旅游和文化广电局 / 承德市文物局 / 承德市体育局
├─ 专业布局
│     ├─ 核心专业：民族学
│     ├─ 支撑专业：音乐学 / 舞蹈学 / 生物工程 / 体育教育 / 美术学 / 历史学 / 思想政治教育
│     └─ 延展专业：学前教育 / 小学教育 / 汉语言文学 / 文化遗产 / 食品质量与安全 / 经济与金融
├─ 依托学科 ── 民族学(国家民委重点学科)、专门史、中国少数民族文学(校级重点学科)、清史、中国少数民族艺术(校级重点发展学科)
└─ 集群平台
      ├─ 应用研究：国家民委民族关系研究基地 / 国家民委满族非物质文化遗产传承实践与研究基地 / 河北省少数民族古籍整理研究与人才培养基地 / 河北省非物质文化遗产研究基地 / 满语研究所
      └─ 实践平台：河北省非物质文化遗产传承基地 / 满族非遗博物馆
```

图 8-5　民族类专业集群基本架构

2. 教师教育类专业集群

集群对接承德基础教育行业，如图 8-6 所示。

教师教育类专业集群 U-G-S 协同育人。一是搭建 U-G-S 协同育人平台。学校已与承德各县区及秦皇岛海港区 106 所中小学、幼儿园合作设

第八章 专业集群的成效评价

教师教育类专业集群

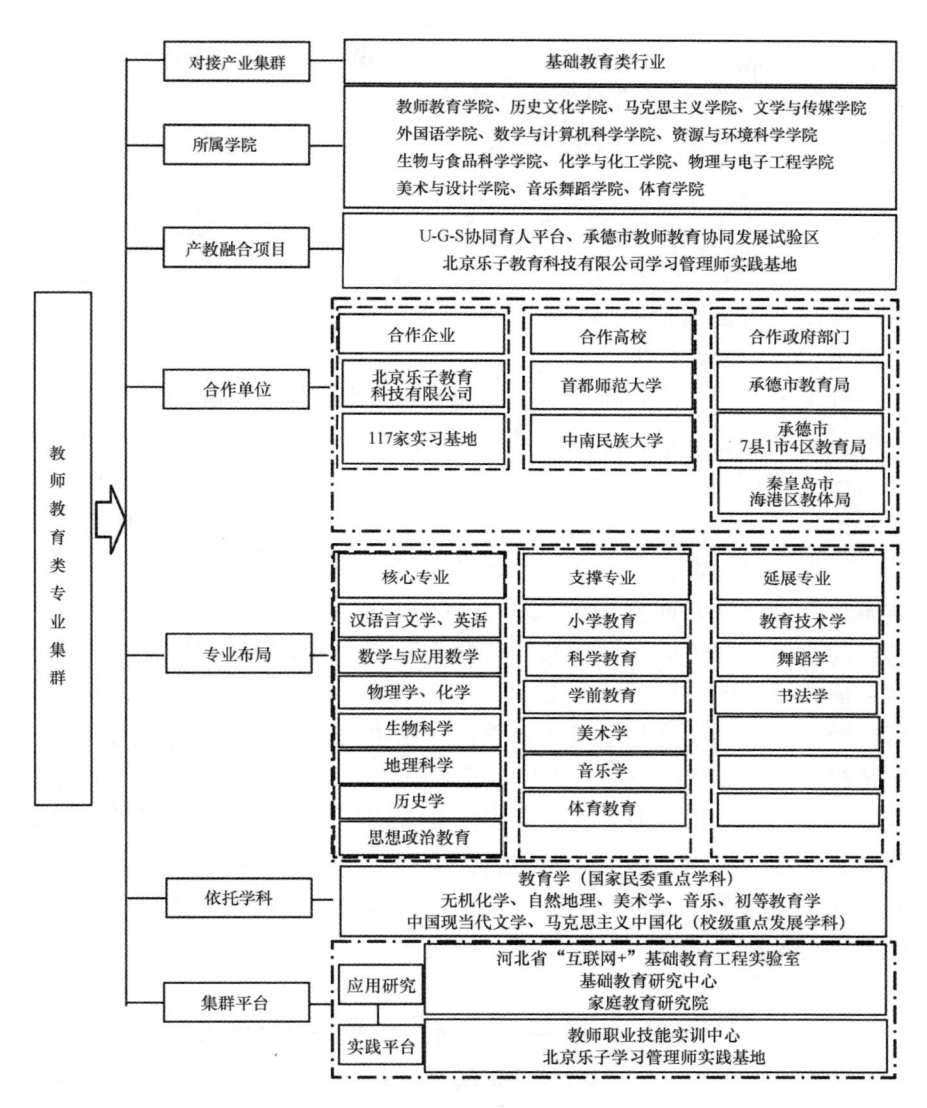

- **对接产业集群**：基础教育类行业
- **所属学院**：教师教育学院、历史文化学院、马克思主义学院、文学与传媒学院、外国语学院、数学与计算机科学学院、资源与环境科学学院、生物与食品科学学院、化学与化工学院、物理与电子工程学院、美术与设计学院、音乐舞蹈学院、体育学院
- **产教融合项目**：U-G-S协同育人平台、承德市教师教育协同发展试验区、北京乐子教育科技有限公司学习管理师实践基地
- **合作单位**：
  - 合作企业：北京乐子教育科技有限公司；117家实习基地
  - 合作高校：首都师范大学；中南民族大学
  - 合作政府部门：承德市教育局；承德市7县1市4区教育局；秦皇岛市海港区教体局
- **专业布局**：
  - 核心专业：汉语言文学、英语；数学与应用数学；物理学、化学；生物科学；地理科学；历史学；思想政治教育
  - 支撑专业：小学教育；科学教育；学前教育；美术学；音乐学；体育教育
  - 延展专业：教育技术学；舞蹈学；书法学
- **依托学科**：教育学（国家民委重点学科）；无机化学、自然地理、美术学、音乐、初等教育学、中国现当代文学、马克思主义中国化（校级重点发展学科）
- **集群平台**：
  - 应用研究：河北省"互联网+"基础教育工程实验室、基础教育研究中心、家庭教育研究院
  - 实践平台：教师职业技能实训中心、北京乐子学习管理师实践基地

图 8-6 教师教育类专业集群基本架构

立"教师教育协同发展实验区"，通过构建高校、地方政府、中小学幼儿园三方协同育人机制，打通学校师资培养与承德市基础教育实际需求的通道，推动承德市基础教育事业改革。二是独树一帜，创新"新师范"建设模式，即明确"新师范"建设的六个"新"：新师范要以高水

平、特色化、系统化、智能化、开放性为特征，建立并完善高校、政府、中小学幼儿园、企业协同合作共赢的教师专业发展共同体的新内涵。培养具有求真教育特质的，集学校教育、家庭教育、社会教育"三教合一"新师范人才的新目标；构建包括理论、实践、项目、第二课堂、教师成长发展的五大新体系；创新教师教育工作，打造专业化、卓越化、开放化、一体化、信息化的教师发展新机制；推动人工智能、智慧学习环境等新技术与教师教育深度融合，构建"互联网＋教师教育"发展新智能平台新形态；完善学校内部质量监控体系，丰富和提升师范教育内涵新标准。

近年来，河北民族师范学院坚持不断探索专业集群建设，在专业集群建设效度的评价指标的"顶层设计、内涵建设、机制创新、成果产出"四个维度上创出了特色，构建了模式，形成了一批具有自身特质且可推广应用的实践成果。2018年10月，教育部本科教学工作合格评估专家组进校考察，在专家组考察报告中，专家组成员积极评价了学校在专业集群建设方面取得的成绩，指出"在学科专业发展定位上，坚持以需求为导向，做强做特教师教育类专业，逐步发展和培育与区域经济发展相适应的应用型学科专业（群），形成与地方基础教育、京津冀区域经济和社会发展相适应的多学科专业协调发展、相互支撑的学科专业结构布局"。专家组进一步肯定了学校在形成完善的组织结构和建设方案、逐步探索出专业集群建设的主要模式、打造出共享课程平台、协同创新平台、实习实训平台和创新创业平台等方面取得的显著成效。期待河北民族师范学院专业集群建设为我国应用型院校专业集群建设与发展做出更多有益的探索，取得更大的成就。

第六节　黑龙江工程学院专业集群建设成效案例[①]

黑龙江工程学院依托传统的交通、冶金行业优势，始终坚持应用型

[①] 该案例由黑龙江工程学院提供。作者简介：叶树江，黑龙江工程学院副校长、教授、博士，主要研究方向为信号与信息技术、高等教育教学研究；王百成，黑龙江工程学院教务处原处长、教授，主要研究方向为土木工程、高等教育教学研究；侯宇新，黑龙江工程学院教务处原副处长、教授，主要研究方向为钢筋混凝土结构、高等教育教学研究。

办学定位，抢抓重大发展机遇，坚定不移推动转型发展，着力开展专业集群建设，学校建成国家教育现代化推进工程应用型本科高校建设项目百所示范校、黑龙江省特色应用型本科示范高校。该校专业集群建设的探索及其成效同样较好地契合了前述专业集群成效评价指标体系建议框架的大多数内容。

一　专业集群建设的主要举措

（一）顶层设计确立集群发展战略

强化顶层设计，确保正确的建设方向。学校将专业集群建设作为专业结构调整与专业建设的战略选择，用专业集群战略思维统揽专业布局调整优化，学校《"十三五"规划及2025远景目标》和《学科专业建设"十三五"规划》等都对专业集群建设提出了明确要求，作出了相应部署。分别提出了"主动布局、设置和建设服务国家战略、满足区域产业需求、面向未来发展的专业集群""调整优化学科专业布局，以工科为主体，以经济管理和人文艺术为两翼，形成与黑龙江省产业和国防科技工业发展相契合、结构合理、特色鲜明的应用型本科专业体系，建设6—8个产教融合专业集群"的建设目标。

明确价值追求，抓紧建设的关键环节。学校更加关注提升"四个度"的价值追求。[①] 即对接地方经济社会发展，提升服务地方支撑度；促进学生成长成才，提升人才培养契合度；促进学校集约发展，提升资源配置的有效度；彰显学校特色优势，提升专业品牌影响的美誉度。同时，着力在"五个方面下功夫"：在充分了解社会需求上下功夫、在学科专业优化调整上下功夫、在建立专业集群运行机制与保障机制上下功夫、在构建专业集群核心专业建设上下功夫、在推进产教深度融合上下功夫。

实施攻坚行动，保证集群建设落地生效。学校实施了《产教融合转型发展2018—2020年三年攻坚行动》《学科专业结构调整2018—2020年三年攻坚行动》，统揽专业集群建设相关要素，集中力量建设一批特色和优势学科专业集群，推动了专业集群建设和专业结构优化。2019

---

① 顾永安：《应用型高校推进专业集群建设的思考》，《高等工程教育研究》2019年第6期。

年，学校制定了《特色应用型本科示范高校建设规划》，进一步明确了加强专业集群建设，提出了加强体制机制建设的要求。同时，学校把专业集群建设作为改革发展的主要任务落到重要项目上，落到每年度的党政工作要点中，明确责任部门和责任人，严格督导，狠抓落实，扎实推进。

(二) 结构优化构建特色专业集群

面向战略性新兴产业，整体优化学科专业布局。学校聚焦为龙江全面振兴、全方位振兴提供有力支持的服务外包、农业工程、高端装备制造、节能环保、新一代信息技术、新能源、新材料、新能源汽车等战略性新兴产业，重点扶持新兴专业、应用学科专业。建立健全专业动态调整机制和校企合作专业指导委员会制度、校内评估评价制度，增设、调整、改造专业，强调学科交叉渗透、资源互补、跨界融合，新增了机器人工程、智能科学与技术、数据科学与大数据等战略性新兴产业相关专业，逐步形成与黑龙江省产业和国防科技工业发展相契合、特色鲜明的应用型本科专业体系。

建立分类发展机制，优化专业结构。升级改造了土木工程、机械设计制造及自动化、车辆工程等传统专业，使其继续保持专业优势；重点培育了给排水科学与工程、汽车服务工程、机械电子工程、电子信息工程、材料化学、市场营销、环境设计等校级一流专业；改造削减老专业，调整了应用化学、电子科学与技术等一批办学条件不足、就业率相对较低的专业；面向战略新兴产业和地方支柱产业发展需要，扶持了工艺美术专业等有发展潜力的专业。招生专业从57个逐步缩减到45个，专业结构趋于合理。

坚持学科专业一体化发展，构建特色专业集群。面向龙江发展需求的战略性新兴产业，坚持学科专业协同发展，平台、团队一体化建设。建设了交通运输工程、测绘科学与技术等10个支撑专业建设的重点学科，建设了电气工程及其自动化、土木工程、测绘工程等9个由国家（省级）一流专业和通过认证专业构成的核心专业。积极推动从基于学科门类形成的"学科型"专业群向面向现代产业领域"产教融合型"专业集群转进，构建了对接相关产业集群、具有应用型特征的智能交通、数字化城乡建设、智慧建筑、智能制造、人工智能与信息技术、新材料、现代服务业等7个特色专业集群（如表8-7所示）。

表8-7　　专业集群与学科、行业产业对应关系一览

专业集群	涵盖学科	行业产业领域	组成专业
智能交通	交通运输工程、车辆工程	交通、汽车、基础设施建设等	车辆工程★☆、交通工程、交通运输、道路桥梁与渡河工程、物流工程、汽车服务工程
数字化城乡建设	测绘科学与技术、建筑学	测绘与地理信息、城乡建设	测绘工程★☆、地理信息科学、遥感科学与技术、城乡规划、环境设计
智慧建筑	交通运输工程、市政工程、建筑学	面向土木工程、新兴城镇化建设	土木工程★☆、城市地下空间工程、工程管理★、建筑环境与能源应用工程、建筑学、工程造价、给排水科学与工程
智能制造	机械制造及其自动化、控制科学与工程	机电、装备制造	电气工程及其自动化★☆、机械设计制造及其自动化★☆、机器人工程、机械电子工程、电子信息工程、自动化、材料成型及控制工程、测控技术与仪器
人工智能与信息技术	智能科学与技术、计算机科学与技术	互联网＋、大数据、物联网	计算机科学与技术★☆、数据科学与大数据、智能科学与技术、软件工程、物联网工程
新材料	材料学	产品加工制造、医疗	材料科学与工程★☆、复合材料与工程、材料化学、功能材料
现代服务业	设计学、工商管理	旅游、文化、艺术	会计学★、外语、网络与新媒体、动画视觉传达设计、环境设计、产品设计、工艺美术、市场营销

注：★为国家、省级一流专业；☆为通过认证专业。

（三）产教融合驱动专业集群建设

专业集群与高校办学的各个要素及人才培养的各个环节密切关联，是资源要素聚合的平台。学校坚持需求导向，以开放、互联、融合、跨界思维，搭建平台，整合资源，构建机制，推动共建共享，打造产教融合、校企合作的升级版。

引企入校共建，改进校内实习实验方式。与国际大公司合作，建设特色实践教学平台。学校与瑞士徕卡公司、美国国家仪器公司（NI）、美国通用电气公司（GE）等十余家世界500强公司建立了合作关系，共建"现代测绘技术实验室"、奥地利阿维尔公司汽车排放实验室、"GE-Fanuc自动化系统实验室"、"NI虚拟仪器实验室"等多个特色实验室。与日本丰田公司、德国博世汽车电子有限公司等国际大公司合作，建立了"丰田汽车技术培训中心""博世汽车电气技术培训中心"等多个培训中心。在合作共建中，注重将企业技术和文化引入校园、引入课堂、引入学生学习实践过程，推进专业与产业对接、融合。

共建平台载体，推进产教深度融合。一是推进行业学院建设，与行业企业共建了龙建国际工程管理学院、智慧建筑学院、智慧城市研究院、智能交通学院、智能制造学院、中兴通讯ICT学院、信息与智能控制学院、新道用友创新创业学院等8个行业学院；二是打造一批区域共享型人才培养实践平台，与行业企业共建了工业4.0智能制造教育实训中心、工业机器人创新实践中心、数字化快速成型实验室等产教融合基地，建设了商用车联网大数据监控管理中心、智慧建筑仿真（BIM）实验中心、新道虚拟商业环境（VBSE）创新创业训练中心等一批校企合作新产业技术实验室。增进了专业与相关行业产业联系的紧密度与融合度。

建立合作治理机制，推进产教融合协同育人。加强与行业学会协会、企业、研究院所的深度合作，与地方政府成立产业战略联盟；牵头组建应用技术大学（学院）联盟智能制造专业协作会，吸引了50家高校、企业、行业机构加入；参与组织、承办"全国地方高校新工科建设与工程教育发展研讨会""德国菲尼克斯电气EduNet全球智能教育联盟2017亚洲年会"，百余所高校、企业参会并推进了合作；与哈尔滨市科技局签订了《大力推进"雏鹰计划"，推进科技成果转化校地政策共享合作协议书》并落实了"雏鹰计划"项目；以国家国防科技工业局和黑龙江省人民政府"部省共建"为依托，建设国防学科点，加强与军工企业合作；进一步发挥大学科技园的学生创业项目孵化、企业孵化、技术转移和科技成果转让及校地企合作平台功能，拓展办学资源等。

（四）专业认证提升集群建设水平

学校坚持以专业认证为抓手，提升专业内涵建设水平，带动专业集群建设。自 2011 年以来，学校先后有土木工程、测绘工程等 7 个"卓越计划"试点专业通过工程教育专业认证。

从人才培养方案修订入手，强化专业建设的核心内涵。用国际工程教育理念引领专业人才培养模式改革，对标工程教育认证标准，廓清专业建设思路，重塑"以学生为中心、成果导向和持续改进"的人才培养质量观，着力培养解决"复杂工程问题"的能力，推进多元协同育人模式改革。依据本科专业类教学质量国家标准和国际工程教育认证要求，基于 OBE 理念两次整体修订人才培养方案和课程大纲。紧紧围绕人才培养目标、毕业要求、课程体系等核心要素，校企合作对培养目标和毕业要求定期调研论证，不断修订完善，依据培养目标和毕业要求，修订重构了具有工程教育和应用型特征的"平台＋模块＋项目"课程体系，设计了更加符合现代企业环境、符合现代工程要求的实践环节，建立了"系统性、实践性、创新性"开放式实践教学体系。

从改革教学模式入手，提升专业人才培养能力。突出工程实践和创新创业能力培养，将成果导向教育贯穿于整个教学全过程，推动以学为核心的教学模式改革，完善评价机制，引导课堂由"教"向"学"转变，引导质量评价由"评教向评学"转变，建立 OBE 理念下的学习产出评价标准。建设"一流课程"和校企合作课程，引进企业智力资源，营造贴近企业和工程实际的培养环境，着力提高学生解决"复杂工程问题"的能力。推动现代信息技术融入教学，重塑课堂教学新形态，推进实施线上线下混合式学习方法。积极开展项目化教学、翻转课堂、微课模式等课堂教学改革，推进基础课程开展分类、模块化教学，专业开展工程坊、工作室制教学和校企联合指导毕业设计，丰富了优质课程资源，课堂教学变革不断深入，以不断聚集、优化的核心元素促进专业人才培养能力的提高。

从贯彻工程教育新理念入手，探索实践工程教育新范式。工程教育更加注重学科交叉融合，实现科学精神、人文思想和工程素养协调统一。坚持将国际工程教育新理念和国家标准落实到人才培养实践中，持续推进推动思想政治教育、工程文化教育、创新创业教育和专业教育有机融合，搭建七个学科专业门类创新实践平台，形成了工程坊、工作室、商业环境模拟等创新创业实践训练模式，引导学生在实践中体验式学习，传授交叉复合知识、前沿知识，培养学生创新创业、团队合作、数字化以及动态适应等非技术能力，提升学生专业能力、非专业能力、自我发展能力和创新创业能力。学校主动适应新工业革命对工程教育改革的新要求，通过校内立项资助项目，以理论研究引领和支撑新工科的实践，为进一步建设特色专业集群奠定了比较坚实的理论研究与实践探索基础。

通过专业认证提升了专业建设内涵水平，构建了国家、省、校三级一流专业建设体系，进一步引领了新工科建设，打造了优势专业，也支持和保障了专业集群建设。

（五）条件建设强化集群建设保障

以人才强校战略保障专业集群建设。学校牢固树立"人才是第一资源"理念，大力实施人才强校战略，努力建设符合学校办学定位、彰显办学特色的应用型教师队伍。一是坚持学科专业一体化，培养领军人才和团队，遴选重点学科带头人和学术骨干，给予政策和资金、项目支持，对于突出的带头人，成立专门的研究机构和团队；二是加大教学科研激励奖励力度，设立绿色通道，鼓励科研、教学成果突出的青年骨干教师，给予减免教学工作量、破格晋升职称，在岗位设置管理、校内津贴分配等方面向教师倾斜；三是推进实施"青年教师博士化工程"，着力培养中青年教师，设立学校博士科研基金项目，对于新引进博士给予项目立项和资金支持，助力其成长；四是实施"中青年骨干教师海内外访问学者项目"，鼓励交流，开阔视野，提升学术水平；五是出台了《教师参加社会实践管理办法》《聘请企业兼职教师管理办法》等一系列制度和措施，完善教师发展体系建设，引领教师专业发展；六是聘任来自行业、企业、实务部门的专业技术人员、骨干管理人员，加强专兼职教师队伍建设。

以健全机制制度保障专业集群建设。学校推动机构改革，调整了教务处、学生工作部、人事处等部门职能，成立产教融合处、教师发展中心等部门，进一步加强招生—人才培养—就业联动，强化产教融合、校企合作，为专业集群建设提供体制机制保障。建立了校院一把手领航专业制度，将学校领导和教学单位一把手确定为专业布局调整、专业集群建设的第一责任人，从专业建设的决策、规划、布局到部署、落实、实施，保证对专业的高站位谋划、高起点建设、高标准要求。建立了校企合作的专业建设指导委员会制度、校内专业设置评议制度，密切了与工业界的联系，提高了人才培养的产业适应性。修订了《专业建设管理办法》等一系列制度，形成了专业设置、预警与退出的动态调整机制，形成了专业与专业集群建设的制度化管理、常态化建设的长效机制。

以质保体系推进保障专业集群建设。学校持续推进质量保障体系建设，健全评估、评价制度，切实保障专业集群建设质量。从顶层设计、管理运行、教学实施三个层面，整体设计了决策与指挥、目标与标准、管理与服务、教学与运行、监控与评价、分析与改进、支持与保障七个系统，形成了"一条主线、三个层面、七个系统"教育教学质量保障体系架构，建立了持续改进机制。建立了工程教育专业认证、本科教学工作审核评估、专项评估、教学状态监测、利益相关方评价、第三方评价的"六位一体"评估（价）制度；完善了学生评教、教师评学、教学检查、听课和督导、状态数据分析、教学反馈等六类教学检查评价制度。依据学校制定的《专业评估标准》，围绕专业发展契合度、投入度、保障度等，开展了校内专业评估。实施了成果导向的课程达成度评价机制，逐步建立了 OBE 课程评价体系。修订了《教学督导工作管理办法》，加强督导队伍建设，提升质量评估与监控能力。连续多年进行年度教学基本状态数据分析，编制发布学校《本科教学质量报告》。通过加强质量文化建设，完善质量标准和评价机制，强化目标管理和监督保障，不断完善学校教学质量保障体系建设，有力保障了专业集群建设。

二 专业集群建设的主要成效

（一）集群资源不断集聚

学校坚持开放办学，注重支持条件改善，努力汇集各方资源，打造共建共享型合作平台。

集聚业界资源，推进产教深度融合。学校与行业企业紧密结合，建成国家级实验教学示范中心 1 个、省级实验教学示范中心 2 个、省重点实验室 3 个；与企业合作共建了国家级工程实践教育中心 4 个、国家级大学生校外实践教育基地 1 个、省级大学生校外实践教育基地 1 个，有效提升了专业建设的内涵品质。其中，与国际大公司、国内龙头企业和社会机构合作共建的 8 个行业学院和 ICT 产教融合创新基地、工业 4.0 智能制造教育实训中心、工业机器人创新实践中心等产教融合基地，以及智慧建筑仿真（BIM）实验中心等一批校企合作的产业新技术实验室。这些区域共享型人才培养实践平台，成为行业企业、社会机构和学校紧密合作的桥梁和纽带，成为应用型人才培养的强有力支撑和重要保障。

集聚平台资源，推进创新创业教育。学校建设的大学科技园，依托学校相关学科专业，服务学生创新创业，孵化科技企业和创业项目，推动科技成果转化，积极融入哈尔滨市"学府经济带"战略计划，被科技部确定为"国家级众创空间"，获批国家级科技企业孵化器，有效推动产业要素进一步聚集，产教融合的窗口和平台作用效应明显。随着学校入选黑龙江省首批"共享型高校创新创业孵化平台"，大学科技园的创新创业教育、学校与产业互动、企业孵化和项目成果输出的平台、窗口、纽带作用愈加突出。

（二）集群人才不断集聚

集聚人才资源，提升集群师资水平。学校人才队伍结构不断优化，整体水平不断提升，服务专业建设和应用型人才培养的能力不断提高。

学科专业领军人才不断涌现。现有省级教学名师、省优秀中青年专家、省政府特殊津贴专家、龙江学者特聘教授、省杰出青年基金获得者、教育部高校教指委委员、省属本科高校青年创新人才培养计划等高层次人才 16 人，获批省级领军人才梯队 1 个，省级优秀教学团队 2 个，服务学科专业建设的带头人作用突出。

教师队伍结构转向"双师双能型"。近年来，选派 400 余名专业教师到行业企业以挂职锻炼形式进行社会实践，具有企业工作经历、行业背景和挂职锻炼经历的"双师型"教师达到 350 余人，占专业教师的比例超过 50%。聘任兼职教师 200 余名，其中，来自行业、企业的专业技术人员、骨干管理人员 80 余名，占兼职教师比例超过 40%。形成了一支符合学校办学定位、师德高尚、业务精湛、结构合理、面向生产一线、具有现代工程素质的"双师双能型"教师队伍。

（三）集群内涵不断提升

学科专业一体化发展初见成效。形成了以工科为主体，以经济管理和人文艺术为两翼，具有区域、行业与学校特色的学科专业布局结构，建设的交通运输工程、测绘科学与技术2个省级重点建设一级学科和3个国防特色学科，形成了寒区道路施工、数字化测绘、装备制造等特色研究方向，推动了专业集群要素整合、重组，起到了有效的支撑作用，提高了服务行业、地方的贡献度。

龙头专业核心作用成果显著。通过中国工程教育认证的7个专业都是各个专业集群的核心专业，专业认证成果的推广、固化，为学校建设一流专业体系和优势特色专业集群打下坚实的基础。电气工程及其自动化专业等9个国家（省级）"双万计划"一流本科专业建设点，整体形成了国家、省、校三级一流专业建设体系，构成了优势特色专业集群，引领和带动了专业集群发展，显现了龙头效应。

一流课程建设成效明显。抓住课程这一人才培养核心要素，建设了10门省级一流课程，遴选确定了45门校级一流在线课程，校企共建40余门课程，引领了课程改革建设，推动了教学方式方法改革，项目化教学、案例教学、研讨教学等教学方法有序推进，翻转课堂、混合式课堂、微课程、线上线下结合等方式不断丰富课堂形态，促进"课堂革命"不断延伸。

新工科建设扎实有效。以多年的工程教育文化底蕴和丰富的改革实践，抓住国家新工科等"四新建设"契机，提前筹划、及时部署，资助立项建设54个校级新工科研究与实践项目，围绕获批国家、省级3个项目，发挥项目研究的引领、延伸和辐射作用，理念深化、结构优化、模式创新、协同育人、质量提高和师资队伍水平提升、创新创业教育有效开展的新工科建设格局已经形成。

（四）集群效应不断凸显

毕业生得到用人单位充分肯定。用人单位认为我校毕业生不仅具有扎实的专业知识和较强的业务实践能力，在工作中还具有较强的面向生产一线、扎根基层的意识；毕业生思想政治素质好，爱岗敬业，具有较强的事业心、责任心和乐观进取的精神。对学校毕业生的普遍评价是：

肯吃苦、上手快、能力强、留得住、后劲足。连续多年发布的《毕业生就业质量年度报告》显示，毕业生对母校的教学满意度连续多年超过90%。麦可思《社会需求与培养质量年度报告》表明：我校毕业生理论基础扎实、实践能力突出、工程素质优异。本校毕业生对母校的总体满意度、毕业生的就业现状满意度均高于本省同类本科院校。

人才培养效果受到新闻媒体关注。《光明日报》、《中国教育报》、《黑龙江日报》、中国教育电视台等主流媒体陆续多次从不同视角报道了我校应用型人才培养成绩和经验，并给予高度评价。如，《中国教育报》载文认为"黑龙江工程学院培养的应用型、复合型、创新型人才得到了社会各界的广泛认可，使学校赢得了'工程师摇篮'的美誉"。《黑龙江日报》等报刊分别以《建设特色鲜明的高水平应用技术大学》《为龙江振兴发展培养高素质应用型人才》《立足龙江辐射全国打造新时代"工程师摇篮"黑龙江工程学院推动高等工程教育改革与创新》《倾力打造培养工程师的金色"摇篮"》为标题先后十余次报道学校改革发展、学科专业建设和人才培养的成功经验。

人才培养质量得到社会各方认可。2015年，教育部审核评估专家组《黑龙江工程学院审核评估专家组考察报告》指出：学校办学定位和建设目标定位准确，坚持教学中心地位，坚持专业集群发展战略，专业、课程、教改三位一体，卓有成效，质量保障体系健全，工程认证抓得很及时很好，毕业生就业率较高，整体满意度较好，工程文化特色值得充分肯定。省市领导以及黑龙江省相关部门领导多次来学校调研考察，对学校建设和人才培养等给予充分肯定。数十所地方本科高校来校交流并借鉴了建设成果，学校领导和相关职能部门负责人多次利用学术会议、专家讲座、院校交流指导等机会，提出应用型人才培养及专业集群建设的经验与建议，得到了兄弟院校的认可。学校专业集群建设和应用型人才培养的经验与成果发挥了示范作用，得到了推广应用。

三 专业集群建设的主要特色

学校坚持文化强校，倡导文化育人，以"工程文化教育观"引领人才培养改革，专业教育与工程文化教育、"成才"教育与"成人"教育有机结合，较好地解决了应用型高校工科毕业生人文底蕴薄弱、综合素质不高、竞争能力不强等问题，提升了人才培养质量，培育打造了专业集群文化育人特色。

（一）率先提出并坚持了工程文化教育观

科学教育、人文教育、工程教育有机融合的"工程文化教育观"，将工程文化教育融入专业教育，延伸到人才培养全过程，让学生受到工程文化的熏陶，弘扬了"昂扬向上、团结协作、艰苦奋斗、争创一流"的学校精神，引导学生在学习中提升工程素质，涵养工程文化，磨炼学生"责任担当，追求卓越"的优秀意志品质。形成了丰富的理论研究成果，出版了《工程文化教育研究与实践》《工程教育改革与工程师培养》等著作，在《中国高等教育》等期刊发表相关论文数十篇。

（二）开展了"六位一体"的工程文化建设

学校吸纳中华优秀传统文化和革命文化、吸纳龙江地方"四种精神"、吸纳行业企业先进文化、管理理念，构建融工程文化、地域文化、行业企业文化等多元文化于一体的育人文化，以工程文化教育理念融入应用型人才培养模式改革，开展了"六位一体"的工程文化建设，即开展工程文化研究、加强工程文化课程建设、建设工程文化基地、开展工程文化活动、丰富工程文化资源、拓宽工程文化传播途径，取得显著效果，得到了学生和社会各界的广泛赞誉。

（三）工程文化教育体系彰显育人效果

以"一馆一课程、一季一仪式、一园一视界"为标志的工程文化育人体系，将工程文化育人落到实处，取得良好育人实效。用人单位认为我校毕业生不仅具有扎实的专业知识和应用能力，还具有较强的工程素质和实践能力。麦可思《社会需求与培养质量年度报告》对我校毕业生工程文化素质给予肯定。《光明日报》："黑龙江工程学院工程文化育人理念，孕育出更具工程素养、团队意识和人文精神的'卓越人才'。"学校在社会上赢得了"工程师培养摇篮"的美誉。

"工程·文化"相融合，将工程文化教育与工程能力培养有机融合于专业集群建设全过程，应用于应用型人才培养全过程，探索了产学协同文化育人机制，形成了鲜明的专业集群内涵建设与应用型工程人才培养的特色。学校先后获得全国和全省高校校园文化建设成果优秀成果奖、省"十佳和谐校园"等多项荣誉，被省委树为"文化型"校园建设典型。工程文化活动季"活动形成品牌，辐射东北三省30多所高校。工程文化博物馆发挥辐射作用，先后有几十所高校、近百所当地中小学和相关社会机构参观学习和利用工程文化博物馆开展育人活动，取得了良好的社会效益。

结　语

中国高等教育大众化催生并形成了中国高等教育新的生态系统，产生了一批新建本科院校和高等职业院校，这些院校都普遍面临着高校发展中的重新定位、转型发展、专业布局重构等重要问题，也正是在此背景下的高等职业院校和应用型本科院校开始提出专业群、专业集群问题。从高等职业院校到应用型本科院校专业集群建设的探索实践来看，我国应用型院校专业集群建设历史过程大致可以梳理出一条实践推进的线索。

在21世纪以前，我国学术研究型大学基本上是按学科逻辑组建二级院系，其实就是基于学科的专业集群思想的初步提出，同期应用型院校大多数是模仿沿袭老大学的发展，还几乎没有专业集群的思想与行动。进入21世纪后，一些高等职业院校和应用型本科院校开始了专业集群建设的自主自为探索，可以说2006年以前是专业集群的自主自为探索期。2006年示范性高职院校建设明确提出专业群建设的要求，到2019年高职院校"双高计划"明确提出建设高水平专业群，高职院校从示范性建设到高水平建设，其间随着专业群的政策导向变化，大致历经了试点阶段的"投入导向的具体任务建设"、普及阶段的"行动导向的产业能力提升"、优化阶段的"专业群动态调整的内涵与机制建设"的实践历程，高职院校率先探索专业群建设为应用型本科专业集群探索在理论与实践上都积累了宝贵的经验。2013年国家启动新建本科院校转型发展、2015年国家文件提出建设专业集群的要求，在此之前主要是新建本科院校的自主探索期和对高职专业群建设的模仿借鉴期，2015年以来才开始进入应用型本科专业集群的初始建设期。

专业集群已经成为我国应用型高等教育话语体系中的重要概念，也越来越多地得到国家、地方政府和应用型高校的高度重视。在政府主导与政策推动下，应用型高校积极有效地开展了专业集群建设的探索，但存在认识不到位、视野不开阔、创新性缺乏、特色不彰显与价值未达成、质量文化未形成等问题。[①] 如何认识与破解专业集群建设中的理论与实践问题，一方面需要加强理论研究，本书初步构建了应用型院校专业集群的理论体系（基本概念、逻辑机理、理论支撑、内外关联、顶层设计、内涵建设、机制创新和效度评价），可以为更多的专业集群理论研究抛砖引玉；另一方面，需要在理论指导下大力推进实践创新，本书提出了今后应用型院校深度推进专业集群建设的应对方略。

一 提升专业集群建设的认识高度

（一）充分认识专业集群建设的重要意义

专业集群是应用型高校向应用转型的重要突破口，是建设中国新型大学的发展战略，是深化产教融合的重要路径，是一流应用型本科教育与一流专业建设的有力抓手，也是应用型高校培育办学特色、形成核心竞争力的重要内容，可以说是关乎学校发展全局与未来的大事要事。概言之，专业集群建设是应用型高校专业结构调整与专业建设的战略选择，可以破解高等教育专业结构性矛盾之困，顺应新时代高等教育内涵建设之需，呼应现代产业集聚式发展之势，凸显地方本科高校转型发展之要。[②]

（二）做好推进专业集群建设的整体设计

专业集群建设要自觉服从并服务于学校整体发展战略目标定位，谋定而后动，避免"夹生饭"或返工现象。省域层面可以出台专业集群建设的指导意见，或者制定一流专业集群建设行动计划，引导高校提升专业建设整体水平。学校层面可以集聚众智、精心研制专业集群建设的指导意见或专业集群建设规划、实施方案，并组织专家通过论证会等形式进行论证、指导，使专业集群建设的指导意见或专业集群建设规划、实施方案真正成为能够指导二级单位推进工作的文件，使研制、论证指

---

① 顾永安：《应用型高校推进专业集群建设的思考》，《高等工程教育研究》2019年第6期。
② 张晞、顾永安：《地方本科高校专业集群布局与建设的探索与思考——基于常熟理工学院的案例分析》，《中国职业技术教育》2018年第11期。

导意见或实施方案的过程也真正成为统一全校干部教师思想认识的过程。

(三) 加强专业集群及相关理论知识学习

在理论学习中，更新理念观念，增进干部教师对开展与推进专业集群建设的自觉性。一些学者对专业集群的理论研究与实践探索成果，对于应用型高校开展专业集群建设具有指导意义与借鉴价值。陈锋指出，"大舰战略"决定未来高校竞争的主要格局，规划、建设、管理和运行学科专业集群超级平台，必须做出战略性、整体性、系统性的变革。[①] 吴仁华提出要从引导力量、目标定位、结构特征、核心要素、组织机制五个方面形成专业集群建设机制，在理念共识、主导统筹、试点先行、治理改革四个方面推进建设。[②] 笔者对何谓应用型本科专业集群、有何特征、如何布局、如何建设、如何保障等基本问题首次进行了比较全面的阐释[③]，还撰文介绍了常熟理工学院主动对接服务区域产业集群，在全国新建本科院校中率先进行专业集群的谋篇布局并在专业集群培育与建设中自觉做好顶层设计、开展学科专业一体化建设、建立行业学院运行机制的探索与实践。[④]

(四) 实施专业集群建设的校院"一把手"工程

专业集群的布局构建与纵深推进，特别需要高校领导者牢固确立专业集群的战略思维，将专业集群作为学校发展的重要战略之一，以高瞻远瞩的战略视野、科学合理的顶层设计、攻坚克难的坚强决心、运行保障的有力举措来领航和保障专业集群建设。党委书记、校长们要从发展规划、战略重点、利益调整、条件保障层面带领学校班子谋划推进专业集群并为之提供保障，从学校层面顶层设计自上而下地推进；二级学院院长们要从专业集群的具体设计、协调、保障与落实的层面，更多地主动积极的有所作为，鼓励二级学院基层组织自下而上地在专业集群建设

---

① 陈锋：《实施"大舰战略"：加快建设学科专业集群超级平台》，《中国高等教育》2016 年第 23 期。
② 吴仁华：《应用型本科高校专业集群建设探究》，《高等工程教育研究》2016 年第 6 期。
③ 顾永安：《应用本科专业集群——应用型高校转型发展的重要突破口》，《中国高等教育》2016 年第 22 期。
④ 顾永安：《应用本科专业集群——应用型高校转型发展的重要突破口》，《中国高等教育》2016 年第 22 期。

方面大胆创新探索，将基层探索的好经验好做法在全校甚至国内院校推广。

（五）实施重点建设与逐步培育相结合的策略

专业集群是专业内涵建设的一种重要方式，宜群则群、宜独则独，可以有条件的先建设，先重点建设基础较好、与地方产业集群契合度高的专业集群，对那些暂时缺乏条件的可以先从专业与产业链、创新链的某个点上进行培育试点、寻求突破。省区市教育厅可以结合推动部分本科高校转型发展和推进职业教育改革，实施专业集群对接产业服务能力提升工程，启动实施"支撑产业升级重点专业集群建设项目"，重点围绕区域主导产业、战略性新兴产业发展需要，集中相关高校资源建设好、社会有需求、办学基础好的专业集群，提高特色优势专业的集中度和产业对接服务能力。应用型高校也可以根据校情，确定拟重点建设哪些专业集群与拟培育哪些专业集群。

二 拓展专业集群建设的思维广度

（一）确立学科专业集群超级平台的"大舰战略"思维

建设适应创新驱动发展战略的学科专业集群超级平台的"大舰战略"[1] 思维充分体现了校地互动、产教融合理念，更加注重学科专业结构与社会需求的耦合关系，更加突出对接产业集群对人才培养的需求，基于政产学研用的学科专业集群超级平台是在更大的空间和更宽的视域打造区域高等教育与经济社会发展良性互动的局面。因此，专业集群强调立足地方，对接地方产业集群，又不限于对接地方产业集群，如果地方产业欠发达或没有形成集群，可以先着力聚集某些产业中的骨干企业，也可以将对接合作的视角延伸拓展到所在区域、省域甚至省外。

（二）确立基于学科交叉融合的多研究视角思维

从高等教育学、产业经济学、社会管理学等多学科领域研究专业集群、产业集群的特点与规律等相关问题。比如，从产业经济学角度研究产业集群的类型、特征及其与专业集群、产业链与创新链、资金链、人才培养链的关联，研究集群理念下的专业结构与区域经济社会发展、产

---

[1] 陈锋：《实施"大舰战略"：加快建设学科专业集群超级平台》，《中国高等教育》2016年第23期。

业革命、技术革命与社会变革的关联；又如，从社会管理学角度研究专业集群的管理体制与机制创新，基于大数据分析和高校案例分析的应用型高校专业集群研究，将更有针对性地解决问题，提出对策，进而提高应用型高校专业结构与服务地方产业结构的适切度；再如，各专业集群以数字化资源应用推广为抓手，构建以用户为中心的数字化资源支撑与服务体系，实现专业集群内的广泛共享，等等。

（三）确立基于专业集群的教学科研融合互促思维

推动集群专业与行业企业协作共建、协同育人、协同研究、协同创新。不仅围绕专业集群优化人才培养体系、教学工作体系，还要通过专业集群建设推进科学研究特别是应用型科研，对接创新链需要和地方智库搭建协同创新中心等科研服务平台，形成教学与科研齐头并进、相互促进、相互融合的局面。

（四）确立专业集群的内涵式发展思维

专业集群是高校内涵式发展的重要战略与举措，不仅仅是搭建框架、形成布局，更重要的是要抓好专业集群的内涵建设。因此，应用型高校要主动适应"专业为王"时代[①]的形势，主动对标专业类国家标准、专业综合评估指标体系、专业认证要求、新工科新医科新农科新文科等建设要求以及学生职业能力要求，抓好专业的规范化建设，抓好师资队伍建设、课程体系建设、人才培养模式创新、教学改革、课堂革命，推进高校内涵式发展，提高专业内涵建设水平。

（五）确立专业集群的区域内高校协同思维

应用型高校的专业集群大多数还处于布局与培育的初始阶段，一所高校专业集群不可能对接区域所有产业集群，一个专业集群内的专业也不可能与所对应的产业集群中每个区域产业链全部对接、全部覆盖。因此，推进专业集群建设需要区域高校之间加强协同合作，突破壁垒、汇聚资源，促进区域高校间相同相近专业形成集群合力，可以发挥各高校专家优势，成立区域高校专业集群建设专家委员会、专业集群建设教学协作委员会；发挥区域高校集群效应和各自专业优势，在对接区域产业链中共同补链、延链、强链，共建与区域产业集群及其产业链强对接、

---

① 顾永安：《"专业为王"时代：高校如何应对》，《教育发展研究》2018年第19期。

高契合、有特色的专业集群。

三 把准专业集群建设的创新维度

（一）重构专业集群对接产业集群的专业发展链条

充分发挥学校优势、特色、重点专业在专业集群建设中的龙头与带动作用，更加突出对接产业集群对应用型人才培养的需求，更加注重学科专业结构与社会需求的耦合关系，确定以产业链或产业链相关环节（如研发设计、生产经营、管理营销等环节）为主线构建专业集群。如，江西服装学院依托江西省重点学科服装设计与工程学科和在江西省本科专业综合评估中名列第一的服装与服饰设计、服装设计与工程专业为依托，以服装服饰设计、服装电商物流、服装营销管理、服装信息技术与智能制造、时尚传媒、文创设计、大环境艺术设计七个专业群，紧密对接服装设计、生产、管理、营销等产业链，对应服装设计、服饰设计、服装制版、服装工艺、面料设计、生产管理、服装表演、服装营销、服装陈列等职业岗位群，形成了对接并服务大服装产业与时尚产业集群的、集聚学校所有学科专业的、具有鲜明行业特色的专业集群构架与布局。又如，重庆科技学院根据产业链各板块主体岗位构建核心专业，形成学科专业集群。石油与天然气学科专业集群根据石油产业链各板块主体岗位（包括油气勘探的资源勘查工程、勘查技术与工程专业，油气开发的石油工程、海洋油气工程专业，油气输送的油气储运工程专业，油气加工的化学工程与工艺专业），构建了地—钻—采—输—炼全流程专业体系。

（二）重建与创新学校基层教学科研学术组织

专业集群作为一种新型学术组织形态，要求突破原有二级学院、系或二级学院、教研室的基层学术组织设置与管理机制，按照一切有利于应用型人才培养的宗旨，重新建立基于专业集群的行业学院或产业学院，如常熟理工学院等高校的行业学院、东莞理工学院和南京理工大学泰州科技学院等高校的产业学院都已经取得了初步成效，为国内应用型高校转型发展中基层学术组织创新作了有益探索；可以成立校政行企代表参与的学校专业集群理事会、各专业集群建设委员会，如河北民族师范学院、泉州师范学院都建立了校、院两级的组织并以章程或规章制度的形式对如何运行、如何保障予以明确；还可以探索基于专业集群的教授牵头、年轻教师和学生自愿参加的教授工作室模式，基于课程群等平台资源建设共享的教师团队合作模式，如广西科技大学鹿山学院机械专业集群教授工作室探索，等等。

（三）重塑学校管理体制和运行保障机制

专业集群建设必须健全对接产业、动态调整、自我完善的专业集群建设发展机制，建立健全多方协同的专业集群可持续发展保障机制。基于专业集群的形态布局与内涵建设的落实以及学校顶层设计、目标战略的实施，重新梳理符合应用型定位的办学制度体系，重新确立专业集群的组织管理体系，推进基于专业集群战略的校内管理体制改革，推进专业集群共享平台建设、共享课程开发，使管理体制与专业集群建设及相关改革呼应匹配、共同推进。如广东财经大学建立六大学科专业集群，使之成为集教学、科研和社会服务决策咨询功能于一体的学术权力机构。在学院层面，改变学科建设与专业建设割裂以及教学、科研、社会服务割裂的局面，建立健全了兼具教学、科研与服务社会功能的"一体化"管理机构和相应的运行机制，体现了"教学、科研、社会服务同向、协调、集约发展"的理念。

（四）重订集群内各个专业人才培养方案

专业集群完成基本布局架构、组织机制、管理制度等建立后，各相关专业集群建设委员会必须突破就一个专业办专业的孤立专业观，改变各专业各自为战的局面，统筹做好专业集群内各专业人才培养方案的顶层设计，基于专业集群战略思维，推进产业、学科、专业、课程一体化建设，集聚集约、共建共享人力资源、教学条件与平台资源、科研条件及平台资源等资源要素。要组织重新研制或修订集群内各个专业的人才培养方案，明确专业培养目标、毕业要求、课程体系、师资队伍、平台条件、质量保障的要求，特别要明确集群内各专业共享的课程平台、实验实训平台、科研创新平台与专业特色培育方向以及学生能力培养要求。

（五）重组专业集群的应用型课程体系

课程是专业建设的核心，课程体系的构建是专业建设的关键，专业集群建设要通过各群内专业的课程群来落实。在课程体系的构建中，必须组建专业集群内相关专业共建课程模块，构建集群内各专业共享的实验、实训、实践、实习基地与平台资源，实现专业集群内的师资调配使用的相互贯通与相互支撑。还必须把握工作岗位、课程性质和授课对象三者之间的关系。课程设置既要考虑工作岗位群和国家职业资格的相关标准，又要考虑帮助学生职业生涯和持续发展的需要，提高学生的专业迁移能力。通过"平台+模块"进行核心课程群的设计，以"平台"保证专业集群的基本规格和全面发展的共性要求，以"模块"实现不同专业（方向）人才的分流培养，实现不同专业的知识和能力培养目标。

四　加大专业集群的特色培育力度

（一）确立"建设专业集群就是培育办学特色"的新观念

一是办学特色，就是办学质量、办学优势和办学水平。在新时代全国高等学校本科教育工作会议上，教育部部长陈宝生希望应用型高校要根据办学传统、区位优势、资源条件等，紧跟时代发展，服务地方需求，在应用型人才培养上办出特色、争创一流。中国高等教育学会会长杜玉波认为要"以改进学科专业评价引导高校特色发展，高校要建设好与本校办学定位和办学特色相匹配的学科专业群"[1]。教育部高等教育教学评估中心明确要求应用型院校要坚持准确定位、特色发展原则，既要促进学校夯实"地方性、应用型"办学定位，主动服务区域、行业经济社会发展，明晰服务域和功能域；又要推动学校加强内涵建设，突出自身优势，实现创新发展、特色发展。在全国新建本科院校（含独立学院）都明确提出定位于"应用型"，呈现新的"同质化"的情况下，以特色求发展是对大学"同质化"的扬弃与超越[2]，以应用型为核心特质的中国新型大学办出特色成为必然选择。从专业与专业建设的主要作用来看，高校的办学特色体现在高校职能的各个方面，主要是办学定位、人才培养、学科建设、专业建设等方面的特色。基于学科与专业的特色就是应用型高校的核心特色。

二是从专业集群的概念及其与产业集群的关系来看，专业集群是对

---

[1] 柯进：《提升高等教育服务国家能力》，《中国教育报》2020年5月22日第1版。
[2] 王小梅：《理性对待我国大学"同质化"问题》，《文汇报》2016年9月23日第7版。

应产业集群上同一产业链、创新链的岗位（群）需求，按照群落状建设的原则，以与主干学科关联度高的核心专业（优势、特色专业）为龙头，充分融合若干个学科基础、工程对象与技术领域相同或相近的、具有内在关联的若干专业的有机组合。① 这里的"产业集群"及"产业链、创新链的岗位（群）需求"自身就具有很强的区域经济发展的特色，"与主干学科关联度高的核心专业（优势、特色专业）"既蕴含了学科自身建设方向的特色，也蕴含了核心、优势、特色、示范等不同专业建设项目与教学质量工程项目所要求的特色。

三是从国家相关文件来看，《关于引导部分地方普通本科高校向应用型转变的指导意见》明确提出"校企合作的专业集群实现全覆盖。按需重组人才培养结构和流程，围绕产业链、创新链调整专业设置，形成特色专业集群"。在文件中同时提出"专业集群"与"特色专业集群"，可以理解为专业集群建设的目标与成效就是要形成"特色专业集群"，也可以说，布局规划建设好专业集群就是提升专业与学校的核心竞争力，就是在打造、培育专业特色与学校特色。

（二）政府政策引导培育特色专业集群

将专业集群打造成办学特色，需要政府推动和政策引导等外力驱动。如，重庆市制定高等学校"三特行动计划"实施方案，市级财政设立专项资金，支持、引导特色专业项目建设。"三特行动计划"是指"特色专业、特色学科、特色学校"项目建设计划，其中的"特色专业"是在现有国家级和市级特色专业或学校重点打造的优势专业基础上进行申报，充分体现学校办学定位，在培养目标、师资队伍、课程体系、教学条件和培养质量等方面，具有较高的办学水平和鲜明的办学特色，有较好的办学效益和社会影响。"特色专业"建设期满后，市教委和市财政局将联合验收，验收合格的"特色专业"在同一学科的基础上，由2—3个特色专业继续组织申报"特色学科"，然后在"特色学科"群的基础上申报"特色学校"。在前述国家文件提出"特色专业集群"的同时，各省级政府或其教育主管部门等出台政策文件引导特色专业集群建设。福建、江苏、广西等已出台专业集群建设标准、管理办

---

① 顾永安：《应用本科专业集群——应用型高校转型发展的重要突破口》，《中国高等教育》2016年第22期。

法、评价指标体系等文件，开展了特色专业集群遴选建设或在转型示范校、特色高水平应用型大学建设中明确提出了特色专业集群建设要求；江苏省要求以"做优做特、必须急需、补短补缺、支撑支持"为原则，统筹布局应用型高校新工科专业点；又如，2017年2月10日，湖南省发布《湖南省全面推进一流大学与一流学科建设实施方案》，明确提出"加强全省统筹规划，分类指导，分步推进，引导和支持高校结合自身发展实际，按照综合研究型、学科特色型、地方应用型、技术技能型等不同类型，找准发展定位，突出发展重点，在不同层次、不同类型中争创一流。"把学科分成优势学科、应用特色学科、特色专业群等三个层次，并确定世界一流大学或世界特色大学、国内一流大学或国内特色大学、国内一流应用学院、国内一流高职学院等四种定位。该方案强调："学科引领，突出特色，服务需求。以一流学科支撑引领一流专业建设，把一流学术团队和一流研究成果转化为一流的教学资源。发挥专业集聚效应，建设一批能提升、引领产业的特色专业群。"

（三）应用型院校自主探索特色专业集群

将专业集群建设成办学特色，还需要应用型高校自身内在的积极探索、不断创新。如，常熟理工学院2004年升格本科伊始就做好专业结构的谋篇布局，规划设计了适应苏南区域经济社会发展需求的六大应用工科专业集群，在全国新建本科院校中率先创新并开展了基于专业集群的行业学院人才培养机制与模式探索，该校具有校本特色的相关成果获得了2018年国家高等教育教学成果二等奖。又如，泉州师范学院提出"三个层面协同成长、三个维度同步发展"的学科专业集群与特色发展并进的思路，即"应用型人才培养专业集群与行业企业、应用型重点学科与支柱产业、服务产业特色专业与产业领域的协同成长、同步发展"，既打造了基于学科基础、对接行业产业的专业集群，又培育了学科专业建设与人才培养等方面的特色，创新了基于不同专业集群的具有校本特色的"校校企""政校企""侨校企"人才培养模式。再如，东莞理工学院强化学科支撑，着力打造特色学科专业集群取得显著成效。特色学科专业集群是学校新工科建设的基本支撑，学科专业是人才培养、科学研究和社会服务等活动开展的平台，随着新一轮科技革命和产业变革的加速推进，学科专业发展由分割独立转向跨界交叉融合成为新工科建设的基本要求。学校在学科专业设置和改革过程中，紧密对接区域先进制造业集群等新兴产业集群，通过打造龙头学科集群、培育新兴学科集群和发展特色学科集群等方式，初步构建了由智能制造学科专业集群、绿色低碳学科专业集群和创新服务学科专业集群为核心的三大特色学科专业集群，形成了适应支撑和引领区域产业创新发展的新工科建设生态。

在高职院校中，深圳职业技术学院坚持联合行业龙头企业、领军企业，致力共建一批跻身国际先进水平的专业群。为保障企业深度参与办学，支持每个专业群围绕产业链、创新链的核心需求和关键技术，联合一家世界500强企业或行业龙头企业、领军企业，共建一所特色产业学院，并将特色产业学院作为核心平台，形成共建共享、稳定持续的合作模式，推动校企育人、产教融合真正落地。首批重点支持通信技术专业群与华为合作共建"华为ICT学院"，新能源汽车技术专业群与比亚迪合作共建"比亚迪应用技术学院"，数字贸易专业群与阿里巴巴合作共建"阿里巴巴数字贸易学院"，金融科技专业群与平安科技合作共建"平安金融科技学院"，数字图文信息技术专业群与裕同科技合作共建"裕同数字图文学院"，城市生态环境专业群与天健合作共建"天健建工学院"，物流管理专业群与招商局集团合作共建"海丝学院"，智能制造专业群与三诺集团合作共建智慧生活学院。[①]

这些院校探索的案例都充分体现了通过专业集群建设凸显办学特色和落实特色办学的思想与理念。

五　达成专业集群建设的价值向度

（一）提升专业集群服务地方支撑度

产业集群的链状结构催生了高等教育的链式服务，进而影响着高等教育的学科专业布局和科研等组织结构。专业集群打破了将专业建设封闭于高校内部的传统做法，要求应用型高校主动对接地方产业群、产业链，适应地方产业发展需求，按照"扶需、扶特、扶强"的原则，调整专业结构，确定专业发展重点和特色，关注专业价值对产业价值的贡献，

---

① 杨欣斌：《基于特色产业学院的校企双元育人模式探索》，《中国职业技术教育》2019年第31期。

把产业贡献力大、价值创造力高、结构带动力强的学科专业作为重点突破，形成若干个服务产业特色专业集群。通过以专业集群为重点的发展战略提升专业建设水平，建成对区域和产业发展具有较强支撑作用的高水平应用型院校，通过专业集群进行人才培养实现促进支撑区域产业群转型升级的价值，通过提升人才支撑能力和服务区域能力来提升为区域经济社会发展的贡献度。可以说，专业集群建设是应用型高校更好地突出"服务社会"理念与职能、有效服务区域经济社会发展的重要抓手。

（二）提升专业集群人才培养契合度

高水平的专业集群往往具有专业设置与产业契合度高、专业师资水平高、专业服务社会能力高、专业报考率高、专业就业率高和人才培养质量高等特点。从产业发展来看，产业集群发展需要应用型高校及时做好专业人才需求分析，需要加强对人才的规划力度，并与区域产业集群的产业规划结合起来。[①] 从高校角度来看，传统单一专业培养人才的模式已经不能适应产业发展对人才的新要求，要求应用型高校适应新变化新要求，培养与产业集群发展契合度高的，具备较广的产业上下链知识、较强的专业技能的高素质应用人才。从学生来看，形成专业集群优势，可以促进跨学科、跨专业以及与行业产业的深度合作互动，促进一流的专业建设和本科教学，提升专业建设水平，拓展和延伸学生未来基于专业创业与就业的职业空间。同时，专业集群适应了学生将来在产业集群、产业链中的相近职业岗位群中流动性的需求，增强了学生就业市场适应性和专业竞争力，也为实现学生高质量就业与高质量发展奠定了基础。

（三）提升专业集群资源配置的有效度

专业集群是围绕人才培养质量的一个知识共同体、资源共同体[②]，专业集群"共同体"的特征、"群"化发展的模式、集约化发展的理念，要求应用型高校集聚学科专业资源、行业产业资源，从专业的散点式设置到专业的集群式发展、从"小舢板"到"大舰"的集约发展。集群集约发展的意义体现在：一是有利于形成专业与学科互促发展机制和学科专业一体化建设机制，发挥重点学科特别是特色学科、产业学科

[①] 张杰：《提高专业集群与产业集群的匹配度——基于政府职能的视角》，《中国高校科技》2017年第7期。

[②] 吴仁华：《应用型本科高校专业集群建设探究》，《高等工程教育研究》2016年第6期。

对专业和专业集群的支撑作用；二是有利于按照专业集群带头人—专业带头人或专业负责人—课程或课程群骨干教师三个层次配备和建好教师队伍；三是有利于资源（实验实训实践实习、教学科研平台建设等）合理配置与利用以及有限经费的有效投入。可以说，专业集群是学校优化资源配置的顶层设计，优化资源配置首先要有一个科学合理的专业集群布局与架构，这样才能形成对学校的人力、财力和物力的科学合理分配，才能为最大化发挥各项资源效益提供可能。

（四）提升专业集群品牌传播的美誉度

与市场高度契合具有学校特色的专业集群建设，是应用型高校实施差异化竞争和塑造核心竞争力的战略举措。专业集群建设的水平折射的是一所学校特色办学的能力，学校自主定制和打造校本式的专业集群是破解"千校一面"瓶颈的利器。专业集群建设要聚集应用型高校与区域经济社会的力量，聚焦校地双方的特色、优势，按照"市场导向、地方需求、产业对接、集成建设、特色发展"的原则，针对不同的产业链各环节或层次的人才需求，构建符合不同高校特色的专业集群，使专业集群更好地对接产业集群、融入产业链与创新链；围绕特色专业集群开展产业（行业）学院应用型人才培养探索，使产业（行业）学院办出特色；围绕行业需求发展特色专业，使一批特色专业形成优势、品牌，更好地服务人才培养和服务区域与行业发展。

六　提升专业集群建设的质量保障度

（一）遵循专业建设的质量保障要求

目前，关于教学质量保障体系的相关研究与实践大多数停留于学校或二级学院层面的质保体系构建，而着力聚焦专业与专业集群层面加强质保监控与体系构建的研究与实践很少。

专业集群的各个专业在建设过程中，其各个环节各个要素必须建立标准与规范、职责与要求、程序或流程，也就是说要遵循一般专业建设质量保障体系的共性要求，以保障专业建设自身的质量；同时，由于专业集群又有区别于单个专业的特殊性，作为专业集群自身能够有较高的质量保障度，还要取决于专业集群内外各种关系把握及各方面作用的发挥，比如专业集群与产业集群的对接度、人才培养与产业需求的适应度以及集群内核心专业或主干专业对其他专业的示范性与引领度、集群内各个专业之间的关联度、支持度，等等。

（二）全面强化专业或专业集群的保障

从专业与专业集群层面来说，在组织保障上，要建立二级学院质保的组织架构和督导组织，特别是基于专业或专业集群的基层教学组织如教研室、课程组、实验室、集群工作室，等等；在制度保障上，除了遵循与落实学校、二级学院的制度，要建立各专业或专业集群的实验室建设、管理、教学等一系列制度，要特别重视制订各专业或专业集群的人才培养方案、执行计划及各种教学检查制度保障；在教学过程保障上，要加强课堂教学、实验教学、实践教学、第二课堂建设；在师资保障上，不同定位的专业，师资保障要求不同，要构建符合学校、学院、专业目标定位的师资队伍；在资源保障上，校内要保障专业或专业集群足额的建设经费、足够的教学设施、实验室、课程资源、网络资源、图书资源，校外要加强专业或专业集群的实习基地、校企合作平台、学生社会实践基地建设。

（三）对标专业认证的理念指标要求

专业认证是专业建设质量的外部保障机制，也是推动建设持续改进的质保机制，更是人才培养质量达标的权威证明。兼具监测诊断、改进提高和宏观管理功能，通过专业认证是专业建设达到高质量与高水平的最重要标志。专业集群内的核心专业要率先参加专业认证，其他所有专业都要对标做好开展专业认证的准备工作。"以学生为中心、产出导向、持续改进"的专业认证的理念是国际上通用的公认的OBE理念，也是对所有专业建设的总体要求。专业认证旨在规范引导专业建设，建立质量保障体系，提高人才培养质量。其基本逻辑是坚持以学生发展为中心，以培养目标、毕业要求为导向，以课程、实践、师资、条件与质保为支撑，以人才培养质量持续改进和提升为目的。

（四）探索建立专业集群的质保机制

专业集群的深度推进需要加强其自身的（而不是限于专业的）质量保障机制建设。可以制定相关制度，由专业集群委员会成员或聘请其他专家定期对专业集群整体服务产业链的能力、人才培养工作对产业链需求的适应度进行自我评估，并根据评估结果改进专业集群的整体工作，对相关专业集群建设负责人或二级学院负责人提出改进的建议。可以建立专业集群内部各专业在教学质量监控上的协同机制；建立基于专业集群的教学诊断与改进机制；探索构建由学生、教师、督导、学校、企业等校内外多方参与的多元化开放式质量评价体系；构建闭环有效的专业教学质量保障体系。

（五）培育扎根于学校文化的质量文化

专业集群建设要基于专业文化培育建设形成有特色的专业集群文化，而这些有特色的专业集群文化就是学校质量文化的重要内容。要制定落实应用型人才培养各主要环节的质量标准并有效执行，建立由学校、行业企业和社会机构等办学利益相关方共同参与的内部质量保障机制，建立引入有资质的社会机构对专业集群及专业建设质量进行第三方评价机制，建立专业集群建设的校本评估制度、本科教学质量和毕业生就业质量年度报告发布制度、毕业生跟踪反馈机制并有效运行、持续改进，形成闭环管理，牢固树立质量立校发展战略和全员质量意识，将"质量至上"的核心价值观落实到专业集群建设及人才培养乃至大学办学的各个环节，培育形成专业文化与专业集群文化，进而形成扎根于大学文化、融入大学文化的自觉、自省、自律、自查、自纠的质量文化。

参考文献

一 著作类

[美]伯顿·克拉克:《大学的持续变革:创业型大学新案例和新概念》,王承绪译,人民教育出版社2008年版。

布和朝鲁:《西部民族地区自然资源禀赋与经济可持续发展》,民族出版社2011年版。

曹长德:《教育哲学》,中国科学技术大学出版社2015年版。

陈则孚:《知识资本理论、运行与知识产业化》,经济管理出版社2003年版。

[美]德里克·博克:《走出象牙塔:现代大学的社会责任》,徐小洲、陈军译,浙江教育出版社2001年版。

冯波编:《西方古典社会学理论》,中国传媒大学出版社2016年版。

甘润远:《螺网理论:经济与社会的动力结构及演化图景》,复旦大学出版社2016年版。

顾明远:《教育大辞典》,上海教育出版社1998年版。

顾永安等:《新建本科院校转型发展论》,中国社会科学出版社2012年版。

胡建华:《现代中国大学制度的原点:50年代初期的大学改革》,南京师范大学出版社2001年版。

[法]皮埃尔·布迪厄、华康德:《实践与反思——反思社会学导引》,李猛、李康译,中央编译出版社2004年版。

黄家庆、黄孙庆:《服务广西海洋经济发展探索》,广西人民出版社2012年版。

黄利秀、张华忠:《产业经济学》,西安电子科技大学出版社2018

年版。

贾东荣：《转型、竞争与新型大学发展》，知识产权出版社 2018 年版。

巨荣良、王丙毅编著：《现代产业经济学》，山东人民出版社 2009 年版。

李安增：《中国共产党现代化理论研究》，陕西人民出版社 2008 年版。

李婧：《管理学》，上海社会科学院出版社 2017 年版。

李岚：《人文生态视野下的城市景观形态研究》，东南大学出版社 2014 年版。

李丽、康晶：《不做新课改的守望者——新课程背景下教师专业成长的探索》，克孜勒苏柯尔克孜文出版社 2009 年版。

廖益：《大学学科专业评价》，广东教育出版社 2014 年版。

林强：《产融结合新思维》，知识产权出版社 2017 年版。

林玉体：《美国高等教育之发展》，高等教育文化事业有限公司 2002 年版。

刘自团：《中国不同群体大学生择校问题研究》，福建教育出版社 2012 年版。

［美］迈克尔·波特（Michael E. Porter）：《国家竞争优势》，李明轩、邱如美译，华夏出版社 2002 年版。

潘懋元、王伟廉：《高等教育学》，福建教育出版社 1995 年版。

全国十二所重点师范大学联合编写：《教育学基础》，教育科学出版社 2014 年版。

史宝娟、郑祖婷、张立华、郑亚男：《京津冀生态产业链的构建及优化研究》，冶金工业出版社 2018 年版。

涂宝军：《大应用观与应用型人才培养：哲学意蕴·逻辑起点·实现路径》，南京大学出版社 2019 年版。

王曼怡：《我国特大城市 CBD 金融集聚差异化发展研究》，中国金融出版社 2016 年版。

王前新、刘欣：《新建本科院校运行机制研究》，科学出版社 2007 年版。

吴康宁：《教育社会学》，人民教育出版社 1998 年版。

许智勇：《高等学校实验室管理理论与实践》，吉林大学出版社 2018 年版。

余敬、刁凤琴、张琦等：《管理学》（第三版），中国地质大学出版社 2016 年版。

战炤磊：《资源禀赋、空间集聚与植物油加工业全要素生产率变化研究》，东南大学出版社 2016 年版。

郑健壮：《基于资源整合理论的制造业集群竞争力研究》，武汉理工大学出版社 2005 年版。

二 论文类

《高校办学自主权落实情况评估研究》课题组、吴景松：《"放管服"改革：高等教育治理机制创新的基石》，《中国高等教育》2020 年第 Z1 期。

毕燕、胡宝清：《资源与环境类国家特色专业群建设实践与思考》，《中国大学教学》2010 年第 8 期。

陈锋：《实施"大舰战略"：加快建设学科专业集群超级平台》，《中国高等教育》2016 年第 23 期。

陈肃：《基于专业群视角的电大教学团队建设》，《中国远程教育》2011 年第 4 期。

陈星：《应用型高校产教融合动力研究》，博士学位论文，西南大学，2017 年。

陈运生：《产教融合背景下高职院校专业群与产业群协同发展研究》，《中国职业技术教育》2017 年第 26 期。

单以才：《适应我国工业机器人产业发展的高职专业集群建设研究》，《职业教育研究》2017 年第 11 期。

丁金昌、童卫军：《关于高职教育推进"校企合作、工学结合"的再认识》，《高等教育研究》2008 年第 6 期。

丁宗胜：《高职院校专业群构建的逻辑研究——以旅游管理专业群为例》，《职业技术教育》2014 年第 2 期。

董立平：《地方高校转型发展与建设应用技术大学》，《教育研究》2014 年第 8 期。

董淑华：《与企业价值链协同的专业群建设研究》，《当代教育科学》2012 年第 19 期。

樊本富：《生态环境与高等教育的发展——人口、资源、环境对高等教育的制约与适应》，《江苏高教》2007 年第 2 期。

范国睿、王加强：《当代西方教育生态问题研究新进展》，《全球教育展望》2007 年第 9 期。

范玉鹏、余小波：《大学文化生态及其优化》，《大学教育科学》2018 年第 6 期。

方大春、王海晨：《新常态下产业转型升级对人才培养的新要求及对策建议》，《对外经贸》2017 年第 3 期。

方飞虎、潘上永、王春青：《高等职业教育专业群建设评价指标体系构建》，《职业技术教育》2015 年第 5 期。

冯向东：《学科、专业建设与人才培养》，《高等教育研究》2002 年第 3 期。

高葵芬、黄振杰、辜跃辉：《高职院校"校、院（系）、专业（群）、教学团队"教学管理组织模式构建》，《职业技术教育》2014 年第 23 期。

龚放、范利群：《高等教育改革"中层突破"的成功尝试——1996 年江苏高等教育率先扩大招生的政策分析》，《江苏高教》2013 年第 4 期。

顾永安：《"专业为王"的时代：高校如何应对》，《教育发展研究》2018 年第 19 期。

顾永安：《新建本科院校办学定位的特性探析与启示——基于江苏省新建本科院校的调查研究》，《中国高教研究》2009 年第 8 期。

顾永安：《新建本科院校转型发展的核心要义、目标趋向与根本指向》，《河北民族师范学院学报》2014 年第 4 期。

顾永安：《应用本科专业集群——地方高校转型发展的重要突破口》，《中国高等教育》2016 年第 22 期。

顾永安：《应用型本科院校"双一流"建设"常熟共识"》，《重庆高教研究》2019 年第 1 期。

顾永安：《应用型高校推进专业集群建设的思考》，《高等工程教育研究》2019 年第 6 期。

顾永安：《应用型院校推进专业集群建设机制创新的思考》，《国家教育行政学院学报》2020 年第 8 期。

顾永安：《专业结构研究现状及其对地方本科高校转型发展的启示——基于文献计量统计和知识图谱分析》，《社会科学家》2017 年第 7 期。

顾永安：《转型视域下新型大学内部管理体制改革的思考》，《应用型高等教育研究》2016年第1期。

关丽梅：《地方高校转型背景下的学科专业群建设研究》，《继续教育研究》2014年第12期。

何莉莎：《"双一流"建设背景下高职院校创新发展研究》，《职业技术教育》2018年第4期。

何丽丽：《目标贯通与融合：高职专业群"课程思政"改革路径》，《中国职业技术教育》2019年第29期。

胡赤弟：《论区域高等教育中学科—专业—产业链的构建》，《教育研究》2009年第6期。

胡俊平、顾京、吴兆明：《高等职业教育"双高"建设的要义、表征和策略》，《江苏高教》2019年第11期。

胡俊平、钱晓忠、顾京：《基于智能制造系统架构的高职专业集群建设》，《中国职业技术教育》2019年第17期。

黄家庆：《论广西海洋产业群发展与涉海学科专业群构建的契合》，《广西社会科学》2011年第12期。

黄瑾：《走向文化生态取向的教师发展研究——来自人类发展文化本质理论的启示》，《学前教育研究》2009年第1期。

黄琳、隋国辉、王榕：《应用型转型背景下高校产教融合困境的破解机制研究》，《黑龙江高教研究》2019年第2期。

黄启良：《对接产业链的职业院校服装专业群联动实训基地建设研究》，《中国职业技术教育》2017年第31期。

黄影秋：《高职院校专业群与产业群的协同创新发展探讨》，《职业技术教育》2017年第14期。

柯进：《提升高等教育服务国家能力》，《中国教育报》2020年5月22日第1版。

孔德兰：《构建以专业群为单元的校企合作有机体的实践与思考》，《中国高教研究》2011年第10期。

雷培梁：《打造应用型本科高校建设的"校地共同体"》，《中国高等教育》2018年第20期。

李北群：《产教融合试验区的创新与实践》，《中国高等教育》2017年第 8 期。

李成忠、杭瑞友、唐春根：《产教深度融合，共建"现代农牧专业群"的创新与实践——以江苏农牧科技职业学院为例》，《黑龙江畜牧兽医》2018 年第 4 期。

李金华：《德国"工业 4.0"背景下中国制造强国的六大行动路径》，《南京社会科学》2016 年第 1 期。

李林：《高职专业群建设评价体系构建研究》，《教育评论》2017 年第 8 期。

李宇、陆艳红、周晓雪：《产业集群中的企业家导向、有意识的知识溢出与集群企业知识资本》，《中国软科学》2017 年第 12 期。

李忠华、李新生：《基于系统动力学的产业集群与专业集群耦合发展》，《中国职业技术教育》2019 年第 8 期。

李忠华、张翠莲：《专业集群与产业集群耦合途径研究》，《广东职业技术教育与研究》2019 年第 4 期。

林蕙青：《一流大学要办好一流本科教育》，光明日报 2016 年 5 月 17 日。

刘芳：《高职信息类专业群"实训、实战、实体"实践教学体系构建》，《职业技术教育》2015 年第 11 期。

刘刚：《行业法治研究》，博士学位论文，吉林大学，2019 年。

刘海峰、顾永安：《我国应用技术大学战略改革与人才培养要素转型》，《职业技术教育》2014 年第 10 期。

刘海峰、李娟：《应用技术型高校学科专业群建设研究》，《天中学刊》2015 年第 4 期。

刘强、刘明维等：《地方应用型本科院校产学合作育人体系的构建——基于上海工程技术大学产学合作教育的探索》，《中国职业技术教育》2019 年第 1 期。

刘献君、魏署光：《院校研究中国化：问题、理论与实践——刘献君教授专访》，《苏州大学学报》（教育科学版）2015 年第 1 期。

刘小强：《高等教育学学科分析：学科学的视角》，《高等教育研究》2007 年第 7 期。

刘欣：《走向工业 4.0 时代的大学人才培养耦合机制》，《国家教育行政学院学报》2017年第7期。

柳友荣、项桂娥、王剑程：《应用型本科院校产教融合模式及其影响因素研究》，《中国高教研究》2015年第5期。

罗勇武、刘毓、肖冰等：《高职院校专业群研究现状述评》，《职教论坛》2008年第11期。

马成荣、孙杨：《"双高计划"视域下高职院校专业结构优化调整的路径与策略》，《职业技术教育》2019年第24期。

马廷奇、李蓉芳：《知识生产模式转型与人才培养模式创新》，《高教发展与评估》2019年第5期。

马正兵、朱永永、廖益等：《新建地方本科院校转型发展中的专业集群建设模式研究》，《重庆第二师范学院学报》2015年第1期。

梅亚明：《高校专业群的集约建设》，《教育发展研究》2006年第17期。

聂强：《专业群引领下的"双高计划"学校建设策略》，《教育与职业》2019年第13期。

聂瑞芳：《高职院校校际专业集群建设探究》，《教育与职业》2015年第25期。

庞艳桃：《高新技术企业可持续成长机理研究——基于企业生命周期理论的分析》，博士学位论文，武汉理工大学，2009年。

彭世华：《试论高职高专院校的专业结构优化》，《中国职业技术教育》2010年第21期。

平和光：《高职院校高水平专业群组建的基本逻辑》，《职业技术教育》2019年第19期。

祁红志、张金标：《模具专业群高技能人才工学结合培养模式的探索与实践》，《中国职业技术教育》2012年第35期。

任占营：《高职院校专业群建设的变革意蕴探析》，《高等工程教育研究》2019年第6期。

任占营：《新时代高职院校强化内涵建设的关键问题探析》，《中国职业技术教育》2018年第19期。

沈建根、石伟平：《高职教育专业群建设：概念、内涵与机制》，《中国高教研究》2011年第11期。

孙峰：《专业群与产业集群协同视角下的高职院校专业群设置研究》，《高等教育研究》2014年第7期。

孙凤敏等：《高职教育高质量发展、高水平办学、高标准引领的新思路——2019年全国高职教育研究论坛综述》，《职业技术教育》2019年第36期。

孙毅颖：《高职专业群建设的基本问题解析》，《中国大学教学》2011年第1期。

童宏祥：《高职国际商务专业群构建实证研究——基于协同学原理与工作过程导向》，《中国成人教育》2011年第9期。

童昕、陈爱志：《专业集群化建设助推高校向应用型转变》，《教育评论》2017年第11期。

王定华：《我国高校师范类专业认证的缘起与方略》，《中国高等教育》2019年第18期。

王福君、于莹莹：《应用型高校专业群发展态势与内在机理》，《现代教育管理》2019年第5期。

王建华：《高等教育的应用性》，《教育研究》2013年第4期。

王俊山、杨天英：《基于专业群理念的校内实训基地建设研究》，《教育理论与实践》2009年第30期。

王书敏、郑士远、徐强等：《新建地方本科高校模型嵌入式特色专业集群构建与实践》，《实验技术与管理》2015年第9期。

王小梅：《理性对待我国大学"同质化"问题》，《文汇报》2016年9月23日第7版。

王哲：《知识资本理论研究述评》，《科技管理研究》2009年第12期。

王正勇、柳兴国、吴娟：《基于成果导向的专业群"平台+模块"课程体系构建》，《中国职业技术教育》2020年第2期。

魏明：《集群思想下区域职业教育专业建设逻辑》，《教育与职业》2014年第18期。

温宏愿、孙松丽、刘超：《工业机器人专业集群建设探索与实践》，《高等工程教育研究》2019年第3期。

吴吉东：《高职院校专业群建设视域下的教师发展研究》，《职教论坛》2014年第5期。

吴仁华：《应用型本科高校专业集群建设探究》，《高等工程教育研究》2016年第6期。

吴升刚、郭庆志：《高职专业群建设的基本内涵与重点任务》，《现代教育管理》2019年第6期。

吴小蕾：《高职院校专业群协同创新模式研究》，《教育与职业》2009年第23期。

徐国庆：《基于知识关系的高职学校专业群建设策略探究》，《现代教育管理》2019年第7期。

徐生、王怀奥、梁蓓：《高职专业集群背景下的学习领域课程开发与实施》，《职业技术教育》2010年第23期。

闫广芬、王红雨：《优质高等教育资源的获得及影响因素分析——从社会分层的视角出发》，《现代大学教育》2012年第1期。

杨保成：《数字化转型背景下地方应用型本科高校的教育创新与实践》，《高等教育研究》2020年第4期。

杨红玲：《协同创新视角下促进教师知识共享的专业群建设》，《教育与职业》2014年第35期。

杨欣斌：《基于特色产业学院的校企双元育人模式探索》，《中国职业技术教育》2019年第31期。

杨云：《高职教育专业群建设研究》，《教育与职业》2016年第21期。

应智国：《论专业群建设与高职院校的核心竞争力》，《教育与职业》2006年第14期。

于洪霞：《毕业生就业情况与高校专业调整——基于教育的经济价值与社会价值的分析》，《高等教育研究》2010年第12期。

余东升、郭战伟：《专业教育：概念与历史》，《高等工程教育研究》2019年第3期。

袁洪志：《高职院校专业群建设探析》，《中国高教研究》2007年第4期。

袁靖宇：《高校人才培养方案修订的若干问题》，《中国高教研究》2019年第2期。

原宪瑞：《品牌专业群建设中的政府作为与院校行动》，《中国职业技术教育》2014年第25期。

张栋科、闫广芬:《高职专业群建设:政策、框架与展望》,《职业技术教育》2017年第28期。

张福学、董向荣:《国外知识资本理论研究进展》,《情报理论与实践》2002年第1期。

张辉:《产教融合的方法学研究:机理与逻辑》,《中国职业技术教育》2019年第31期。

张杰:《提高专业集群与产业集群的匹配度——基于政府职能的视角》,《中国高校科技》2017年第7期。

张君诚、许明春:《应用型院校专业群建设的思维和路径选择分析》,《国家教育行政学院学报》2017年第5期。

张晞、顾永安:《地方本科高校专业集群布局与建设的探索与思考——基于常熟理工学院的案例分析》,《中国职业技术教育》2018年第11期。

张晞、顾永安、张根华、邱竹:《新建本科院校专业结构发展现状及优化途径研究——基于江苏省12所新建本科院校的实证分析》,《职业技术教育》2016年第24期。

张新民、罗志:《高职专业群建设的机理、理论、动力和机制》,《职教论坛》2016年第27期。

张兄武:《高校文科本科专业应用性研究》,博士学位论文,苏州大学,2015年。

章建新:《职业联系视角下高职专业群建设的效应分析与提升对策》,《职教论坛》2016年第12期。

赵莉莉、王为正:《人力资本理论视角下地方本科院校提升服务区域经济能力的策略探究》,《黑龙江高教研究》2018年第4期。

赵昕、张峰:《基于产业集群的职业教育专业集群基本内涵与特征》,《职业技术教育》2013年第4期。

郑哲:《关于高职校际专业集群的思考》,《河南教育学院学报》(哲学社会科学版)2012年第4期。

中国教育科学研究院课题组、曾天山、聂伟等:《未来五年我国教育改革发展预测分析》,《教育研究》2015年第5期。

钟健:《高职高专的基层教学组织重构与运行机制》,《深圳职业技术学院学报》2014 年第 2 期。

周桂瑾：《高职院校专业群建设模式的研究与实践》，《职业技术教育》2017 年第 29 期。

周建松：《高职院校主体专业（群）校企合作综合体建设的探索——以浙江金融职业学院金融专业（群）为例》，《现代教育科学》2011 年第 7 期。

周劲松：《基于专业群的高职"平台＋模块＋方向"课程体系开发》，《职业技术教育》2013 年第 8 期。

周丽、白娟：《现代旅游服务业专业群背景下实践教学体系研究》，《中国职业技术教育》2013 年第 23 期。

朱士中：《应用型本科人才培养的机制与模式创新——以常熟理工学院行业学院探索为例》，《江苏高教》2016 年第 5 期。

朱双华、陈慧芝：《瞄准汽车产业打造特色专业群的构想与实践——以株洲职业技术学院为例》，《中国职业技术教育》2011 年第 18 期。

朱正茹：《错位发展：新时期高职院校高质量发展的战略选择》，《中国职业技术教育》2019 年第 31 期。

左武荣：《借鉴 KAS 培训法构建高职国贸专业群课程体系》，《中国成人教育》2015 年第 3 期。

后 记

  2016 年，我应教育部学校规划建设发展中心之邀，参加国家"十三五"应用型本科高校产教融合发展工程拟入选 100 所高校材料审读工作，重点审读了各个入选高校的专业集群建设实施方案，发现各高校在对专业集群的理解上存在着很大偏差甚至错误的认识。其时，就萌发了研究应用型院校专业集群的想法。5 年来，在新建本科院校本科教学工作评估、转型发展指导、发展规划研制、院校研究调研中，我一直持续关注和思考应用型院校专业集群建设的相关问题。此间，我应邀到多所高校做专业集群的专题报告，在教育部学校规划建设发展中心组织的 4 期专业集群研修班讲学并担任首席专家，访谈了数十位高校校领导、中层干部及专业集群负责人，召开了多所高校的专业集群负责人座谈会，参加了河北民族师范学院等高校专业集群实施方案论证研讨会、深化专业集群建设工作推进会，收集了国家和省区市的相关政策文件、一些高校的专业集群建设规划、实施方案、院校案例、工作报告及学术期刊研究论文，并对这些资料进行了认真研读与分析。

  近年来，我在《中国高等教育》《高等工程教育研究》《国家教育行政学院学报》《中国职业技术教育》等期刊发表了多篇专业集群的研究论文，这些论文得到了应用型院校领导、教师及高等教育研究者的关注与好评。其中，2016 年发表在《中国高等教育》的《应用本科专业集群——地方高校转型发展的重要突破口》成为"专业集群"研究方面被引量和下载量最高的论文。

  基于前期的考察调研与理论研究，我对应用型院校专业集群理论研究状况及实践问题有了比较全面的认识，应用型院校对寻求破解专业集群建设困境之策的迫切性、对期望并呼唤加强专业集群建设理论指导的迫切性，让我作为一名应用型高等教育研究者感觉到更加有必要、更加有责任去深入开展专业集群研究，也让我对比较系统地思考专业集群理论与实践问题充满了信心。

2020年初，正值寄托我全家希望与未来的小生命出世，又遇国内新冠肺炎疫情，我积极响应党中央和政府号召"居家宅家防疫"，在关注疫情态势、陪护新生成长的同时，每天抽出时间静心思考和闭关写作，在研究团队成员的协助与支持下，经过数月几近封闭式的写作，于2020年5月7日完成了专著的初稿。2020年6月18日完成第三稿的修改之后，我将书稿"搁置""冷处理"了半年多的时间。此间，我并未停止对相关领域的关注与思考，又有针对性地查阅了更多文献资料，调研了多所高校，并在教育部学校规划建设发展中心专题研讨班、全国新建本科院校联盟第20次学术研讨会等做了多场关于应用型院校专业集群的专题报告，交流了阶段性研究成果，得到了全国应用型院校校领导、老师和高等教育研究同仁的普遍关注和一致好评。

本书是常熟理工学院教育学重点学科建设的成果，也是《江苏高教》编辑部＆常熟理工学院高等教育研究协同创新中心、河南省高校人文社科重点研究基地黄淮学院应用型本科高校产教融合发展研究中心、中国高等教育学会院校研究分会应用型院校研究中心等研究基地的成果。我在研究与写作过程中，得到了课题组和研究团队成员的大力支持，范笑仙参与了书稿审校工作，张晞、王中教、范笑仙参与了部分章节的写作，各章著者分别为：绪论，顾永安；第一章，顾永安、张晞；第二章，顾永安；第三章，王中教、顾永安；第四章，顾永安、王中教；第五章，顾永安；第六章，顾永安；第七章，顾永安、范笑仙；第八章，顾永安；结语，顾永安。

应用型院校专业集群研究与本书写作得到了各方的指导、关心与支持，在此一并致谢！

感谢教育部教育发展研究中心副主任、学术委员会主任、博士生导师马陆亭应允作序并给予精心指导；感谢华中科技大学刘献君教授、陈廷柱教授，中国高等教育学会院校研究分会理事长张安富教授、安徽大学蔡敬民教授、教育部学校规划建设发展中心刘志敏教授、南京大学龚放教授、南京师范大学胡建华教授、苏州大学周川教授、北京大学郭建如教授、厦门大学刘振天教授、王洪才教授等专家学者的关心、指导与帮助。

感谢教育部学校规划建设发展中心、教育部教育教学评估中心提供学术交流研讨、院校深度评估考察的平台与机会，让我从所有评估、调研、考察过的高校以及各位领导、老师和专家身上学习了很多宝贵的知识与经验，并给我的研究以丰厚的积累和有益的启发。感谢为专著研究提供案例的所有单位及相关校领导和职能部门负责人的支持与协作。

感谢常熟理工学院许霆教授，他是常熟理工学院升本之后的首任党委书记，也是当时常熟理工学院构建6大工科专业集群的首倡者之一。在初稿完成之后，许霆教授提出了非常有价值的修改意见。感谢常熟理工学院校领导和常熟理工学院师范学院领导对应用型院校研究中心工作的关心与支持。

感谢中国社会科学出版社王茵副总编（她是我2012年在该出版社出版《新建本科院校转型发展论》的责任编辑）、李沫编辑为专著出版付出的辛勤劳动，是她们的共同努力使专著得以顺利出版。

特别感谢我的爱人在非常特殊和非常艰难的时期对我从事学术研究工作的支持与奉献！我要特别地将此新著送给新生的小宝和远行的大宝。他们永远都是我的骄傲、精神支柱和前行动力！

目前，应用型院校专业集群建设和相关研究都处于初始阶段和探索时期。作为应用型院校专业集群建设方面的第一部系统性论著，本书尝试通过比较全面、系统、深入的研究，来构建我国应用型专业集群建设的理论体系，并形成具有开拓性、创新性的研究成果。我们感到仍有不少需要研究、值得探索的问题，这也给后续进一步的研究留下了很大的空间。

著名社会学者渠敬东曾说，一个好的研究者需要具备的最重要的品质是"动心、用功"，对此我深以为然。可以说，本书是我5年多来坚持开展专业集群调查、研究、写作的用心、用情、用力之作。但由于笔者研究能力与水平所限，还一定存在一些缺憾与不足，敬请各位专家、同仁不吝指正。

为破解探索中的困难与问题，弥补研究中的缺憾与不足，应用型院校各具特色的自我探索固然重要。但我认为应用型院校更加需要确立理论指导实践的自觉，切实加强高水平或一流应用型大学建设的理论与实践研究，以理论研究成果引领并指导应用型院校的实践探索。教育部高等教育司司长吴岩指出"理论指导型发展模式必须提到议事日程，必须着手加强高等教育战略思想、发展理念、重大政策、标准方法技术的系统研究……进一步提高我国高等教育理论对于改革实践的引领性、指导性作用。"这也为加强应用型院校专业集群理论研究，深度推进专业集群建设指明了方向。

我衷心地期望本书能够对应用型院校专业集群研究起到抛砖引玉的作用，能够为推进我国应用型院校高水平建设、高质量发展以及转型发展与专业集群等方面的研究与实践提供理论指导；也衷心地期待我们的研究与探索能够为构建中国特色的应用型高等教育体系，丰富中国特色的高等教育理论体系，形成中国特色的高等教育话语体系发挥应有的作用。

顾永安

2021年1月30日定稿于江苏常熟南都璟园